Repères pratiques

W0374790

Le CINÉMA

Francis VANOYE
Francis FREY
Anne GOLIOT-LÉTÉ

Nathan

Édition : Anna-Tatum Villalba
Iconogrphie : Monique Durguerian ; Gaëlle Mary
Fabrication : Christine Aubert – **Composition et photogravure :** PCA

Sommaire

Histoire

Genres et formes

Réalisation

Production/Diffusion

Techniques

Lire un film

MODE D'EMPLOI

Divisé en six parties, l'ouvrage s'organise par doubles pages.
Chaque double page fait le point sur une notion.

À gauche

Une page synthèse apporte toutes les informations pour comprendre la notion abordée dans la double page.

À droite

Une page explication développe un point particulier qui illustre et complète la page de gauche.

Le menu aide à repérer les six parties du livre.

L'introduction cerne le sujet.

Le titre de la page de droite met en lumière un point particulier.

Le titre annonce le thème de la double page.

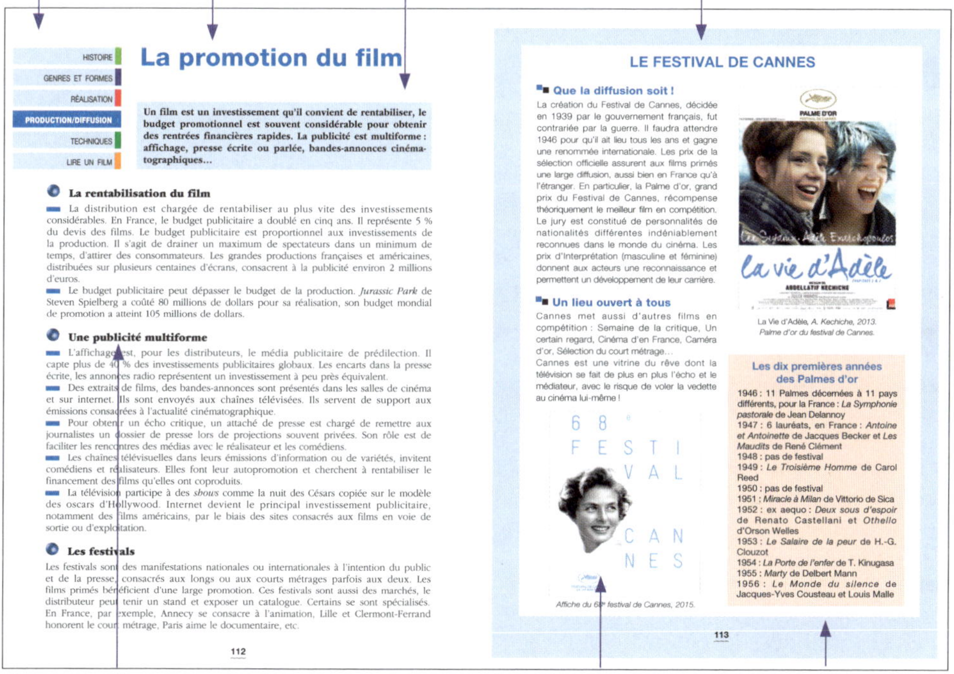

HISTOIRE
GENRES ET FORMES
RÉALISATION
PRODUCTION/DIFFUSION
TECHNIQUES
LIRE UN FILM

La promotion du film

Un film est un investissement qu'il convient de rentabiliser, le budget promotionnel est souvent considérable pour obtenir des rentrées financières rapides. La publicité est multiforme : affichage, presse écrite ou parlée, bandes-annonces cinématographiques...

La rentabilisation du film

La distribution est chargée de rentabiliser au plus vite des investissements considérables. En France, le budget publicitaire a doublé en cinq ans. Il représente 5 % du devis des films. Le budget publicitaire est proportionnel aux investissements de la production. Il s'agit de drainer un maximum de spectateurs dans un minimum de temps, d'attirer des consommateurs. Les grandes productions françaises et américaines, distribuées sur plusieurs centaines d'écrans, consacrent à la publicité environ 2 millions d'euros.

Le budget publicitaire peut dépasser le budget de la production. *Jurassic Park* de Steven Spielberg a coûté 80 millions de dollars pour sa réalisation, son budget mondial de promotion a atteint 105 millions de dollars.

Une publicité multiforme

L'affichage est, pour les distributeurs, le média publicitaire de prédilection. Il capte plus de 40 % des investissements publicitaires globaux. Les encarts dans la presse écrite, les annonces radio représentent un investissement à peu près équivalent.

Des extraits de films, des bandes-annonces sont présentés dans les salles de cinéma et sur internet. Ils sont envoyés aux chaînes télévisées. Ils servent de support aux émissions consacrées à l'actualité cinématographique.

Pour obtenir un écho critique, un attaché de presse est chargé de remettre aux journalistes un dossier de presse lors de projections souvent privées. Son rôle est de faciliter les rencontres des médias avec le réalisateur et les comédiens.

Les chaînes télévisuelles dans leurs émissions d'information ou de variétés, invitent comédiens et réalisateurs. Elles font leur autopromotion et cherchent à rentabiliser le financement des films qu'elles ont coproduits.

La télévision participe à des *shows* comme la nuit des Césars copiée sur le modèle des oscars d'Hollywood. Internet devient le principal investissement publicitaire, notamment des films américains, par le biais des sites consacrés aux films en voie de sortie ou d'exploitation.

Les festivals

Les festivals sont des manifestations nationales ou internationales à l'intention du public et de la presse, consacrés aux longs ou aux courts métrages parfois aux deux. Les films primés bénéficient d'une large promotion. Ces festivals sont aussi des marchés, le distributeur peut tenir un stand et exposer un catalogue. Certains se sont spécialisés. En France, par exemple, Annecy se consacre à l'animation, Lille et Clermont-Ferrand honorent le court métrage, Paris aime le documentaire, etc.

112

LE FESTIVAL DE CANNES

Que la diffusion soit !

La création du Festival de Cannes, décidée en 1939 par le gouvernement français, fut contrariée par la guerre. Il faudra attendre 1946 pour qu'il ait lieu tous les ans et gagne une renommée internationale. Les prix de la sélection officielle assurent aux films primés une large diffusion, aussi bien en France qu'à l'étranger. En particulier, la Palme d'or, grand prix du Festival de Cannes, récompense théoriquement le meilleur film en compétition. Le jury est constitué de personnalités de nationalités différentes indéniablement reconnues dans le monde du cinéma. Les prix d'Interprétation (masculine et féminine) donnent aux acteurs une reconnaissance et permettent un développement de leur carrière.

Un lieu ouvert à tous

Cannes met aussi d'autres films en compétition : Semaine de la critique, Un certain regard, Cinéma d'en France, Caméra d'or, Sélection du court métrage...

Cannes est une vitrine du rêve dont la télévision se fait de plus en plus l'écho et le médiateur, avec le risque de voler la vedette au cinéma lui-même !

La Vie d'Adèle, *A. Kechiche, 2013. Palme d'or du festival de Cannes.*

Affiche du 68e festival de Cannes, 2015.

Les dix premières années des Palmes d'or

1946 : 11 Palmes décernées à 11 pays différents, pour la France : *La Symphonie pastorale* de Jean Delannoy
1947 : 6 lauréats, en France : *Antoine et Antoinette* de Jacques Becker et *Les Maudits* de René Clément
1948 : pas de festival
1949 : *Le Troisième Homme* de Carol Reed
1950 : pas de festival
1951 : *Miracle à Milan* de Vittorio de Sica
1952 : ex aequo : *Deux sous d'espoir* de Renato Castellani et *Othello* d'Orson Welles
1953 : *Le Salaire de la peur* de H.-G. Clouzot
1954 : *La Porte de l'enfer* de T. Kinugasa
1955 : *Marty* de Delbert Mann
1956 : *Le Monde du silence* de Jacques-Yves Cousteau et Louis Malle

113

Les sous-titres permettent de saisir l'essentiel en un coup d'œil.

Les photos illustrent le texte.

L'encadré fait ressortir l'information, révèle une anecdote particulière.

1895 : la naissance du cinéma

Durant des siècles, d'innombrables expériences ont annoncé le cinéma. Celui-ci naît en 1895 grâce aux nouvelles techniques, et à la création d'un contexte social de projection : la séance de cinéma.

Avant le cinéma

Les ombres : depuis les premiers théâtres d'ombres en Extrême-Orient, une série de dispositifs de projection d'ombres, souvent associés à la magie ou à la sorcellerie, n'a cessé de fasciner ou de terrifier les spectateurs. Parmi eux, dès le XIIIe siècle, la *camera obscura,* perfectionnée à la Renaissance, par les peintres, embryon du futur appareil photographique ; la « machine à métamorphoses » inventée vers 1650 par le jésuite allemand Athanasius Kircher (1601-1680) ; enfin la lanterne magique, créée en 1659 par le Néerlandais Christiaan Huygens (1629-1695) et améliorée à la fin du XVIIIe siècle par Étienne-Gaspard Robert, qui ne s'inclinera que devant le cinéma.

Les dio-, pano-, géorama : rotonde ou sphère, ces dispositifs du XIXe siècle, comparables à ceux des géodes modernes, placent le visiteur au centre du spectacle.

Les appareils

Au cours de la seconde moitié du XIXe siècle, naît une famille d'appareils (stroboscope, praxinoscope, etc.) fonctionnant selon un principe identique : le spectateur regarde à travers des fentes une série d'images (dessins ou photos) qui tournent rapidement. L'étroitesse des fentes et le phénomène de la persistance rétinienne créent artificiellement la synthèse du mouvement. Thomas Edison (1847-1931) réalise en 1894 le plus proche ancêtre du cinéma : le kinétoscope, caisse de bois dans laquelle défile un film 35 mm perforé (dont le standard actuel a pratiquement conservé les caractéristiques).

L'invention

Le cinéma restera une œuvre collective, née dans un climat de méfiance et de trahison. En 1895, de nombreux inventeurs dans le monde touchent presque au but. C'est la course aux brevets et la mode des procès. Cette année-là, les frères Lumière mettent au point leur caméra réversible servant à la prise de vue comme à la projection. Appelée d'abord « kinétoscope de projection », elle sera vite rebaptisée « cinématographe ». Cet appareil ne sera jamais commercialisé, et son mécanisme, qui ménage peu la pellicule et provoque des sautes d'image à la projection, sera vite abandonné.

En différents points du globe, cette même année, on peut assister aux premières projections publiques et payantes. C'est la naissance des premières séances et des premiers publics de cinéma. La plus célèbre (mais non la première) est donnée à l'initiative d'Antoine Lumière, père de Louis et Auguste, au salon indien du Grand Café, à Paris, le 28 décembre. Au programme, entre autres : *La Sortie des usines Lumière, L'Arroseur arrosé,* etc. L'expérience est couronnée de succès. En 1897 s'ouvre porte Saint-Denis, à Paris, le « Cinéma Lumière », peut-être la première salle au monde. Le cinématographe, déjà surnommé « cinéma », ne va pas tarder à devenir une industrie.

ROBERTSON ET LA LANTERNE MAGIQUE

Du Pavillon de l'Échiquier au couvent des Capucines

En 1798, Robertson propose un spectacle baptisé « fantasmagorie ». La première séance, tenue le 23 janvier à 18 heures au Pavillon de l'Échiquier, fascine spectateurs et journalistes. Robert le physicien devient alors Robertson le « fantasmagore ». Devant le succès, il quitte le Pavillon de l'Échiquier, trop exigu, pour s'installer au couvent des Capucines, lieu, dit-on, mal fréquenté et funèbre à souhait. La première séance a lieu le 3 janvier 1799 à 19 heures 30.

La fantasmagorie

Le spectateur n'accède à la salle qu'après avoir traversé des cours et jardins sombres et menaçants ainsi qu'un long corridor que Robertson a soigneusement décoré d'objets et de tableaux étranges. À l'issue d'un tel parcours initiatique, le spectateur est prêt pour la séance macabre : la pièce est plongée dans l'obscurité, un spectre apparaît alors, qui grossit et semble s'approcher de l'audience avant de rétrécir et s'éloigner au gré des déplacements de l'appareil de projection monté sur rails.

Le caractère ambigu de la fantasmagorie tient au double discours tenu par son créateur : d'un côté, Robertson prétend anéantir l'obscurantisme et ses croyances absurdes ; de l'autre, il ne dévoile pas ses ficelles et maintient l'appareil de projection à l'abri des regards. Serait-il plus rentable de faire peur que d'instruire ?

La fin de l'exclusivité

Les affaires vont leur train, mais Robertson sent vite poindre les dangers du plagiat. Il dépose, fin janvier 1799, son brevet d'invention du *fantascope-mégascope*. L'obtention du brevet, en mars, lui permet d'intenter un procès à ses imitateurs. Or, ce procès se retourne contre lui lorsque ses adversaires démontrent qu'il n'est pas l'inventeur des procédés qu'il utilise. Il n'a, en vérité, que repris les techniques d'un certain Philidor, et sa fantasmagorie n'est autre qu'une séance de lanterne magique perfectionnée. Son innovation n'aurait consisté qu'à utiliser simultanément deux lanternes magiques. La technique de ses projections étant ainsi révélée, Paris grouille bientôt d'imitateurs.

Une fantasmagorie.

Who's who

Thomas Edison (1847-1931) est un ingénieur et un inventeur de génie (il déposa plus de mille brevets). Le phonographe, le microphone, le télégraphe, le kinétoscope et la lampe électrique ne sont que quelques réalisations de son esprit prolifique.
Athanasius Kircher (1601-1680) est un jésuite et savant allemand qui se distingua par l'étude de la langue copte et par ses nombreux ouvrages scientifiques sur l'acoustique et la lumière, ouvrages où il exposa le principe de la lanterne magique.

1895-1910 : la guerre industrielle

La guerre de l'invention devient, durant les quinze premières années du cinéma, une guerre industrielle. Partout des films se réalisent, des courants naissent, des noms, des titres s'imposent.

L'industrie, la concurrence

Au lieu de poursuivre dans la voie du perfectionnement technique (à l'Exposition universelle de 1900 apparaissent déjà la couleur, les écrans géants..., autant de nouveautés qui ne seront pas exploitées immédiatement), le cinéma se transforme, entre 1895 et 1910, en une industrie aux enjeux internationaux. En 1909, le film 35 mm d'Edison devient standard, ce qui va faciliter les échanges et aiguiser la concurrence.

La France connaît sa première baisse de fréquentation des salles en mai 1897, baisse renforcée par le non-renouvellement des films. Le cinéma est délaissé par la « bonne société » et devient un spectacle forain. Charles Pathé (1863-1957), puis son rival Léon Gaumont (1863-1946) vont alors revitaliser le cinéma français.

En 1905, on ouvre à Pittsburg (États-Unis), le premier nickelodeon (le prix d'entrée y est de 5 cents, soit 1 nickel). Les salles se développent à une vitesse vertigineuse. En 1910, on compte 10 000 salles aux États-Unis.

En 1907-08, la Motion Pictures Patents Company (MPPC), dirigée par Edison et le représentant de la Biograph, dépose une série de brevets qui leur assurent le contrôle de la totalité de la production cinématographique américaine. Le *Trust* n'hésite pas à avoir recours à la force pour décourager les indépendants. Il sévira jusqu'en 1915, date à laquelle est votée une loi anti-trust condamnant le monopole d'Edison.

Des auteurs et leurs films

En France, les premières années du cinéma sont marquées par deux tendances associées à deux grands noms : Lumière et Méliès. Les frères Lumière font du cinéma documentaire : ils forment et envoient dans le monde entier des opérateurs chargés de rapporter des vues exotiques. Ils deviennent ainsi producteurs et distributeurs. Méliès, homme de théâtre et prestidigitateur, se situe du côté de la fiction et de la fantaisie. À ses tours de magie, il ajoute des trucages cinématographiques. Les Lumière s'éclipsent aux environs de 1900, laissant la place à celui qui deviendra un sérieux rival pour Méliès : Pathé.

En Grande-Bretagne, les représentants de l'École de Brighton, William Friese-Greene, George Albert Smith et James Williamson, développent un certain langage cinématographique. Leurs films contiennent surimpressions, ellipses, montage narratif, alternance de gros plans et de plans d'ensemble, etc.

Aux États-Unis, les premiers films sont plutôt centrés sur les actualités, les matchs de boxe, etc. En 1903, Edwin S. Porter s'impose avec *Le Vol du grand rapide*, considéré comme l'une des premières fictions à scénario et découpage, et surtout comme le premier western. La société de production Vitagraph, installée à New York, tourne des actualités reconstituées, des fictions, des adaptations de pièces de théâtre et des films réalistes.

LES STUDIOS PATHÉ

L'ascension

Le personnel des studios Pathé.

Charles Pathé fait ses débuts en 1895 sur les foires, muni d'appareils de cinéma importés d'Angleterre. Un mécène lui permet, en 1898, d'installer son studio à Vincennes où il produit ses films. Il devient alors un homme d'affaires. Son studio prend plus d'importance que celui de Méliès.

Entre 1903 et 1909, le cinéma devient une industrie dont Vincennes est la capitale. La société Pathé Frères fait des bénéfices colossaux et domine le monde. Des agences, puis des succursales sont ouvertes partout, y compris aux États-Unis.

En juillet 1909, Pathé fait un « coup d'état » en passant de la vente à la location de films. Petit à petit, il fabrique les appareils et les matières premières, jusqu'à la pellicule (au grand dam d'Eastman qui entendait imposer son exclusivité en Europe), contrôle toutes les phases de fabrication du film et domine le commerce international de ce qui va devenir le septième art.

La production Pathé

Aux débuts de Pathéfrères, il faut associer le nom de Ferdinand Zecca (1864-1947) qui, très vite, sera responsable des mises en scène de Vincennes. Tous deux issus du milieu forain, Pathé et Zecca connaissent bien les goûts populaires et savent produire des films adaptés à ce public. Les premiers films de Zecca plagient Méliès tout en prenant modèle sur le style anglais : simplification du décor, ouverture de l'espace, alternance du plein air et du studio.

Les genres pratiqués chez Pathéfrères sont variés : la scène dramatique réaliste, les actualités reconstituées (sortes de scènes historiques), les films « à trucs » (dont le spécialiste sera Gaston Velle), les sujets grivois, le drame sentimental, baptisé « ciné-roman », et bien sûr le comique.

En 1905, Max Linder (1883-1925) fait son apparition chez Pathé et introduit le comique de situation.

1906 correspond à un tournant artistique. Les films deviennent plus créatifs, les scénarios plus élaborés, les acteurs sont mieux formés. La *Passion* de Zecca, sorti en 1905, est à l'origine d'une nouvelle tendance : le film d'art, qui va se développer dans les années 10.

Who's who

George Eastman (1854-1932), industriel américain, fondateur de la maison Kodak contribua à l'invention du cinématographe avec le film de nitrocellulose.

Léon Gaumont (1863-1946) tente au début du siècle de commercialiser le chronophotographe puis le chronophone mis au point par Georges Demenÿ pour une première tentative de cinéma sonore.

Edwin Stanton Porter (1869-1941) est un des pionniers du cinéma américain notamment du western. Il fera des essais de cinéma en relief et de cinéma parlant.

1910-1930 : la naissance d'Hollywood

Hollywood : une ferme qui devient une ville (dont un des premiers édits interdisait les nickelodeons), puis la capitale du cinéma américain, et finalement la capitale du cinéma mondial.

L'arrivée du cinéma à Hollywood

- Située loin des redoutables autorités de la MPPC de New York, mais, surtout, offrant des conditions de tournage exceptionnelles, été comme hiver, ainsi que des paysages très variés, Hollywood attire, au début du siècle, nombre de producteurs de cinéma : D.W. Griffith fait ses débuts hollywoodiens en janvier 1910.
- Le western, dont les héros seront Bronco Billy, Tom Mix, William Hart et le *slapstick*, spécialité de Mack Sennet et de son usine à rire, la Keystone, connaissent un essor comparable à celui de la ville.

Des budgets qui ne diminuent pas...

Dans les années 10, les producteurs comprennent qu'un nom de vedette peut rapporter gros. Mary Pickford, Douglas Fairbanks, Charlie Chaplin et d'autres sont adulés, leurs salaires enflent. Le coût des films augmente avec leur durée. À partir de 1913, le long métrage devient la norme. D.W. Griffith et Thomas Ince lancent la mode de la superproduction.

Les effets de la Première Guerre mondiale

- Le premier conflit mondial donne naissance au film de guerre. Ince, Griffith, Chaplin, Sennet proposent chacun « leur version des faits ».
- En Europe, après le conflit, le cinéma est très affaibli tandis qu'à Hollywood il se porte à merveille, d'où une vague d'émigration des talents européens vers le Nouveau Monde. Les films américains envahissent les marchés européens.
- À la fin des années 10, Hollywood est devenue une star. En 1917, la Paramount et la Famous Players fusionnent. La première *Major Company* est née. Elle a à sa tête Adolf Zukor (1873-1976).

Les années 20

- Marcus Loew, qui dirige un grand circuit de salles, passe à la production en absorbant d'abord la Metro Pictures, puis la Goldwyn et enfin la Louis B. Mayer pour fonder la MGM. C'est la naissance de la deuxième *Major*.
- Pour pallier la crise économique des années 20, et pour augmenter la productivité, le travail est désormais divisé. Il en résulte une standardisation des films et une toute puissance des producteurs face aux créateurs, à qui ils imposent sujets, castings…
- La crise n'est pas seulement économique, elle est aussi morale. Si Hollywood ne jouit pas d'une excellente réputation (les scandales n'y manquent pas), il faut au moins que les films soient irréprochables. En 1930, le code Hays, du nom de son auteur, dresse la liste des thèmes, scènes, dialogues à proscrire des films. Hollywood entre dans l'ère de la censure… et donc de la transgression.

DAVID WARK GRIFFITH

Ses débuts

D.W. Griffith (1875-1948) se forme au métier de réalisateur entre 1908 et 1913 : il tourne environ 450 films d'une bobine et brasse à peu près tous les genres. Il devient ensuite une des figures les plus imposantes de l'Hollywood des années 10, durant lesquelles il tourne des films historiques, mais aussi et surtout de grands mélodrames, comme *Le Lys brisé*, réalisé en 1919.

Intolérance

La Naissance d'une nation

En 1915, il réalise une grande fresque historique : *La Naissance d'une nation,* qui retrace, sur le mode épique, un épisode de la guerre de Sécession, adoptant la cause sudiste ainsi que celle du Ku Klux Klan. Le film est un triomphe et restera célèbre, notamment pour l'usage qui y est fait du montage alterné.

D.W. Griffith dirige La Naissance d'une nation.

Intolerance

Après avoir vu *Cabiria*, film à grand spectacle de l'Italien Giovanni Pastrone, et dans l'élan de *La Naissance d'une nation*, il entreprend le projet encore plus colossal d'*Intolerance* (1916), monumentale superproduction aux décors gigantesques et comptant plusieurs milliers de figurants.

Mais *Intolerance* n'aura pas le succès attendu et figurera parmi les échecs commerciaux les plus célèbres de l'histoire du cinéma.

La particularité du film réside dans sa structure, sans doute assez déroutante pour le public. Il fait alterner, en montage parallèle, quatre histoires indépendantes : trois d'entre elles retracent un épisode historique (la Saint-Barthélemy, la Passion du Christ, la chute de Babylone), la quatrième est fictionnelle et se situe à l'époque contemporaine. Le titre, dénominateur commun à ces quatre histoires, fait du film un plaidoyer pacifiste.

D.W. Griffith et le langage cinématographique

Griffith a joué un rôle déterminant dans l'évolution du langage cinématographique. En effet, s'il n'a pas, à lui tout seul, inventé le montage alterné, le suspense, les raccords, le gros plan, etc., il les a institutionnalisés. La structure narrative de ses films servira par la suite de modèle au cinéma classique hollywoodien.

Le cinéma soviétique des années 20

Le cinéma russe des années 20, à l'inverse du cinéma américain jugé aliénant, cherche, à travers reportages (Vertov) ou fictions (Eisenstein, Poudovkine, Dovjenko), à « éveiller les consciences ».

Le reportage

Après la révolution de 1917, l'État soviétique nationalise le cinéma dont il entend faire un instrument d'enseignement et de propagande. Ses enjeux ne sont donc pas économiques comme aux États-Unis, mais idéologiques.

Dziga Vertov (1895-1954) se situe à mi-chemin entre le journalisme et l'art cinématographique et s'oppose farouchement au cinéma de fiction. Rédacteur en chef de *Ciné-Semaine*, puis fondateur de *Ciné-Pravda*, il constitue, en 1924, le groupe des adeptes du « ciné-œil ». Il filme sur le vif et ne met jamais en scène ses sujets cherchant cependant à montrer le monde non pas tel qu'il est mais tel qu'il « doit » être. Il explique, interprète et reconstruit la réalité, exprimant la conception communiste du monde soviétique.

Pour cela, deux moyens : le cadrage, souvent très sophistiqué, qui témoigne d'un certain regard sur le monde, et le montage, considéré comme une véritable écriture permettant d'opposer, de relier, de grouper les sujets, d'organiser le réel et de construire le sens. *L'Homme à la caméra* (1929), film-manifeste du « ciné-œil », montre le caméraman et la monteuse au travail et rend ainsi hommage à leur activité et à leur fonction.

Le film de fiction

Le film de fiction subit le même type de traitement esthétique : le montage est roi et donne un sens particulier aux images. Il est renforcé par des angles de prise de vue marqués (contre-plongées, etc.) et des éclairages contrastés. Les ruptures rythmiques apportent une dimension pathétique. La juxtaposition d'images en montage parallèle crée des comparaisons (grévistes fusillés comparés à des animaux abattus dans *La Grève*, par exemple) et un certain type d'argumentation. Le montage sert à exprimer des idées abstraites plus qu'à garantir une parfaite cohérence spatio-temporelle.

Ces moyens permettent aux réalisateurs de ne pas « asservir » leurs films (ni, par conséquent, le public) aux histoires qu'ils racontent, mais d'exprimer une certaine réflexion sur le sens historique. Ils mettent en scène et chantent les luttes de classes et l'élan révolutionnaire, refusant le *star-system* et le mode de récit du cinéma américain.

Trois cinéastes

Chez Serguei M. Eisenstein (1898-1948), point de personnage principal, point de star, mais des foules (*Le Cuirassé Potemkine*, 1925).

Chez Vsevolod Poudovkine (1893-1953), le personnage principal de *La Mère* (1926) est l'emblème de la prise de conscience révolutionnaire, il exprime autre chose qu'un simple devenir individuel.

Aleksandr Dovjenko (1894-1956) aussi, à travers son style personnel, épique et lyrique, se plie aux contraintes politiques et exprime l'exaltation révolutionnaire.

SERGUEI MIKHAÏLOVITCH EISENSTEIN

De la scène à l'écran

Avant de devenir l'un des cinéastes soviétiques les plus importants de son époque, S.M. Eisenstein (1898-1948) fait ses classes au théâtre. Mais il préfère très vite le cinéma au théâtre, plus apte à exprimer sa conception du monde.

Grâce à son premier long métrage, *La Grève* (1924), dans lequel il applique sa conception du montage, Eisenstein gagne la confiance des autorités qui lui confient aussitôt la réalisation du *Cuirassé Potemkine* (1925), film de commémoration de la révolution de 1905, chef-d'œuvre incontesté témoignant d'une impressionnante maîtrise du langage cinématographique.

Un film sans moyens

Réalisé en sept semaines seulement à partir d'un maigre canevas, avec, dans les rôles principaux, la population d'Odessa et la Flotte rouge, presque sans acteurs, sans studio, sans décors, sans maquillages, *Le Cuirassé Potemkine* dégage une force prodigieuse et s'imposera comme la grande épopée de la Révolution soviétique.

L'accueil en URSS est unanimement enthousiaste. À l'étranger, le film est à la fois applaudi pour ses qualités cinématographiques et censuré pour son contenu politique.

Eisenstein entreprend ensuite, en 1926, *La Ligne générale* (qui sortira en URSS sous le titre : *L'Ancien et le nouveau*), dont le tournage est interrompu par celui d'*Octobre*, film célébrant la révolution de 1917.

Le miroir américain

En 1929, Eisenstein est invité à Hollywood. Mais la United Artists puis la Paramount l'abandonnent. Tous ses scénarios sont refusés. Enfin, en 1932, l'écrivain-scénariste Upton Sinclair, offre à Eisenstein de réaliser au Mexique *Que viva Mexico !*. Mais devant les dépassements de budget, Sinclair interrompt le tournage.

Vsevolod Poudovkine (1893-1953)

Poudovkine commence sa carrière comme acteur et réalisateur. *La Mère* (1926) apparaît comme son grand chef-d'œuvre, situé au même rang que *Le Cuirassé Potemkine*. Poudovkine se démarque pourtant d'Eisenstein par des scénarios très écrits, très construits, et plus classiques. Avec Eisenstein, il voit d'un mauvais œil l'arrivée du parlant. Ensemble, ils élaborent un traité préconisant un certain usage du son. Son dernier film, tourné l'année de sa mort, sera aussi son seul film en couleurs : *La Moisson*.

Le retour de l'enfant prodigue

De retour en URSS, Eisenstein doit reconquérir sa renommée. Ce n'est qu'en 1938 qu'il s'impose à nouveau avec *Alexandre Nevski*, ce qui lui permettra d'entreprendre son ultime grande œuvre *Ivan le Terrible*, dont il ne tournera que deux des trois parties initialement prévues, et dont la seconde sera censurée par les autorités et ne sortira qu'en 1958, dix ans après la mort du réalisateur.

La France des années 20

Si les années 20 marquent l'essor du cinéma américain, elles sont celles du déclin économique de l'industrie cinématographique française. Cependant, bien que peu fécondes quantitativement, elles offrent une grande variété de films, allant du pur produit commercial aux expériences les plus avant-gardistes.

Une industrie en déclin

En 1920, l'industrie cinématographique française est en plein déclin. La tendance des années 1900 s'est inversée. En effet, les films français, qui autrefois s'exportaient un peu partout, se voient supplantés par leurs rivaux venant des États-Unis qui, sortis gagnants du conflit mondial, envahissent les écrans du monde entier. L'empire Pathé fond progressivement. Les filiales sont vendues les unes après les autres, l'usine de pellicule de Vincennes est cédée aux Américains d'Eastman-Kodak. Charles Pathé abandonne définitivement ses responsabilités en 1930 après avoir vendu ses actions.

Gaumont, à quelques années d'intervalle, connaît le même sort. La production est désormais assurée par de petites sociétés. Entre 1921 et 1929, on passe de 150 à 50 films produits par an.

Une production peu abondante mais variée

La production courante comprend, d'une part, le cinéma commercial représenté par les drames mondains « bourgeois » et par les *serials* ou films à épisodes, adaptés de la littérature populaire, et, d'autre part, les œuvres de cinéastes au style plus personnel et prometteur : Jacques Feyder (1885-1948), qui a déjà fait ses preuves pendant la guerre et qui réalise, en 1921, *L'Atlantide*, Julien Duvivier (1896-1967) et Jean Renoir (1894-1979).

Elle comprend également les films des « Russes de Montreuil » (réalisateurs, acteurs, décorateurs, chassés par la révolution russe et venus s'installer à Montreuil, dans les studios Pathé), des films réalisés dans la pure tradition russe.

Les avant-gardes

La première avant-garde se constitue en marge de cette production courante, autour de Louis Delluc (1890-1924), journaliste devenu cinéaste. Ce groupe entend pratiquer un cinéma authentique, aux scénarios affranchis de la littérature et du théâtre. Cette authenticité passe par la recherche d'un nouveau langage des images. Cette tendance, à laquelle participèrent Abel Gance (1889-1981), Jean Epstein (1897-1953) et Marcel L'Herbier (1888-1979), fut nommée « impressionnisme », en référence au mouvement pictural, mais aussi en opposition à l'expressionnisme allemand. 1924, année de la mort prématurée de Delluc, marque la fin du mouvement.

La seconde avant-garde, dadaïste puis surréaliste, s'insurge contre le cinéma bourgeois, dont le succès repose sur les décors, les costumes et les acteurs à la mode. Elle consiste en quelques expériences isolées, qui voient le jour en dehors des circuits commerciaux, ayant en commun un goût de la provocation et de l'abstraction. De cette tendance, qui ne touchera pas le grand public, émergera Luis Buñuel (1900-1983), avec son *Chien Andalou* (1928) lié au nom de Dali.

LE *NAPOLÉON* D'ABEL GANCE

L'histoire du film

En 1923, le projet d'Abel Gance était de réaliser huit films retraçant la vie de Napoléon, de sa jeunesse jusqu'à Sainte-Hélène. Il avait été accepté par la Westi, maison de production allemande. Mais la faillite de cette dernière, en 1925, interrompt le tournage qui ne reprend que l'année suivante, grâce au relais pris par la Société générale de films. Le projet initial est alors réduit à ses trois premières parties, qui seront présentées sous la forme d'un film unique. Il est projeté à l'Opéra le 7 avril 1927 et remporte un vif succès.

Ce film a été plus d'une fois remanié : sonorisé en 1934, remodifié en 1971, à nouveau muet pour la dernière version, la plus complète et la plus monumentale, préparée par l'historien anglais Kevin Brownlow en 1981. Cette version a effectué une tournée triomphale à New York, Londres, Rome et Paris entre 1981 et 1983.

Une innovation : le triple écran

Si l'histoire du cinéma place le *Napoléon* au premier rang des chefs-d'œuvre, c'est pour ses procédés nouveaux, notamment le triple écran et ses multiples usages :

— projeter trois images raccordées pour n'en former qu'une, trois fois plus large que l'image normale ;

— projeter trois images différentes d'un même événement ;

— projeter trois fois la même image ;

— projeter, de part et d'autre de l'image centrale, une image inversée, pour créer une symétrie ;

— projeter trois images différentes se chassant les unes les autres, passant de gauche à droite, puis au centre, etc.

Les doubles et triples écrans seront, par la suite, perfectionnés, mais aucun film n'en proposera un usage aussi original que le *Napoléon*.

Napoléon, une « cathédrale de lumière »

Composé d'épisodes discontinus et disparates, le film n'est pas une reconstitution historique. Malgré les citations et références qui voudraient authentifier les faits, ce qu'il raconte de la vie de Napoléon tient plus de la légende que de l'histoire.

Le rythme effréné, créé par des mouvements de caméra incessants et par un montage éblouissant, donne au film, du début à la fin, un ton exclamatif et le préserve du ridicule dans lequel aurait pu l'entraîner un certain schématisme, une certaine naïveté et un goût parfois douteux de l'hyperbole. Gance parvient à réaliser ce qui, pour lui, était une obsession : faire du spectateur un acteur, l'immerger dans l'action.

« Créer une symétrie. »

L'Allemagne de 1920 à 1940

Le cinéma allemand des années 20 puise son inspiration soit dans les autres arts (films expressionnistes et expérimentaux) soit directement dans le contexte de la crise socio-économique (films réalistes). Le nazisme engendre, dans les années 30, des films de propagande et fait fuir les cinéastes réfractaires au régime.

Les années 20 : expressionnisme et réalisme

– L'expressionnisme : les arts plastiques et l'avant-garde théâtrale suscitent l'éclosion d'un cinéma expressionniste. Bien que peu abondante, cette production de films figuratifs, narratifs mais antiréalistes, tant sur le plan esthétique que thématique, a laissé des traces non négligeables dans les cinémas allemand, français (réalisme poétique) et américain (film noir). Le film-manifeste de l'expressionnisme est *Le Cabinet du docteur Caligari* (Robert Wiene, 1919). *Nosferatu le vampire* (1922), bien qu'aux décors réalistes, reste le plus expressionniste des films de Friedrich Wilhelm Murnau.

– Le réalisme : la crise des années 20 fournit la matière à un ensemble de films à tendance réaliste, mais toujours plus ou moins influencés esthétiquement par l'expressionnisme. Fritz Lang (1890-1976) donne à travers ses deux premiers *Docteur Mabuse* (1922) une image de l'Allemagne victime de l'inflation et accorde une grande importance aux détails réalistes (scènes de rues, notamment), mais son héros psychiatre, fou, supercriminel aux pouvoirs surnaturels n'est pas sans rappeler l'expressionnisme. Les mélodrames sociaux de Georg Wilhelm Pabst (cinéaste de nationalité autrichienne, 1885-1967), plus franchement réalistes, dépeignent la misère viennoise pendant l'inflation (*La Rue sans joie, Loulou*, etc.).

Le film expérimental

Au début des années 20, en marge de l'UFA (la principale société allemande de production et de distribution fondée en 1917), se développe un cinéma expérimental à caractère abstrait, non narratif, fortement influencé par les arts plastiques et dont les recherches portent sur les rythmes et les mouvements. Hans Richter (1888-1976) et Walter Ruttman (1887-1941) en sont les principaux représentants.

Les années 30 : bouleversement technique et idéologique

– Parmi les premiers films sonores, deux films-phares : *L'Ange bleu* (Joseph von Sternberg, 1930) et *M le Maudit* (F. Lang, 1931). Mais Lang refuse la direction du cinéma allemand offerte par Goebbels et poursuit sa carrière aux États-Unis (où Sternberg est déjà installé). La production courante, en ce début de décennie, propose surtout des films musicaux, dont beaucoup d'opérettes assez médiocres.

– Au début des années 30, le film patriotique, dont une série de « Heimat-films » (films d'aventures alpestres mêlant nationalisme, héroïsme et sentimentalisme, exaltant la terre patrie et la nature), ouvre la porte au cinéma de propagande. En 1933, Hitler est au pouvoir et le cinéma constitue pour le parti national-socialiste un puissant organe « éducatif ». Leni Riefenstahl (née en 1902) réalise ses films sur le congrès de Nuremberg : *Triomphe de la volonté* en 1935 et sur les jeux Olympiques de Berlin en 1936 avec *Les Dieux du stade.*

LE CINÉMA EXPRESSIONNISTE

L'expressionnisme et le cinéma

L'expressionnisme, dans sa manifestation la plus pure et dans sa vocation antiréaliste, était pour ainsi dire incompatible avec le cinéma, dont le mode de représentation est par essence réaliste. Les décors imposaient un espace plus théâtral que cinématographique. C'est pourquoi il ne peut exister qu'un cinéma expressionniste au sens large, qui va de 1913 (*L'Étudiant de Prague,* de Stellan Rye) à 1933 (*Le Testament du Dr Mabuse,* de Fritz Lang). Le seul cinéaste à se réclamer de ce mouvement est Robert Wiene (1881-1938).

Nosferatu, le vampire *de Murnau (1922).*

Les caractéristiques du cinéma expressionniste

Les décors sont hyperstylisés, irréalistes. Les perspectives sont faussées, les rues et les maisons déformées, anguleuses, les formes exacerbées. Les décors créent un univers dissonant, grinçant, hallucinatoire et angoissant, et traduisent les troubles mentaux du héros.

Les éclairages accusent les contrastes entre les zones d'ombre et de lumière. Les ombres représentent souvent le double. Elles dessinent des formes et des lignes sur les décors, les visages et possèdent une forte charge symbolique.

Les maquillages et **les costumes** sont à l'image des décors : outranciers, antiréalistes. Les visages ressemblent à des masques.

Les personnages sont inquiétants et étranges : somnambules, robots, psychiatres fous dangereux, etc.

Le jeu des acteurs est caricaturé, stylisé, caractérisé par un art de la gesticulation.

Les thèmes trouvent leur origine dans le romantisme : la folie, la mort, le destin, l'oppression, le dédoublement, etc.

Le Cabinet du Dr Caligari *de R. Wiene (1919).*

L'arrivée du son

À la fin des années 20, le cinéma devient sonore. L'investissement dans les équipements étant lourd, la rentabilité des films est plus que jamais essentielle. Les contraintes techniques font temporairement régresser le langage des images, provoquant la résistance de certains cinéastes.

L'invention

Les premières recherches sur le son, provisoirement abandonnées dans les années 1900, reprennent au cours des années 20, aux États-Unis et en Europe. Ce sont les ingénieurs d'une filiale de l'American Telephone and Telegraph, qui mettent au point le Vitaphone, composé d'un phonographe et d'un projecteur. Mais ce procédé (le son est enregistré sur un disque) pose des problèmes de synchronisme et sera vite remplacé par le système du son optique où son et image, portés par un même support, sont automatiquement synchrones.

La Warner est la première compagnie à se lancer dans le parlant. Elle produit d'abord une série de courts métrages puis, en 1927, *Le Chanteur de jazz*, réalisé par Alan Crosland, premier long métrage dans lequel un acteur parle. Les dialogues restent cependant minimalistes et laissent la priorité à la musique. En 1927, le succès est déjà complet. La Fox ne tarde pas à imiter la Warner, mais pour se spécialiser dans les actualités sonores. Bientôt, tous les studios hollywoodiens sont entraînés dans l'aventure du parlant. Les chercheurs européens talonnent de près les Américains, le son conquiert presque en même temps le vieux continent.

Les conséquences économiques

Le passage au cinéma sonore nécessite d'équiper les studios et les salles. L'investissement est lourd et le coût des films s'accroît. Rentabiliser les films devient le premier souci des producteurs.

L'arrivée du son entraîne un ralentissement de l'exportation des films américains en Europe non anglophone. Mais la mise au point des techniques de doublage est rapide et les États-Unis retrouvent vite leur position dominante.

Les conséquences sur le plan artistique

Le cinéma sonore conquiert immédiatement le public. En revanche, tous les cinéastes ne se montrent pas aussi enthousiastes. Pour certains d'entre eux (Chaplin, Murnau, Clair, Eisenstein, etc.), le son risque d'entraîner une régression du langage cinématographique, parvenu à la fin des années 20 à un haut degré de recherche esthétique.

Les lourdes contraintes techniques font en effet passer au second plan les exigences esthétiques : les caméras sont isolées dans des sortes de sas insonorisés pour éviter aux micros d'enregistrer leurs bruyants ronflements. Les mouvements d'appareil sont rendus pratiquement impossibles. Les micros sont cachés dans le décor… Les tournages en extérieurs ou en décors naturels sont exclus. Pour quelque temps, le cinéma est condamné au studio et a tendance à se figer. Mais en deux ans, les progrès techniques sont fulgurants, le matériel s'allège, se simplifie, on fabrique la caméra silencieuse… Celle-ci retrouve alors sa mobilité et le cinéma son langage.

JOUER AVEC LE SON

De la musique avant toute chose

Dans les années 30, quelques cinéastes qui voyaient le parlant d'un œil suspect (mais non le son dans sa globalité, puisqu'ils n'étaient pas opposés, loin de là, à des interventions musicales) se sont amusés à utiliser les mots avec une extrême parcimonie, mais surtout d'une manière tout à fait originale.

Sous les toits de Paris

Il s'agit du premier film sonore de René Clair, réalisé en 1930. Ce film raconte l'histoire d'un chanteur de rues et se présente comme une sorte de manifeste du cinéma non parlant (mais très chantant). À l'heure où les personnages de films sont enfin en mesure de prononcer des mots, ils communiquent par des chansons et des gestes (les dialogues sont réduits au strict minimum). C'était, pour René Clair, une manière de ne pas faire du cinéma la réplique du théâtre et de continuer à privilégier l'image et le mouvement.

Sous les toits de Paris *de René Clair (1930).*

Les Lumières de la ville et Les Temps modernes

Les Temps modernes *de Charlie Chaplin (1935).*

Charlie Chaplin, on le sait, a mis du temps à s'adapter au cinéma parlant. Dans la première moitié des années 30, au moment où tout Hollywood était déjà converti, il s'obstine à tourner deux films muets : *Les Lumières de la ville* (1931) et *Les Temps modernes* (1935). Muets mais non silencieux puisqu'ils sont accompagnés de musique, composée par Chaplin lui-même. Cependant, à la fin des *Temps modernes*, Chaplin fait entendre pour la première fois le son de sa voix et choisit de chanter une chanson dans une sorte de charabia dénué de signification. Là encore, la musique est reine, les mots et leur épaisseur sémantique sont bannis.

Hollywood de 1930 à 1960

En dépit des conflits (externes ou internes) et avant de voir poindre les premiers signes de déclin, Hollywood connaît, entre 1930 et 1960, un essor remarquable, grâce au système des studios. Une norme esthétique liée aux genres est mise en place. Elle sera tantôt respectée, tantôt transgressée.

Le règne des grands studios

En 1929, l'industrie du cinéma comprend 5 *Majors* (Paramount, MGM, Warner Bros, Fox et RKO), qui possèdent des studios, un réseau de distribution et un circuit de salles, et 3 *Minors* (Universal, Columbia et United Artists), qui se contentent de produire et distribuer. Les grands studios ont leurs artistes et techniciens, leur spécialité, leur style. Les années 30 à 50 correspondent à l'âge d'or des grands studios et du *star-system*. Hollywood est perçu comme une gigantesque usine organisée, hiérarchisée, taylorisée.

Le classicisme hollywoodien (1930-1960)

Avec l'arrivée du son, Hollywood s'installe dans l'ère du classicisme. Le film classique vise à créer l'illusion d'un univers cohérent et homogène. Pour cela, les scénarios sont élaborés autour d'un ou de deux personnages centraux incarnés par des stars et conçus de façon à favoriser l'immersion du spectateur dans la fiction. Les événements s'enchaînent en évitant toute rupture narrative trop brutale. La mise en place des grands genres (western, comédie, film noir, comédie musicale, mélodrame, etc.) a renforcé cette standardisation des récits. Toutefois, de nombreux films hollywoodiens transgressent les règles. C'est paradoxalement en bousculant la norme que *Citizen Kane* (Orson Welles, 1941) est devenu un « grand classique ».

Hollywood et le maccarthysme

À la Seconde Guerre mondiale succède la « guerre froide ». Le maccarthysme vise alors à débarrasser Hollywood du « virus » communiste. Certains cinéastes ou scénaristes émigrent (Joseph Losey, Jules Dassin, etc.). D'autres – ils seront près de 200 – voient leurs noms inscrits sur une liste noire leur fermant toutes les portes de la cité du cinéma. Pour exprimer ses opinions, on est désormais contraint d'user de symboles et de paraboles. Les scénaristes prennent des pseudonymes : Dalton Trumbo reçoit ainsi un oscar pour *Les Clameurs se sont tues* de I. Rapper sous le pseudonyme de Robert Rich.

Couleur, grands formats et... déclin annoncé des studios

La couleur supplante progressivement le noir et blanc : au cours des années 40, elle est utilisée dans les films d'évasion (comédies musicales, films d'aventures). Le film noir, au contraire, reste fidèle à une certaine esthétique du noir et blanc. Dans les années 50, la couleur et le Cinémascope se généralisent, ce qui profitera à certains genres comme le western et le film à grand spectacle, mais ne suffira pas à sauver Hollywood du déclin. La télévision devient un concurrent sérieux et les mesures antitrust obligent les *Majors* à abandonner l'exploitation. Les artistes hésitent à signer des contrats et préfèrent s'impliquer dans la production. Ils créent de petites compagnies indépendantes.

LA METRO-GOLDWYN-MAYER

Naissance et épanouissement

La fusion de la Metro Pictures, de la Goldwyn Pictures et de la Louis B. Mayer Pictures donne naissance, en 1924, à la Metro-Goldwyn-Mayer qui, dirigée par Louis B. Mayer, va devenir, avec son lion rugissant, l'un des studios de production les plus célèbres d'Hollywood.

La MGM doit beaucoup aux talents d'Irving Thalberg, son plus précieux producteur, et de Cedric Gibbons, son célèbre décorateur.

Le déclin

La MGM se montre d'abord assez frileuse avec la couleur, après l'échec du *Magicien d'Oz* (de Victor Fleming) en 1938. Mais, à la fin des années 40, elle contribue à sa généralisation.

Après l'extraordinaire boom de 1946, les difficultés surgissent et vient le lent déclin de la MGM. En 1973, la production est interrompue et les décors et accessoires vendus.

Les stars

Pour Louis B. Mayer, la réussite d'un studio dépend du nombre de stars sous contrat. « Plus d'étoiles qu'au firmament », telle était la devise de la MGM. Au début des années 30, quelques vedettes féminines distinguées (Greta Garbo, Norma Schearer, Joan Crawford) apportent à la MGM sa réputation de « Tiffany de l'industrie cinématographique ». Les stars masculines, quant à elles, s'imposent surtout à la fin des années 30 et au début de la décennie suivante : Clark Gable, Spencer Tracy et Mickey Rooney, surnommé la « machine à sous » de la MGM.

Louis B. Mayer (1895-1957)

Fils d'émigrés russes, il fait, à 22 ans, l'acquisition d'une salle de cinéma, puis bientôt de tout un ensemble de salles. L'exploitation de *La Naissance d'une nation* lui rapporte beaucoup d'argent et lui permet de se lancer dans la production. En 1924, il dirige la MGM, qu'il ne quittera qu'en 1951.

Célèbre pour son conservatisme, son autorité, sa mégalomanie, il impose une atmosphère tyrannique à la MGM. Il n'apprécie guère Thalberg, mais a besoin de son sens artistique et de ce bon goût qui lui font si cruellement défaut. Louis B. Mayer possède cependant un vrai talent de directeur, ce qui lui permet de faire de la MGM une des maisons de production les plus prestigieuses.

Joan Crawford

Clark Gable

Greta Garbo

Spencer Tracy

Le cinéma français des années 30

Passage au parlant en 29, crise économique en 32-33, turbulences sociales et politiques de 34 à 39 : malgré ces crises, le cinéma français engendre de nombreux chefs-d'œuvre.

Le sonore, le parlant et le théâtre photographié

L'industrie française s'est laissée distancer par les États-Unis et l'Allemagne, qui équipent la totalité des salles et des studios européens en matériel sonore. Les tout premiers films parlants sont des films muets agrémentés de musique et de quelques dialogues enregistrés sur disque. Il faut attendre *Sous les toits de Paris,* de René Clair (1930), pour goûter les subtilités du langage.

Mais la technique est lourde. Les producteurs font appel à des dramaturges pour adapter des œuvres théâtrales, relancer d'anciens genres (le comique troupier) ou écrire d'abondants dialogues : le théâtre photographié menace le cinéma. Cependant, des hommes de théâtre contribuent à créer de nouvelles formes de récit cinématographique, tels Marcel Pagnol (*Jofroi*, 1933, tourné en plein air) et Sacha Guitry (*Le Roman d'un tricheur*, 1936, narré en voix *off*).

Les crises

Les contre-coups de la crise économique entraînent des faillites retentissantes en 1932 et 1933. Les empires de Pathé et de Gaumont s'effondrent. C'est le règne des sociétés éphémères et des producteurs aventureux. Pourtant, des réalisateurs talentueux sont confirmés ou sont découverts : Jean Renoir, Julien Duvivier, Marcel Carné ou Jean Grémillon sont de ceux-là. Une pléiade d'acteurs nouveaux s'installe sur les écrans : Fernandel, Jean Gabin, Michel Simon, Raimu, Harry Baur, Gaby Morlay, Arletty, Viviane Romance, etc.

La victoire du Front populaire en 1936 suscite des espoirs sociaux, reflétés dans *La Belle Équipe* (Duvivier) – mais la fin tragique y a été remplacée par un *happy end* – ou *Le Crime de M. Lange* (Renoir). L'approche de la guerre engendre, au milieu des comédies légères, des œuvres plus pessimistes, comme *La Règle du jeu* (Renoir, 1939).

Les genres et les types

Le cinéma de genre est des plus populaires : films historiques, aventures exotiques et coloniales, comédies de mœurs (où triomphe Jules Berry), adaptations théâtrales.

Des personnages archétypiques envahissent l'écran : le (beau) légionnaire, la garce, l'ouvrier malchanceux, le mauvais garçon, le banquier véreux. L'antisémitisme n'est pas rare.

Mais de grands cinéastes balaient ces stéréotypes, tels Jean Vigo (*Zéro de conduite*, interdit par la censure en 1933, *L'Atalante*, 1933-34) ou Jean Renoir (*La Grande illusion*, 1937). Enfin, Marcel Carné et Jacques Prévert contribuent à fonder un genre qui connaîtra le succès et exercera une grande influence : le réalisme poétique (*Quai des brumes*, 1938).

TYPES, ARCHÉTYPES ET MYTHES DES ANNÉES 30

Le légionnaire : *P. Richard-Wilm et F. Rosay dans* Le Grand Jeu *de J. Feyder.*

La garce : *Viviane Romance.*

Le paysan : *Fernandel dans* Angèle *de M. Pagnol.*

L'ouvrier
J. Gabin dans La Belle Équipe *de J. Duvivier.*

Le couple fatal
J. Gabin et M. Morgan dans Quai des brumes *de M. Carmé.*

L'affairiste véreux : *J. Berry dans* Le Crime de Mr. Lange *de J. Renoir.*

Le cinéma pendant la guerre

La guerre bouleverse le cinéma français, ses conséquences tuent le cinéma allemand. Les films allemands et américains expriment leur engagement, les films français nient la guerre.

Les effets de la guerre sur l'institution cinématographique

La guerre ne touche pas directement Hollywood et ne remet pas en question le système des grands studios. Le conflit aura une influence principalement sur les films.

C'est la France qui connaît les plus grands bouleversements institutionnels. Sous l'Occupation, on continue de tourner en zone libre, à Nice, aux studios de la Victorine, ou en zone occupée, pour la Continental Films, maison de production allemande qui finance des films français. En 1940, le Comité d'organisation des industries du cinéma prend des mesures plutôt avantageuses, telle l'avance à la production. Mais à ces mesures s'ajoute la censure du régime de Vichy, qui fait fuir un certain nombre de cinéastes et acteurs français à l'étranger.

Le cinéma prospère néanmoins. Les films français ne pâtissent pas de la concurrence des films américains, interdits par les Allemands. La fréquentation des salles est importante.

En Allemagne

La production allemande durant la guerre se situe dans la parfaite continuité de celle des années 30 : cinéma de propagande antisémite et anticommuniste, films de guerre racontant des histoires de soldats héroïques, films tournés vers le glorieux passé de l'Allemagne. Ce n'est pas la guerre mais ses conséquences qui bouleversent l'industrie cinématograhique. En 1945, l'UFA est anéantie, ses studios détruits. Le cinéma allemand est quasi inexistant. Il renaîtra à la fin de la décennie, avec, désormais, le cinéma ouest-allemand et le cinéma est-allemand.

Les films aux États-Unis et en France

Aux États-Unis, les actualités, contrôlées par le gouvernement, ainsi que certains films ou séries produits par Hollywood, informent (ou désinforment) sur les raisons de l'entrée en guerre du pays et sur les conditions de combat en Europe, cherchant à motiver les soldats et à rassurer leurs familles. Les films d'espionnage, de propagande antinazie, les films de guerre proprement dits et, enfin, les films noirs, dont l'atmosphère sied bien au contexte, se multiplient.

En revanche, on ne trouve pas trace de propagande dans les films français. Ils nient la guerre et le nazisme. Le cinéma doit donner une image enjouée de la France. Des films comme *La Règle du jeu* de Jean Renoir (1939) ou *Le Corbeau* de Henri-Georges Clouzot (1943) sans la moindre allusion directe à la situation de la France, s'avèrent trop sombres pour être bien accueillis par la censure. Le cinéma de l'Occupation est en majorité un cinéma de divertissement et d'évasion. L'importance des recettes permet, en 1943-44, d'investir dans une superproduction : *Les Enfants du paradis*, réalisé par Marcel Carné en 1945.

TROIS FILMS MARQUÉS PAR LA GUERRE

Le Juif Süss, Veit Harlan, Allemagne, 1940

Au XVIIIe siècle, un juif dupe l'innocent duc de Wurtemberg dont il devient le ministre des Finances. Les Juifs envahissent la région où ils s'adonnent aux crimes les plus odieux. Mais les habitants se révoltent, font condamner Süss qui finit brûlé vif.

Le Juif Süss reste le plus célèbre des films de propagande antisémite. Il est projeté dans toute l'Europe occupée, où les autorités officielles s'évertuent à diffuser leur idéologie. Il sort à Venise en septembre 1940 et rencontre un public nombreux.

Le Corbeau, Henri-Georges Clouzot, France, 1943

Dans une bourgade de province, des lettres anonymes signées « Le Corbeau » viennent semer le trouble. La méfiance, la délation règnent. Une infirmière, puis l'un des docteurs de l'hôpital sont soupçonnés par les habitants de la ville. Mais le coupable est le joyeux psychiatre (morphinomane devenu fou).

Le film de Clouzot dénonce indirectement l'esprit de délation sous l'Occupation. Il a été mal reçu par la Résistance qui l'a fait interdire à la Libération. Produit par la Continental, il aurait servi à donner une mauvaise image de la France en Allemagne.

Casablanca, Michael Curtiz, États-Unis, 1943

1942, Casablanca : un homme (Rick Blaine) brisé par l'amour, devenu cynique et individualiste, s'achemine progressivement, grâce à l'amour retrouvé, vers la Résistance.

Casablanca est à la croisée des genres hollywoodiens : film sur la guerre, mélodrame (couple mythique Bogart-Bergman) et film noir (héros seul à la fin ; présence de Bogart, Peter Lorre qui avaient joué dans *Le Faucon maltais*, etc.)

La musique résume le film : l'hymne allemand est étouffé par la Marseillaise qui elle-même n'a pas le swing de la mélodie devenue célèbre de *As time goes by*. Rick Blaine incarne l'Amérique, contrainte de prendre position dans le conflit européen.

Le néoréalisme en Italie

À l'inverse du cinéma des « téléphones blancs » de l'époque fasciste, le néoréalisme s'évertue à montrer sans artifices ni effets spectaculaires la dure réalité de l'Italie d'après-guerre : misère, chômage, pauvreté, etc. Il s'estompe très vite mais aura permis l'ouverture sur un cinéma moderne.

Le contexte d'émergence du néoréalisme

En 1944, l'Italie est ravagée et l'industrie cinématographique anéantie : il n'y a plus ni producteurs, ni moyens financiers ou techniques ; la pellicule est devenue une denrée rare ; les studios de Cinecittà accueillent les réfugiés. C'est dans ce contexte de pénurie mais aussi de grande liberté que va se reconstruire le cinéma italien, un nouveau cinéma italien.

Les films de l'ère fasciste, assez peu axés sur la propagande, sont principalement des films d'évasion destinés à dresser le tableau idyllique et rassurant d'une Italie fasciste paisible, niant les conflits sociaux, les problèmes économiques et politiques. Ces films déconnectés du réel sont appelés des « téléphones blancs ».

Le néoréalisme rompt radicalement avec ce cinéma désincarné. Influencé par le vérisme littéraire et par le cinéma vérité des maîtres russes, il se fait témoin du monde contemporain, de la guerre et de ses ravages. Après quelques films annonçant clairement, vers la fin de la guerre, un type nouveau de cinéma (*Ossessione*, Luchino Visconti, 1942), c'est *Rome, ville ouverte* de Roberto Rossellini qui, en 1945, inaugure le néoréalisme.

Les films néoréalistes

Les films néoréalistes s'attardent peu sur l'élaboration du scénario ou du découpage. À l'intrigue fictionnelle construite, ils préfèrent la description brutale, directe, immédiate de sa toile de fond, sans artifices ni effets visuels, sans action spectaculaire, à la manière documentaire. Cette toile de fond : sous-développement économique, misère rurale, chômage urbain, conditions de vie des vieillards, des femmes, des enfants, etc. On filme en décors et en éclairages naturels, on pratique l'improvisation, le plan-séquence. Aux côtés d'acteurs professionnels chevronnés (Anna Magnani, Aldo Fabrizi), on fait jouer des non-professionnels (ouvriers, pêcheurs, etc.).

Les films néoréalistes ne constituent pas pour autant un ensemble homogène. Aucun cinéaste (à l'exception du scénariste Zavattini) n'a d'ailleurs revendiqué son appartenance au mouvement. Le néoréalisme n'est pas une école. À chaque cinéaste son identité et son regard sur le monde : Rossellini plus intuitif, moins formaliste que Visconti ; De Santis, plus clairement engagé politiquement que De Sica l'humaniste sentimental (*Le Voleur de bicyclette*, 1948), etc.

Les influences du néoréalisme

Le néoréalisme n'est constitué que d'un petit nombre de films et ne représente que sept ou huit ans de l'histoire du cinéma italien. Il s'estompe dès le début des années 50, mais reste présent en filigrane. L'influence néoréaliste dépasse les frontières. Elle se fait sentir en France (Nouvelle Vague) et dans le monde. Le néoréalisme a ouvert la voie de la modernité.

ROBERTO ROSSELLINI

Ses débuts au cinéma

Roberto Rossellini au festival de Venise (1952).

Roberto Rossellini (1906-1977) fait ses débuts de cinéaste à l'école documentaire, à laquelle il restera très fidèle, y compris dans ses films de fiction. Puis, après avoir collaboré à un film de guerre dirigé par le fils de Mussolini et à quelques films de propagande fasciste, il passe étonnamment et sans transition à sa célèbre trilogie néoréaliste : *Rome, ville ouverte* (1945), *Païsa* (1946) et *Allemagne année zéro* (1948), trois films farouchement antifascistes et antinazis, trois films qui font de lui le père du néoréalisme.

Un langage cinématographique

Rome, ville ouverte est tourné dans d'incroyables conditions de pauvreté, avec le minimum de matériel. Il est impossible de visionner les rushes, mais cela importe peu puisque le manque de pellicule ne permet pas plusieurs prises. Le film est à l'image de ce qu'il montre et raconte : dépouillé de tout effet artistique, décoratif, ornemental. Rossellini ne reconstruit pas la réalité, il la capte directement et montre les choses telles qu'elles sont, brutes. Mais cette manière de travailler traduit plus une conviction profonde, une conception du cinéma qu'une simple soumission aux contraintes extérieures. Il pratique l'esquisse, travaille à grands traits, tourne vite et de façon totalement intuitive. Il ne prémédite pas, ne découpe pas ses scènes en plans courts, mais préfère le plan-séquence qui met en relief l'espace et le contexte.

Païsa

L'art de l'improvisation

Fellini, qui participa au tournage de *Païsa,* raconte comment Rossellini improvisa la fin du film. La séquence se passe dans les marais du Pô, les Allemands poussent les partisans dans l'eau. Rossellini, qui doit rentrer à Rome le soir même, tient à terminer la séquence mais il n'y a plus suffisamment de lumière pour tourner. Il a alors l'idée de traiter la scène sur le mode de la suggestion : elle est intégralement filmée en plan général, on ne distingue aucun détail, on entend seulement la chute dans l'eau de chaque partisan. La scène prend ainsi une force expressive exceptionnelle.

Rome, ville ouverte.

Modernités européennes à l'Ouest dans les années 60

Dans les années 60, s'impose en Europe un cinéma d'auteur qui s'inscrit dans le sillage des recherches de l'après-guerre (Italie, Suède), ou naît d'une révolte (Grande-Bretagne, Allemagne).

La notion de modernité

Aux quatre coins de l'Europe, se réalisent des films à travers lesquels des auteurs affirment leur personnalité, leur style, au détriment des règles classiques. Ce cinéma moderne ne forme pas une unité ; on constate néanmoins quelques caractéristiques générales : des récits en apparence moins structurés rompant avec les rythmes classiques : peu d'action, des moments de vide (Antonioni) ; un sens indécis ou caché, des valeurs complexes et abstraites, des fins souvent ouvertes et ambiguës (Bergman) ; des personnages flottants, tourmentés, sans désir d'action, souvent en quête d'identité (Antonioni) ; une absence de frontière entre le rêve, le fantasme, l'hallucination et le monde de la réalité (Bergman, Fellini, Pasolini) ; des citations, allusions, références au cinéma et aux autres arts (*8 1/2* de Fellini).

Une modernité annoncée

- En Italie, la modernité trouve ses racines dans le néoréalisme. Elle ne naît pas d'un divorce ou d'une révolte, mais d'une continuité, d'un dépassement. Fellini et Antonioni qui, en 1960, inaugurent l'ère moderne avec, respectivement *La Dolce Vita,* et *L'Avventura*, sont directement issus du néoréalisme. De 1960 à 1976, le cinéma italien fait preuve d'une exceptionnelle vitalité. Citons Zurlini, Rosi, Pasolini, Ferreri, Bertolucci…
- En Suède, la modernité est liée à la personnalité de Ingmar Bergman, qui fait ses débuts en 1945. Même si la jeune génération des années 60 (Bo Widerberg) règle ses comptes avec Bergman pour défendre un cinéma centré sur les problèmes sociaux et la vie quotidienne (sorte de néoréalisme suédois), il s'agit moins d'une rupture radicale que de la confrontation de deux modernités.

Une modernité de la révolte

- En Grande-Bretagne, dans les années 50, un groupe de jeunes réalisateurs (anciens critiques) se rallie au mouvement artistique des « Jeunes gens en colère » pour faire le procès de l'académisme britannique. Ces jeunes représentants du *Free Cinema* (Tony Richardson, Karel Reisz, etc.) tournent d'abord des courts métrages documentaires en 16 mm, puis passent, à la fin de la décennie, au long métrage de fiction. Ils prônent un cinéma réaliste s'intéressant aux marginaux et aux gens modestes.
- De même, mais plus tardivement (en 1965), naît en Allemagne un nouveau cinéma autour de personnalités comme Schlöndorff, Fassbinder, Herzog, Wenders. L'errance et la quête d'identité d'un Wim Wenders (né en 1945) a peu à voir avec le traitement de l'Histoire et la représentation de la sexualité d'un Fassbinder. Cependant, le peu de succès de ces films en Allemagne (excepté celui du *Tambour,* de Schlöndorff, en 1979) a un effet unificateur : treize réalisateurs se réunissent pour tourner, en octobre 1977, *L'Allemagne en automne.*

INGMAR BERGMAN

Une éducation stricte

Bergman naît en Suède en 1918 et reçoit, d'un père pasteur luthérien et d'une mère autoritaire, une éducation très rigide. Mais il se réfugie, avec sa sœur cadette, dans des univers fictionnels : ensemble, ils se procurent et visionnent des échantillons de pellicule, ils montent des spectacles de marionnettes, etc.

Cris et chuchotements

Une reconnaissance tardive

Durant quarante ans, Bergman mène de front une carrière d'homme de théâtre et de cinéaste. Ses films sont réputés hermétiques, énigmatiques, secrets. Pendant une dizaine d'années, il est dénigré par la critique. Ce n'est qu'en 1955 qu'il fait sa grande percée internationale avec *Sourires d'une nuit d'été*.

Ses grands thèmes

Bergman ramène souvent à son enfance les thèmes et interrogations qui peuplent ses films : Dieu, la religion et ses interdits (jusqu'aux *Communiants*, 1962, dans lequel il règle définitivement ses comptes avec la religion), le rôle de l'artiste dans la société (*Le Visage*, 1958 ; *Le Rite, L'Heure du loup*, 1967), la mort (*Le Septième Sceau*, 1956 ; *Cris et chuchotements*, 1972), la folie (*À travers le miroir*, 1961 ; *Persona*, 1966), le conflit au sein du couple (*La Honte*, 1967 ; *Scènes de la vie conjugale*, 1973), entre sœurs (*Le Silence*, 1963 ; *Cris et chuchotements*), entre mère et fille (*Sonate d'automne*, 1977), ou au sein même de l'individu (*Persona*).

La violence

Pour Bergman, le cinéma a pour fonction d'exprimer des actes violents dont la vue permet au spectateur d'accéder à une sorte de délivrance. Il filme des personnages isolés entre lesquels le langage est impuissant à établir un contact. La violence et le conflit tiennent lieu de contact.

L'art du portrait

Bergman écrit pour des acteurs précis et fait appel à leur intuition, leur sensualité et leur imagination. Au fil des années, il passe de la mise en scène du drame dans l'espace au portrait au sens pictural, d'où son goût pour les visages. Il a déclaré lors d'un entretien qu'il aurait aimé faire un long métrage constitué d'un seul gros plan de visage.

Persona

Modernités européennes à l'Est dans les années 60

Après des années de réalisme socialiste, s'épanouit, aux quatre coins de l'Europe de l'Est, un cinéma libre aux contenus nouveaux, un cinéma qui s'impose à l'échelle internationale par sa modernité.

Après le réalisme socialiste, le « nouveau cinéma »

Après la guerre, les pays de l'Est sont « stalinisés ». Les régimes en présence imposent un mode de pensée dogmatique, manichéen, qu'ils veulent retrouver dans le cinéma. La censure veille sur la production cinématographique, habile, dit-on, dans l'art d'influencer les masses et donc vouée à éduquer. Les films doivent diffuser l'idéologie officielle en glorifiant le socialisme, en présentant des héros positifs dans des films positifs, simples et au sens immédiat, dépourvus de toute forme d'ambiguïté. C'est le règne du réalisme socialiste. Le cinéma est au service de l'État et répond rarement à des exigences d'ordre artistique.

De la mort de Staline, en 1953, résulte une formidable libéralisation à la fin des années 50 : le cinéma se réveille et s'affranchit de ses carcans, de ses formes narratives schématiques, pour donner naissance à des films aux structures inhabituelles, nouvelles, modernes, des films d'une extraordinaire variété, proposant une autre lecture de l'Histoire et une critique sociopolitique acerbe, dans lesquels l'individu en tant qu'entité psychologique complexe retrouve son droit de cité.

En URSS

Entre 1954 et 1961, la production cinématographique en URSS augmente et se diversifie grâce à la décentralisation. Désormais, chaque république construit sa cinématographie propre, donnant la parole à une nouvelle génération de cinéastes. Mais à partir de 1963-1964, le cinéma semble renouer avec un certain académisme, le régime se durcit et interdit à nouveau ou retarde la sortie de certains films (comme *Andreï Roublev* de Tarkovski, en 1969, pourtant loué partout à l'étranger).

Cinématographies nationales

Le cinéma polonais, à peu près au même moment et jusqu'en 1968, connaît un essor remarquable. Avec une légère avance sur la Nouvelle Vague française, les cinéastes polonais développent des langages et des styles différents mais qui, tous, témoignent d'une recherche esthétique. Andrzej Wajda (né en 1926) apparaît comme la figure de proue du cinéma polonais avec, notamment, *Kanal* en 1957 et *Cendres et Diamant* en 1958. Son écriture cinématographique se caractérise par un travail particulier des cadrages et du rythme (mouvements de caméra, montage).

La Pologne sera suivie par la Tchécoslovaquie et la Hongrie, où le renouveau se fera aux alentours de 1963-1964. La Hongrie verra naître les films de Miklos Jancsó (né en 1920), abstraits et complexes (1966 : *Les Sans-Espoir,* 1967 : *Rouges et Blancs,* 1968 : *Silence et Cri*), qui s'imposeront sur la scène internationale.

La Yougoslavie, la Bulgarie, la Roumanie ont aussi leur « nouvelle vague ». Seule la RDA, à de rares exceptions près, semble résister à la modernité de l'air du temps.

LE NOUVEAU CINÉMA TCHÉCOSLOVAQUE

Le réveil du cinéma tchécoslovaque

Le cinéma tchécoslovaque a besoin de six ans (de 1956 à 1962) pour sortir de son relatif sommeil. Mais son réveil, en 1963, est explosif. La jeune génération de réalisateurs fraîchement sortis de l'école de cinéma, la Famu, suivie de près par ses aînés, propose, de 1963 à 1968, des films riches tant sur le plan de la recherche esthétique que sur celui des contenus : critique sociale et politique, nouvelle analyse du passé, dimension psychologique de l'individu.

Des comédies

Cette recherche se fait souvent dans le rire : *Le Premier Cri* (comédie de Jaromil Jires sur le souvenir, la rencontre amoureuse, le mariage, la famille, la naissance...), *L'As de pique* (comédie truculente de Milos Forman raconte les problèmes existentiels d'un jeune commis de 17 ans, aussi vantard que timide. Dans *Un jour, un chat* (comédie satirique de Vojtech Jasny, les habitants d'un village se retrouvent colorés en rouge, violet, jaune, gris selon qu'ils sont amoureux, hypocrites, volages ou voleurs, cela par le seul regard d'un chat un peu hors du commun). Ces trois films sortent en 1963.

L'As de pique *de Milos Forman.*

Des drames

Le drame aussi trouve à s'exprimer, à travers, notamment, l'œuvre de Jan Kadar et Elmar Klos, ayant pour sujet la résistance antinazie (*La Mort s'appelle Engelchen*, 1963), les méthodes et injustices du stalinisme (*L'Accusé*, 1964), ou encore la répression antisémite sous l'Occupation (*Le Miroir aux alouettes*, 1965, qui obtient l'oscar du Meilleur Film étranger). Saluons enfin l'œuvre éclectique de la cinéaste Vera Chytilova qui donne, en 1963, *Quelque chose d'autre* et, en 1966, *Les Petites Marguerites.*

Les Petites Marguerites *de Vera Chytilova.*

En 1965, la « Nouvelle Vague » tchécoslovaque réalise son film-manifeste à sketches, *Les Petites Perles au fond de l'eau.*

La fin du mouvement

En 1968, les événements entravent la production. Le durcissement du régime n'aide pas le cinéma à s'épanouir, ce qui provoque vite une hémorragie des talents vers l'étranger : Forman, Kadar s'exilent aux États-Unis, Jasny va travailler en Allemagne et en Autriche. La Tchécoslovaquie replonge dans le manichéisme idéo- logique et dans un affligeant académisme.

La Nouvelle Vague française

La Nouvelle Vague bouleverse les modes de production et impose une nouvelle conception du cinéma. Bien que bref, ce mouvement aura un impact important dans d'autres pays.

Prélude à la Nouvelle Vague

La Nouvelle Vague cinématographique française naît de la conjonction de plusieurs phénomènes. Le cinéma bouillonne un peu partout (on parle de Nouvelles Vagues au pluriel). Mais c'est en France que le mouvement est le plus spectaculaire.

Au milieu des années 50, les réalisateurs des films dits de qualité sont ceux qui, depuis les années 30, travaillent dans le plus parfait esprit de continuité. À la fin de la décennie, ces « anciens » doivent s'incliner devant une nouvelle génération : celle des jeunes critiques des *Cahiers du cinéma* (revue née en 1951) – Chabrol, Truffaut, Godard, Rohmer, Rivette, qui, fraîchement armés de caméras, tournent respectivement : *Le Beau Serge, Les 400 coups, À bout de souffle, Le Signe du lion, Paris nous appartient* –, celle également des réalisateurs de courts métrages – Resnais, Demy, et d'autres, déjà connus du public – qui passent au long métrage pour donner notamment : *Hiroshima, mon amour, Les Parapluies de Cherbourg*, etc.

La Nouvelle Vague : une explosion de films et de réalisateurs

Si la Nouvelle Vague a littéralement explosé (entre 1958 et 1962, 97 premiers films sortent sur les écrans français, ce qui constitue une véritable révolution), c'est que les producteurs se sont immédiatement intéressés à ces films bon marché et faciles à rentabiliser. Ces films réclament peu (Chabrol produit *Le Beau Serge* avec un héritage familial) et peuvent donc tout se permettre. Leur élan, leur impétuosité, leur désinvolture, leur liberté (on passe outre les demandes d'autorisation de tournage…) séduisent le public.

Les progrès techniques (caméras légères, pellicule suffisamment sensible pour filmer à la lumière du jour, son synchrone de qualité, etc.) permettent de tourner « à la Rossellini », dans la rue ou en intérieurs, mais toujours en décors réels. Le réalisateur est souvent le scénariste-dialoguiste. L'équipe technique est allégée, on ne recherche pas la prouesse technique, les films ont volontiers un aspect amateur.

Déclin, bilan et prolongements

Dès 1961 se profile le déclin. Le public se lasse, la production diminue. Parmi les cinéastes de la Nouvelle Vague, nombreux sont ceux qui changent de métier, d'autres s'exilent à la télévision. Ceux qui poursuivent leur carrière dans le cinéma choisissent soit de revenir à un certain classicisme (Truffaut), soit au contraire de faire un pas supplémentaire vers la provocation et la recherche expérimentale (Godard).

La Nouvelle Vague, sans avoir incarné à elle seule le renouvellement du cinéma français, et ne comptant pas, loin de là, que des chefs-d'œuvre, a néanmoins élargi l'horizon cinématographique en remettant en question l'académisme. Elle a eu une influence considérable hors des frontières françaises, dans les pays de l'Est notamment.

À BOUT DE SOUFFLE

Le scénario

Jean Seberg et Jean-Paul Belmondo.

Après avoir volé une voiture à Marseille, Michel Poicard (Jean-Paul Belmondo), *en route pour Paris, tue un policier. À Paris, il est recherché par la police. Il cherche à fuir mais veut d'abord récupérer une somme d'argent et persuader Patricia* (Jean Seberg), *une jeune Américaine dont il est amoureux, de l'accompagner. Au moment où il obtient finalement l'argent, Patricia le dénonce et il est abattu dans la rue.*

Avec *À bout de souffle*, Jean-Luc Godard réalise en 1960 l'antithèse du film policier classique que ce scénario aurait pourtant pu susciter : aucune action héroïque, aucune confrontation, aucun suspense, mais, au contraire, des personnages en attente. Le film banalise ce qui, habituellement, est dramatisé. La cohérence dramaturgique classique est abandonnée : les scènes ne s'enchaînent pas suivant une logique causale. Les conversations entre Michel et Patricia ne débouchent jamais sur une action ou une prise de décision. Elles sont d'une certaine manière gratuites, parfois inutiles au sens classique.

Les personnages

À bout de souffle met en scène des personnages simples, non des héros.

Michel Poicard est un banal voleur de voitures, pas très beau, sympathique et attachant, mais en aucun cas admirable ou héroïque. À la fin, il renonce à la fuite, à l'action, presque par paresse.

Les dialogues

Ils sont naturels, calqués sur la conversation de tous les jours, parfois improvisés :

« Laissez-moi tranquille, je réfléchis.
– À quoi ?
– Le drame, c'est que je ne sais même pas.
– Moi, je sais.
– Non, personne ne sait.
– Tu penses à hier soir, mais si.
– Hier soir, j'étais furieuse, maintenant je ne sais pas, ça m'est égal. Non, je pense à rien. Je voudrais penser à quelque chose, mais je n'arrive pas.
– Bon, moi je suis fatigué, très fatigué et je me recouche. Pourquoi tu me regardes ?
– Parce que je te regarde… »

Le traitement filmique

Le film ne se soucie guère des transitions, des ponctuations (fondus au noir ou enchaînés), des raccords, et boude les scènes classiques tournées en champ-contrechamp. En revanche, il renoue avec la fermeture et l'ouverture à l'iris, passées de mode depuis l'avènement du parlant.

Le cinéma américain depuis 1960 (1)

La fragilité du système des studios entraîne de nouveaux modes de production. Le contexte politique des années 70 pousse le cinéma à se libérer des carcans du classicisme et ouvre la voie, pour plusieurs décennies, à un cinéma d'expression personnelle.

Ce qu'il reste des grands studios

Le bilan des années 60 est peu réjouissant, Hollywood n'est plus une « usine à rêves » : baisse considérable de la fréquentation, compression de personnel dans les studios, vente des films à la télévision, fusions, etc. Les studios, au bord de la faillite, peinent à s'adapter au nouveau contexte économique et sont désormais aux mains des grands *trusts*.

Cependant, le cinéma continue et continuera de se soumettre aux contraintes du *star-system*. Les vedettes restent garantes du succès des films et prennent les traits de Robert De Niro, Al Pacino, Jack Nicholson, Dustin Hoffman, Meryl Streep, et plus tard de George Clooney, Sharon Stone, Tom Cruise, Patricia Arquette, Nicole Kidman, Julia Roberts, Johnny Deep.

Le climat politique et social, qui résulte de l'intervention américaine dans la guerre du Vietnam et la fin du code Hays, en 1966, vont entraîner un bouleversement du cinéma.

Le Nouvel Hollywood

Les années 70 sont celles d'un cinéma engagé, contestataire, reflet de la contre-culture. Le « Nouvel Hollywood », prend ainsi son élan en 1967 avec *Bonnie and Clyde* (Arthur Penn) et prendra fin en 1980 avec *La Porte du paradis* (Michael Cimino). Les réalisateurs, influencés par les modernités européennes, deviennent les vrais auteurs de leurs films et prennent leurs distances vis-à-vis des règles classiques de la narration.

Les genres sont renouvelés : les westerns deviennent ultra-violents (Sam Peckinpah s'en est fait une spécialité avec *La Horde sauvage* ou *Pat Garrett et Billy le Kid*, 1973) et réhabilitent les Indiens (*Little Big Man*, Arthur Penn, 1970) ; les films d'horreur, de science-fiction ou d'anticipation fondent leurs scénarios sur les dysfonctionnements de la société (*La Nuit des morts-vivants*, George Romero, 1968 ; *Soleils verts*, Richard Fleischer, 1973) ; le film musical est placé sous le signe du rock. Le *road movie* connaît ses heures de gloire (*Easy Rider*, Dennis Hopper, 1969).

Les héros sont souvent des anti-héros, des marginaux (*Macadam Cowboy*, John Schlesinger, 1969), gagnent en ambiguïté et clament leur rébellion, à l'image du personnage interprété par Dustin Hoffman dans *Le Lauréat* (Mike Nichols, 1967). Les films se libèrent de la censure et montrent le sexe, la violence, la corruption des pouvoirs publics.

Prolongements

Depuis les années 80, des réalisateurs continuent à affirmer leur langage et leur style propre et à faire un cinéma, certes moins contestataire, mais toutefois très personnel. On pense aux films américains du Canadien David Cronenberg (*A History of Violence, Les Promesses de l'ombre*) et à une nouvelle génération à laquelle appartiennent Jeff Nichols (*Take Shelter, Mud*), James Gray ou J. C. Chandor (*Margin Call, A Most Violent Year*).

LE CINÉMA AMÉRICAIN ET LA GUERRE DU VIETNAM

Des années 60 aux années 80

Si l'on considère à part *Les Bérets verts*, film de pure propagande à la gloire de l'Amérique réalisé par John Wayne et Ray Kellog pendant la guerre, en 1968, ce sont les deux décennies suivantes qui s'approprieront cet épisode de l'histoire. Les années 70 rendront compte principalement de la manière dont la guerre est perçue aux États-Unis ; les années 80 prendront en charge d'une manière plus radicale la représentation du conflit.

Voyage au bout de l'enfer, Michael Cimino, 1978

Voyage au bout de l'enfer, considéré comme le premier film sur la guerre du Vietnam, se situe aux antipodes des valeurs héroïques et patriotiques du film de guerre classique. La violence visuelle des scènes permet au film de donner corps au traumatisme collectif causé par la guerre.

Le film évoque avec lyrisme le destin de trois amis, modestes ouvriers métallurgistes d'origine lituanienne, que la guerre n'épargnera pas. Steven sera amputé des deux jambes ; Mike, plus chanceux, repartira au Vietnam à la recherche de Nick ; celui-ci, drogué, s'adonne au jeu atroce de la roulette russe dans un tripot de Saïgon et Mike n'en rapportera que le corps sans vie.

Apocalypse Now, Full Metal Jacket, Outrages

Un an plus tard, en 1979, sort le très attendu *Apocalypse Now* de F. F. Coppola (Palme d'or au festival de Cannes), film à grand spectacle en forme de « *river movie* ».

Kubrick, tourne quelques années plus tard *Full Metal Jacket*, qui sort en 1987 et qui montre lui aussi les ravages de l'autorité et de la violence au sein de l'armée américaine.

De Palma sort en 1990 le non moins violent *Outrages*.

La trilogie d'Oliver Stone

Oliver Stone consacre trois films à la guerre du Vietnam : *Platoon* (1986), *Né un quatre juillet* (1989) et *Entre Ciel et terre* (1993).

Voyage au bout de l'enfer.

James Gray

James Gray est né à New York en 1969. Grand cinéphile dès l'adolescence, il admire tout à la fois la génération précédente de réalisateurs américains (Coppola, Scorsese, Spielberg) et les réalisateurs européens de la période moderne. Son premier long métrage, *Little Odessa*, remporte en 1994 le lion d'argent à la Mostra de Venise. Ses films, situés à New York, mettent en scène un individu aux prises avec un milieu : la mafia (*Little Odessa* 1994, *The Yards,* 2000), la police (*La Nuit nous appartient*, 2007), la famille (*Two Lovers*, 2008). *The Immigrant* (2013) raconte l'arrivée d'une jeune Polonaise à New York en 1920, condamnée à la prostitution. L'acteur Joaquin Phoenix interprète les personnages principaux masculins des quatre derniers films.

Le cinéma américain depuis 1960 (2)

Après la chute des grands studios dans les années 60, se reconstruit progressivement un cinéma de divertissement pur, destiné en premier lieu à un public jeune. Les progrès technologiques font la part belle aux images de synthèse.

Un cinéma de divertissement

Parallèlement au cinéma d'auteur, s'impose, depuis les années 70, un cinéma de divertissement pur qui attire à nouveau le public dans les salles et redresse la situation économique. Les producteurs sont devenus des financiers. Destinés à un public jeune désormais éduqué par la télévision, ces films reposent sur l'action, le suspense, le spectacle et quelques bons sentiments. Ils mettent en scène des héros (ou des « super-héros » lorsqu'ils sont issus de bandes dessinées). Ils répondent à une demande et leur qualité est inégale. Il arrive que l'on passe commande à des personnalités comme Scorsese ou De Palma, mais la plupart de ces films sont réalisés par des spécialistes du genre.

Les premiers *blockbusters* voient le jour avec *Les Dents de la mer* (S. Spielberg, 1975). Il s'agit de films chers, aux technologies sophistiquées et destinés à rapporter gros.

Effets visuels, images de synthèse

Les années 80 connaissent un grand bouleversement technologique avec l'avènement du numérique. Les images dites de synthèse peuvent être intégralement fabriquées par des programmes informatiques. Dans ce cas, elles n'impliquent plus la présence d'un décor concret ni d'une caméra pour l'enregistrer. Elles peuvent également consister en un traitement d'images filmées par des caméras. *Tron*, film de science fiction de Steven Lisberger, est l'un des premiers à avoir recours à ces technologies. Les années 90 marquent l'apogée des effets visuels avec notamment le film *Toy Story* (John Lasseter, 1995), premier long métrage d'animation entièrement réalisé en images de synthèse, co-produit par les studios Disney.

Les années 90 voient également se développer les images numériques dites « en 3D » nécessitant un dispositif de projection adapté et le port de lunettes pour les spectateurs. *Avatar* (2009), écrit et réalisé par James Cameron, est l'un des plus spectaculaires. Ce *blockbuster* est à la fois le film le plus cher et le plus rentable de l'histoire du cinéma.

Les images de synthèse ne sont cependant plus réservées aux films spectaculaires. Elles se généralisent mais sont plus discrètes.

Séries et remakes

Les producteurs affectionnent les séries : *Toy Story* 1, 2 (John Lasseter, 1999) et 3 (Lee Unkrich, 2010), le dernier existant en version « 3D ». Ils financent également un certain nombre de *remakes*, y compris de séries télévisées (*Mission : impossible*, De Palma, 1996 ; *Mission : impossible 2*, J. Woo, 1999 ; *Mission : impossible 3*, J. J. Abrams, 2005). On pratique aujourd'hui volontiers le « *lifting* », consistant à restaurer la copie d'un film et à ajouter quelques effets spéciaux pour faire, à peu de frais, un film nouveau (*Apocalypse Now Redux*, version restaurée et augmentée, 2001).

GEORGE LUCAS ET STEVEN SPIELBERG

Leurs parcours dans le contexte hollywoodien

Après avoir appris tous les métiers du cinéma, George Lucas (né en 1944) et Steven Spielberg (né en 1947) font leurs classes en réalisant des téléfilms pour les *Major Companies*. Ils passent ensuite au grand écran et renouent avec un certain type de superproduction dans lequel le spectaculaire est au service d'histoires simples et naïves. Ils développent leurs recherches dans les effets spéciaux et imposent à Hollywood une nouvelle esthétique de l'image qui influencera tout le cinéma. Ce sont eux qui sauvent *in extremis* Hollywood de la faillite en pratiquant un cinéma adapté aux goûts des spectateurs.

Leurs principaux films

En 1977, Lucas réalise *La Guerre des étoiles*. Premier épisode d'une saga, le film emprunte au conte merveilleux sa structure narrative, puise ses thèmes dans la mythologie et dans la chanson de geste. Son immense succès tient en grande partie à la qualité des effets spéciaux et à la beauté des maquettes.

Lucas est le producteur exécutif et le scénariste des deux suites : *L'Empire contre-attaque* (1980) et *Le Retour du Jedi* (1983).
Spielberg réalise *Les Dents de la mer* (1975) et *E.T. l'extraterrrestre* (1982).

E.T.

Ce film mêle l'univers des extraterrestres (ici pacifiques) et celui des enfants. Les effets spéciaux sont nombreux et particulièrement réussis.

Les deux amis poursuivent une carrière prolifique, ensemble : le tryptique *Indiana Jones*, ou séparément : *Minority Report*, 2002, *Arrête-moi si tu peux*, 2002 ; *Le Pont des espions, 2015* ; *Star Wars*, la « prélogie » *:* *La Menace fantôme* (1), 1999, *L'Attaque des clones* (2), 2002, *La Revanche des Slith* (3), 2005.

La Guerre des étoiles, *version 1997 avec incrustations numériques.*

Les indépendants américains

Le terme d'indépendants désigne des producteurs, des réalisateurs et des acteurs qui travaillent en dehors des normes hollywoodiennes.

United Artists (Artistes Associés)

Dès 1919, Ch. Chaplin, D. Fairbanks, D.W. Griffith et M. Pickford fondent la United Artists afin d'assurer la distribution des films réalisés par des créateurs réfractaires aux diktats esthétiques et idéologiques d'Hollywood. Des producteurs comme S. Goldwyn (1882-1974) ou D.O. Selznick (1902-1965) avec *Rebecca* contribuent au prestige de la firme.

Néanmoins, nombre de réalisateurs à la trop forte personnalité eurent à combattre pour tenter, parfois en vain, d'imposer leurs œuvres. Ainsi d'Eric Von Stroheim (*Les Rapaces*, 1925, qui fut gravement mutilé) ou, plus tard, d'Orson Welles (à partir de *La Splendeur des Amberson*, en 1942).

Les réalisateurs et les acteurs-producteurs

L'un des moyens d'œuvrer avec plus de liberté à Hollywood est de devenir producteur, ce à quoi s'emploieront Howard Hawks (1896-1977), dès les années 30, ou Alfred Hitchcock, dès 1948, afin d'obtenir le plein contrôle sur leurs films. Dans les années 50, certaines stars accèdent aussi à la production : Burt Lancaster, Kirk Douglas, John Wayne. Cependant des petits producteurs, comme Roger Corman (né en 1926), élaborent, avec des moyens très modestes, des films érotiques, de science-fiction ou d'horreur (adaptations d'Edgar Poe, avec Vincent Price) et donnent leur chance à de jeunes réalisateurs (Coppola, Scorsese).

Hollywood ne se fait pas faute de récupérer les indépendants talentueux, tels Elia Kazan, Richard Brooks ou Sidney Pollack. Mais ils sont toujours soupçonnés de déviance soit sur le plan idéologique, par leurs prises de position politique (notamment au moment du maccarthysme) ou par leurs audaces morales (le code Hays, qui régissait les bonnes mœurs à l'écran, reste en vigueur jusqu'en 1966), soit sur le plan esthétique, du fait de leur résistance au cinéma-spectacle.

Le cinéma new-yorkais

Les cinéastes new-yorkais, particulièrement prolifiques à partir des années 50, se distinguent précisément par le rejet des normes spectaculaires hollywoodiennes. Ils sont souvent influencés par les films européens, pratiquent un cinéma volontiers personnel et quelque peu expérimental, avec des budgets réduits. John Cassavetes, Shirley Clarke (côté documentaire ou reportage) et Woody Allen sont parmi les plus représentatifs. Mais des auteurs comme Sidney Lumet (*Douze hommes en colère*, 1957 ; *Serpico*, 1973) ou Martin Scorsese (*Taxi Driver*, 1976), même s'ils ont réalisé des films plus coûteux et collaboré avec Hollywood, conservent un esprit et une écriture marqués par leur origine et leurs débuts new-yorkais.

JOHN CASSAVETES ET WOODY ALLEN

La carrière et les films de ces deux auteurs aux tempéraments bien différents sont étroitement liés à New York.

John Cassavetes

D'origine grecque, John Cassavetes (1929-1989) a été acteur pour le cinéma et la télévision, ce qui lui a souvent permis de financer ses propres films. Il épouse Gena Rowlands en 1954 et réunit les fonds pour son premier film, *Shadows* (1959), en lançant un appel à la radio. Il s'agit d'une œuvre tournée en 16 mm, en grande partie improvisée, et traitant du racisme et de la vie nocturne new-yorkaise. Son succès attire Hollywood, où Cassavetes travaille un temps (*Un enfant attend*, 1963) avant de reprendre son indépendance et tourner, avec ses amis et en toute liberté, des œuvres très personnelles : *Faces* (1968), *Une femme sous influence* (1975), *Opening Night* (1978).

Woody Allen

Né en 1935 dans une famille juive new-yorkaise, Woody Allen écrit et vend des gags avant de monter sur scène en tant que comique soliste. Il élabore des sketches pour la télévision et réalise son premier film (*Prends l'oseille et tire-toi*) en 1969. Il inaugure sa veine autobiographique avec *Annie Hall*, en compagnie de Diane Keaton, en 1975 où il met au point un personnage d'intellectuel juif quelque peu torturé. Il s'insère dans un système de production lui permettant de tourner librement des films au budget raisonnable. Très influencé par Bergman, Fellini et... Tchekhov, il alterne comédies et drames sans cesser d'observer la société new-yorkaise et de s'inspirer de sa propre existence : *Hannah et ses sœurs* (1986), *Crimes et Délits* (1989), *Maudite Aphrodite* (1995), *Harry dans tous ses états* (1997), *Match Point* (2005), *Café Society* (2016).

John Cassavetes et Gena Rowlands dans Love Streams *(1984).*

Match Point, *Woody Allen, 2005.*

Le cinéma français contemporain

La vitalité du cinéma français a, ces dix dernières années, résisté aux attaques de la conjoncture. L'aide de l'État y est pour beaucoup, ainsi que le renouvellement des talents.

Classicismes et modernités

Les auteurs issus de la Nouvelle Vague des années 60 confirment leur talent et leurs capacités créatrices, qu'il s'agisse de Godard (*Mozart for ever*, 1996), Chabrol (*La Cérémonie*, 1995), Rohmer (*Conte d'été*, 1996), Resnais (*On connaît la chanson*, 1997), Rivette (*Va savoir*, 2001) ou Pialat (*Van Gogh*, 1991).

Ce courant « moderne », bien épaulé par André Téchiné (*Les Voleurs*, 1995), est accompagné par de solides représentants du cinéma classique de qualité, tels Sautet (*Nelly et M. Arnaud*, 1995) ou Tavernier (*L'Appât*, 1995). Mais ces deux courants sont vivifiés par des auteurs plus jeunes. Côté modernes : les adeptes d'un cinéma personnel, formellement aventureux (A. Desplechin, *Esther Kahn*, 2000). Côté classiques : les amoureux du scénario bien composé et du recours à des comédiens de renom (Jacques Audiard, *De battre mon cœur s'est arrêté*, 2004).

La postmodernité

Elle s'est manifestée dans des œuvres cultivant le visuel et le sonore en référence aux nouvelles images (clips, jeux vidéos, publicité) et au cinéma américain : Besson (*Léon*, 1994) et Jeunet (*Le fabuleux destin d'Amélie Poulain*, 2001).

Mais les genres éprouvés se pérennisent, comme l'adaptation littéraire de prestige (*Cyrano de Bergerac*, Jean-Paul Rappeneau, 1990). Certains connaissent une sensible évolution, comme la comédie, sous l'influence d'auteurs et de comédiens venus du café-théâtre : comme la troupe du Splendid (*Les Visiteurs*, Poiré, 1993).

Nouvelles tendances, nouvelles sensibilités ?

Les critiques tentent de circonscrire des mouvements, des tendances significatives. C'est ainsi qu'on a pu évoquer les « films de femmes », les films « beurs » avec Medhi Charef, les « banlieue-films » (*La Haine*, Mathieu Kassowitz, 1995), les « postmodernes » avec Besson, Beineix, Carax. Les grosses productions européennes prestigieuses, tentant de concurrencer le cinéma américain, côtoient les films à petit budget.

Une pléiade de jeunes acteurs croise les valeurs sûres (Depardieu, Deneuve, Auteuil, Serrault). Les vedettes de la télévision percent (Les Nuls, Les Inconnus, Omar Sy).

Le cinéma français contemporain, s'il ne répugne pas aux grandes fresques historiques ou littéraires (*Le Hussard sur le toit*, Rappeneau, 1995) et à la comédie populaire (*Bienvenue chez les Ch'tis*), demeure attaché aux chroniques intimistes ou sociales, à l'observation de la vie. Il est donc traversé par les questions actuelles, divorces, chômage, identités culturelles, perte des liens sociaux. Mais, réticent au film à thèse, très éloigné, d'une manière générale, du film militant des années 70, il est essentiellement descriptif, analytique, souvent poétique, même s'il s'agit d'une poésie plutôt sombre.

FEMMES CINÉASTES EN FRANCE

Un peu d'histoire

Les femmes occupent le plus souvent des postes subalternes : ouvrières (pour colorier les pellicules au pochoir, par exemple), monteuses, scriptes. Alice Guy, secrétaire de Léon Gaumont, fut cependant la première cinéaste professionnelle du monde (*La Fée aux choux*, 1898, fut suivie de nombreux films). Il faut attendre les années 20, avec Germaine Dulac, écrivain, scénariste, cinéaste (*La Fête espagnole*, 1919), puis les années 50, avec Jacqueline Audry (plus de quinze films, dont plusieurs adaptations de Colette : *Gigi, Mitsou*), pour voir une femme faire carrière dans le cinéma français, en dehors des comédiennes.

Les années 50-60 voient quelques femmes énergiques imposer leur talent. Elles sont généralement issues d'un autre domaine artistique qui les a déjà consacrées. C'est le cas pour Agnès Varda, photographe (*La Pointe courte*, 1954 ; *Cléo de 5 à 7*, 1962) et Marguerite Duras, écrivain (scénario de *Hiroshima mon amour*, 1959 ; *India Song*, 1974).

L'après-68

Une quinzaine de femmes accèdent à la réalisation entre 1968 et 1975, d'autres à la production. Ce sont souvent des enfants de la balle, parentes ou compagnes de professionnels du cinéma, telles Coline Serreau, Nina Companeez, Nadine Trintignant, Mag Bodard, Véra Belmont.

Des femmes scénaristes vont également jouer un rôle important auprès de réalisateurs de renom : Suzanne Schiffmann avec François Truffaut, Arlette Langmann avec Maurice Pialat, Danielle Thompson avec Gérard Oury. La profession offre, non sans difficultés, des postes de prestige aux femmes.

Aujourd'hui : un cinéma féminin ?

Comédiennes (Christine Pascal, Nicole Garcia), diplômées de l'Idhec ou de la Femis, parfois formées sur le tas, de nombreuses femmes réalisent des films. Claire Denis, Tonie Marshall, Pascale Ferran, Catherine Breillat, Noémie Lvovski, Mia Hansen-Love ne sont que quelques noms parmi des dizaines d'autres. Elles n'accèdent pas aux gros budgets et pratiquent un cinéma intimiste.

Peut-on parler d'une écriture ou d'une sensibilité spécifiquement féminine ? Certes, les « films de femmes » traitent de questions contemporaines : crise du couple et de la famille, désarroi de la jeunesse, redéfinition des rôles sociaux. Mais ceci les rattache, en fait, à la modernité et à ses exigences esthétiques. Les cinéastes françaises affirment aujourd'hui la valeur et le rôle du cinéma d'auteur face à la production courante.

Les plages d'Agnès, *Agnès Varda, 2008.*

Le cinéma britannique

Au travers des vicissitudes de sa production liées notamment à l'emprise du cinéma américain, trois tendances majeures traversent le cinéma britannique depuis ses origines : le documentaire et le réalisme social, l'humour et le goût des adaptations littéraires. Mais il faut y ajouter le sens du spectacle populaire, du film d'horreur à la série des James Bond.

Documentaire et réalisme social

Dès 1897, George Albert Smith tourne des actualités à Brighton et inaugure la veine du décor naturel. Mais c'est John Grierson, à la fin des années 20, qui permet la mise en place de l'« École documentaire britannique ». Il fera travailler notamment l'américain Robert Flaherty (*L'Homme d'Aran*, 1934).

Le réalisme marque fortement les différentes époques du cinéma britannique, du mélodrame (*Brève rencontre*, D. Lean, 1945), au « free cinema » des années soixante (*Samedi soir, dimanche matin*, Karel Reisz, 1960). Souvent formés par leur passage à la télévision, engagés politiquement, les cinéastes britanniques s'appliquent à une description critique des précarités économiques et du chômage.

Ken Loach présente *Kes* en 1969 et *Family Life* en 1971 – portraits d'adolescents contraints par l'école ou la famille –, collabore avec Jim Allen (*Raining Stones*, 1993), réalise des fresques historiques (*Land and Freedom*, 1995 – sur la guerre d'Espagne –, *Le Vent se lève*, Palme d'Or en 2006 à Cannes).

Le réalisme de Mike Leigh s'avère plus noir et désespéré et confine au naturalisme : *Naked* (1993), *Secrets et mensonges* (Palme d'Or en 1996), *Mr Turner* (sur les dernières années du grand peintre britannique, 2014).

Grands spectacles et films de genre

Sous l'impulsion de producteurs audacieux, tels Alexandre Korda (*La Vie privée d'Henry VIII*, 1933) ou Arthur Rank, le cinéma britannique a cultivé le goût des films de studios et des films de genre : fantastique et horreur (films de Terence Fisher), policiers et espionnages (films d'A. Hitchcock, *The Lodger*, 1926), aventures, etc.

Mais les films de divertissement à gros budgets, de plus en plus le fruit de co-productions internationales et d'accords avec les grands distributeurs, s'avèrent une spécialité britannique non négligeable comme l'atteste la série des James Bond, celle des Harry Potter ou certaines réalisations de David Lean (*Lawrence d'Arabie*, 1962) ou Richard Attenborough (*Gandhi*, 1982).

Adaptations prestigieuses

Dickens et Shakespeare sont adaptés dès les années 10, en Grande-Bretagne. Et certains cinéastes se feront une spécialité des adaptations prestigieuses : Laurence Olivier (*Hamlet*, 1948), David Lean (*Oliver Twist*, 1948, *Docteur Jivago*, 1965), Kenneth Branagh (*Frankenstein*, 1994). Les veines romanesques et théâtrales sont systématiquement exploitées, servies par des scénaristes dramaturges (Noël Coward, Harold Pinter) et de grands comédiens (Laurence Olivier, Alec Guinness, Rex Harrison, Dirk Bogarde).

HUMOUR ET CINÉMA EN ANGLETERRE

Un réalisateur : John Mackendrick

D'abord scénariste, J. Mackendrick (né en 1912) entre aux studios Ealing et réalise *Whisky à gogo* en 1949, devenu immédiatement un classique de l'humour anglais. En 1951, *L'Homme au complet blanc*, avec Alec Guinness, parfait une forme fondée sur l'exploitation logique d'une situation absurde ou « non sensique » (ici, l'invention d'un tissu inusable). En 1955, *Tueurs de dames*, toujours avec Alec Guinness, remporte un énorme succès. Mackendrick poursuivra sa carrière aux États-Unis, s'illustrant dans d'autres genres, souvent avec brio (*Un cyclone à la Jamaïque*, 1965).

Deux acteurs : Sir Alec Guinness et Peter Sellers

• Alec Guinness (né en 1914) interprète d'abord le répertoire classique au théâtre, notamment à l'Old Vic. Son rôle de Fagin dans l'*Oliver Twist* de David Lean (1948) lui donne le succès. Passionné de maquillage, il joue huit rôles différents dans *Noblesse Oblige* (1949). Son travail avec J. Mackendrick confirme sa notoriété internationale de grand acteur comique. Mais à partir de 1954, il change de registre pour *Le Pont de la rivière Kwaï* (Lean) et enchaîne ensuite les rôles de composition, de *Lawrence d'Arabie* (Lean, 1962) à *La Guerre des étoiles* (Lucas, 1977).

• Peter Sellers (1925-1980), enfant de la balle, s'impose dans un rôle de truand de *Tueurs de dames*. Il devient rapidement une vedette comique avant d'interpréter des rôles plus complexes dans *Lolita* (Kubrick, 1962) et *Docteur Folamour* (Kubrick, 1964) où il tient trois rôles de composition donnant libre cours à son goût du maquillage et de la gesticulation. Aux États-Unis, il crée, avec la complicité de Blake Edwards, le personnage de l'inspecteur Clouseau dans la série des *Panthère Rose*, de *La Panthère rose* (1964) à *La Malédiction de la Panthère rose* (1978).

Une troupe : les Monty Python

• Le groupe des Monty Python, formé en 1969, est composé de Graham Chapman, John Cleese, Terry Jones, Eric Idle, Michael Palin et Terry Gilliam (le seul Américain). Ils écrivent, jouent et réalisent des sketches pour la télévision anglaise, bouleversant les habitudes de l'époque par leur sens de la provocation, leur mauvais goût savamment calculé.

• Au cinéma ils exercent pleinement leur art de la parodie et du non-sens : *Monty Python, sacré Graal*, en 1974 ; *Monty Python, la vie de Brian* en 1979, où ils « s'attaquent » successivement aux chevaliers de la Table Ronde et à Jésus-Christ... Terry Gilliam devient ensuite un réalisateur indépendant du groupe (*Brazil*, 1985, film de science-fiction kafkaïen). John Cleese et Michael Palin ont fait équipe, notamment pour *Un poisson nommé Wanda* (1994).

Lawrence d'Arabie, *David Lean, 1962.*

Cinémas d'Asie (1)

Peu ou mal connus du public français, les cinémas d'Asie représentent une production pourtant considérable. Les festivals internationaux, l'obstination de certains cinéphiles et quelques effets de mode permettent d'avoir un aperçu de la diversité et de la qualité des films asiatiques.

La Chine

Le premier film national est produit à Pékin en 1905, mais le cinéma chinois reste sous domination étrangère. Plus tard, malgré l'occupation et la répression japonaises, un cinéma populaire d'inspiration sociale se fait jour. Des films communistes (actualités, documentaires) sont diffusés de 1938 à 1947. La République populaire de Chine place, en 1949, le cinéma sous tutelle gouvernementale, au service de la Révolution et assure la production de films éducatifs réalisés dans l'anonymat. Depuis 1976, un autre cinéma chinois se fait connaître en Occident, au travers des œuvres d'un Chen Kaige (*Adieu ma concubine*, 1992), d'un Zhang Yimou (*Qiu Ju, une femme chinoise*, 1992) ou d'un Wong Kar-Wai (*In the Mood for love*, 2001).

La Corée

Depuis les années 86-87 l'ouverture de la Corée du Sud à une démocratie plus libérale, l'instauration d'un système de quotas obligeant les salles à projeter quelque 140 films nationaux par an et l'existence d'une *Korean Film Commission* semblable à notre CNC ont contribué au renouveau du cinéma coréen et à sa diffusion internationale. Depuis la rétrospective présentée à Beaubourg en 1993, le public français a pu apprécier les œuvres d'un Im Kwon-taek (*Ivre de femmes et de peinture*, 2002), d'un Kim Ki-duk (*Printemps, été, automne, hiver… et printemps*, 2003), de Hong Sang-soo et de bien d'autres auteurs. Nous n'avons plus guère de traces de la production coréenne d'avant 1945, mais elle s'est particulièrement développée après la guerre de Corée, au Sud, après 1953. Le coup d'État de la fin des années 60 a engendré l'instauration d'une censure sévère, la quasi destruction de l'industrie cinématographique, l'interdiction des productions indépendantes, sans toutefois interrompre l'activité inlassable de certains cinéastes, aujourd'hui reconnus.

Le Japon

Le premier studio de tournage est construit à Tokyo en 1908. Sous l'influence du théâtre *kabuki*, tous les rôles sont tenus par des hommes, les vedettes féminines n'apparaissant que vers 1919-20. La véritable vedette du cinéma muet japonais est le *benshi*, le bonimenteur : il attire la foule analphabète. Sa célébrité a freiné les débuts du parlant. Après le tremblement de terre de 1923, les studios émigrent à Kyoto. Kenji Mizoguchi, Yasujizo Ozu puis Mikio Naruse y débutent. Akira Kurosawa tourne *La Légende du grand judo* en 1943. Le cinéma japonais doit faire face à la concurrence américaine ainsi qu'à un strict contrôle gouvernemental, dès 1937. Après la guerre, les studios produisent des films documentaires, historiques, de monstres (*Godzilla*), de sabre, de gangsters, des « romans-pornos ». Durant les années 50, il connaît la gloire (*Rashomon* en 1950, *Les Portes de l'enfer* en 1954). Le déclin économique des années 60 n'empêche pas l'éclosion de jeunes talents tels que Nagisa Oshima ou Shôkei Imamura.

GRANDS CLASSIQUES ET FILMS POPULAIRES

Mizoguchi : le Japon des féodalités

Fils de charpentier, ayant vu sa sœur vendue comme geisha, Kenji Mizoguchi (1898-1956) est toujours resté sensible aux réalités sociales et particulièrement au sort que la société japonaise réservait aux femmes. Des *Sœurs de Gion* (1936) à *La Rue de la honte* (1956), il a traité du destin des prostituées. Mais Mizoguchi est aussi un admirable styliste, un maître du plan-séquence, un grand directeur d'actrices (*La Vie d'Oharu, femme galante*, 1952). Sa formation de peintre et sa culture lui ont permis de concevoir de superbes adaptations littéraires (*Les Contes de la lune vague après la pluie*, 1953) et de grands films historiques (*Le Héros sacrilège*, 1955).

Deux scènes de La Vie d'Oharu, femme galante.

Le film de kung-fu et la carrière choc de Bruce Lee

Le film de kung-fu est beaucoup plus récent (années 70) et sa durée de vie bien plus courte. En France, ces films étaient programmés dans des salles spécialisées de quartiers.

Réalisés à la chaîne dans les studios de Hong Kong, ces films à budgets très réduits sont tous calqués sur un même schéma. L'histoire n'est que le prétexte à de longues scènes d'action, souvent violentes, les dialogues étant minimalistes (la bande sonore consiste essentiellement en une suite de cris et d'onomatopées).

Bruce Lee, grâce à la qualité de son interprétation, à la virtuosité et à la précision des scènes de combat, souvent très bien filmées, a quelque peu amélioré le genre. Sa musculature et son art du karaté l'ont rendu mondialement célèbre. Son succès fut foudroyant, mais sa carrière éphémère, puisqu'elle se résume en réalité à quatre films. Sa mort prématurée en 1973, alors qu'il n'a que 33 ans et qu'il est au sommet de sa gloire, a contribué à faire de lui une légende. Aujourd'hui, son image se perpétue à travers les imitations de ses successeurs (Jackie Chan) ou de ses usurpateurs (les faux Bruce Lee ont été nombreux) et grâce aux clubs de fans.

Cinémas d'Asie (2) : l'Inde

Le cinéma indien connaît aujourd'hui une diffusion internationale grâce au succès de certaines productions « bollywoodiennes » en partie adaptées au public occidental. Ce qui ne doit pas faire oublier la richesse de son patrimoine historique, l'apport exceptionnel de ses grands cinéastes.

Un peu d'histoire

Depuis la première représentation du cinématographe Lumière, en 1896, à Bombay, le tournage du premier film indien en 1899, du premier film de fiction en 1913, la production n'a cessé de se développer. Dès les années 30 se créent des compagnies imitant le modèle hollywoodien. Trois grands centres s'implantent, selon les trois grandes langues de tournage : Bombay (films en hindi), Madras (tamoul) et Calcutta (bengali). Ce sont 7 à 800 films de tout genre qui sont produits chaque année, le cinéma restant une distraction populaire peu coûteuse, bien qu'aujourd'hui concurrencée par le piratage et le DVD.

Nombre d'histoires sont inspirées de textes mythologiques (le *Ramayana* ou le *Mahabharata*). Les films musicaux drainent un immense public familial, sans distinction de caste ou de religion. On évoque le chiffre de 14 millions de spectateurs par jour. Les vedettes sont l'objet d'un véritable culte.

Mais certains auteurs, comme Guru Dutt (*Fleurs de papier*), Satyajit Ray, Ritwik Ghatak (*L'Étoile cachée*), Mrinal Sen (*À la recherche de la famine*) ont obtenu dès les années 50 une audience internationale avec des œuvres évoquant la décolonisation, la modernisation de l'Inde, les conflits de castes, la condition de la femme, la misère ou la corruption.

Bombay et l'industrie cinématographique

Capitale de l'industrie cinématographique indienne sise à Mumbai (Bombay), Bollywood (contraction de Bombay et de Hollywood) compte les studios les plus importants du monde en nombre de films produits. Le financement des films est principalement privé, les grandes stars (tel Raj Kapoor, mort en 1988) devenant fréquemment producteurs.

Les films comportant obligatoirement des séquences musicales chantées et dansées, durent de trois à quatre heures et content des histoires fondées sur des problèmes familiaux, des amours contrariées ou impossibles, des conflits de castes. Ce sont des comédies, des mélodrames, mais aussi des films de genre mêlant des influences occidentales à un fond culturel populaire inépuisable.

Des œuvres récentes, à budgets plus importants, ont connu une audience internationale, tels *Devdas* (Sanjay Leela Bhansali), présenté à Cannes en 2002, *Lagaan* (2001) ou *La Famille indienne* (2001). *Salaam Bombay* (Mira Nair, 1988), loin des studios, a été filmé dans les rues de la ville et offre une image plus authentique d'un Bombay en proie à la drogue et à la prostitution.

MUSIQUES INDIENNES : S. RAY ET BOLLYWOOD

Satyajit Ray : l'Inde, entre tradition et modernité

Cinéaste bengali, Satyajit Ray (1921-1992) était aussi écrivain, scénariste, musicien. Primé à Cannes en 1956 pour *Pather Panchali*, premier film de la trilogie du *Monde d'Apu*, il reste marginal en Inde. *Le Salon de musique* (1958) assure sa notoriété en Occident.

Artiste exigeant, raffiné, cultivé, il observe les changements sociaux, l'évolution des mentalités, les conflits familiaux. Il est particulièrement sensible au rôle des femmes et à la place de l'Art dans la société (*Charulata*, 1964). Il a plusieurs fois adapté Rabindraāth Tagore (*La Maison et le Monde*, 1984).

Deux scènes de Charulata.

Bollywood

Les musiques des films « bollywoodiens » sont le produit de métissages entre traditions musicales indiennes et éléments occidentaux importés en fonction des modes (comédies musicales de Broadway, rock, disco, danses latino-américaine, etc.). Les acteurs chantent en *play-back* une musique préenregistrée, souvent interprétée par des professionels du chant, eux-mêmes de grandes vedettes. L'exportation commerciale des B.O. des films constitue une source majeure de revenus dérivés.

Moins agressivement « kitsch » au regard d'un spectateur occidental, certaines productions récentes concilient des canevas hollywoodiens à des éléments propres à flatter la sensibilité orientale. Ainsi *Lagaan* conte une partie de cricket disputée entre des paysans accablés par les taxes et des colons anglais arrogants : sur un canevas de « mission impossible », c'est un film joyeusement nationaliste.

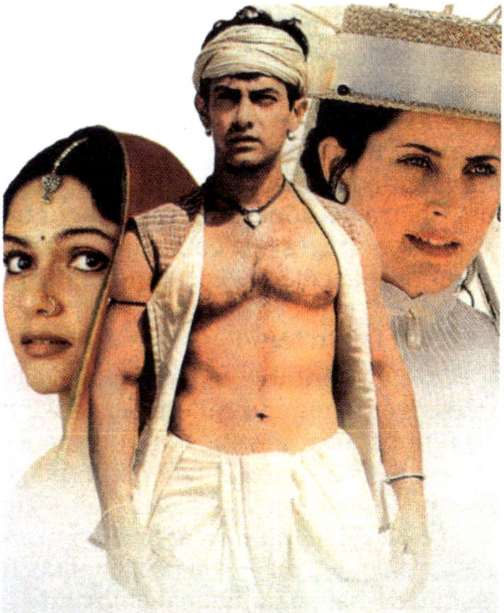

Affiche du film Lagaan

Cinémas d'Asie (3) : le Moyen-Orient

Dans cette région du monde, le cinéma est très populaire, mais seule l'Égypte réussit à mettre en place, d'abord à Alexandrie puis au Caire, un puissant système de production continue de films recueillant de considérables succès dans les pays de langue arabe. Il est vrai que les guerres et les bouleversements politiques et religieux ne favorisent pas le développement d'un cinéma libre.

Égypte

D'abord phagocytée par des étrangers, la production égyptienne prend sa pleine autonomie à partir de 1925-27 avec *Layla*, film traditionnellement reconnu comme le premier mélodrame entièrement égyptien. Dès lors les sociétés de production s'implantent et le succès des films ne se dément pas.

Le passage au parlant voit la multiplication des adaptations littéraires et permet d'inclure musique, chansons et danses dans des films qui rusent ainsi avec la censure. Mélodrames, films musicaux, comédies dominent la production, soutenue par des vedettes très populaires (Oum Kalsoum, Omar Sharif).

Dans les années cinquante, sous l'autorité de Nasser, l'État demeure sourcilleux sur ce qui touche la sexualité, la misère sociale ou la religion, mais encourage et aide financièrement le cinéma, nationalisé en 1960.

Malgré la baisse de la production à partir de 1970 et la concurrence de la télévision, le cinéma égyptien a maintenu son influence au Moyen-Orient. Mais la révolution de janvier 2011 a divisé les cinéastes.

Iran

Des salles de cinéma s'ouvrent très tôt en Iran, mais une production locale ne s'amorce vraiment que vers 1930. Une grosse production de films populaires (mélodrames, films historiques, musicaux) se situe entre 1947 et 1979. On date de 1969, avec *La Vache* de Dariush Mehrjui, l'avènement de films d'auteur. À partir de 1980, le régime islamique fait peser de fortes contraintes sur les cinéastes, ce qui n'empêche pas la reconnaissance internationale d'auteurs tels que Abbas Kiarostami, Jafar Panahi (*Le Cercle*, Lion d'Or à Venise, 2000), Asghar Farhadi (*Une séparation*, Ours d'Or à Berlin, 2011) et même d'une femme, Samira Makhmalbaf (*Le Tableau noir*, 2000).

Turquie

De même en Turquie, quelques 300 films par an sont tournés entre 1950 et 1980, mélodrames, films d'action, films musicaux, érotiques, tournés très vite dans les studios du « Pin vert ». Après le coup d'État de 1980, la censure sévit. Yilmaz Güney, cinéaste très engagé, remporte la Palme d'Or à Cannes en 1982 pour *Yol*, alors qu'il est emprisonné dans son pays. Les années 2000 voient l'avènement d'un grand cinéaste Nuri Bilge Ceylan.

TROIS CINÉASTES DE RENOMMÉE INTERNATIONALE

Youssef Chahine (1926-2008)

Formé aux États-Unis, producteur, scénariste, acteur, réalisateur, Y. Chahine s'impose en 1958 avec *Gare centrale*, film inspiré du néo-réalisme italien, évoquant avec brio les misères sociales et les frustrations sexuelles dans le huis clos de la gare centrale du Caire. Il y montre un grand sens de l'espace, confirmé avec *La Terre*, épopée paysanne, en1969. Son talent le conduit ensuite vers des œuvres d'inspiration autobiographique (*Alexandrie pourquoi ?*, 1978) ou historique (*Adieu Bonaparte*, 1985, *Le Destin*, 1997, où l'évocation du philosophe Averroès permet à Chahine de s'exprimer contre l'intégrisme religieux).

Gare Centrale, *Youssef Chahine, 1958.*

Abbas Kiarostami

Né en 1940, artiste polyvalent, Kiarostami travaille pour la publicité et la télévision, puis comme producteur, scénariste et réalisateur. Après la révolution iranienne de 1979, il choisit de rester dans son pays, dont il magnifiera les paysages. Il contribue alors à la reconnaissance internationale du cinéma iranien, avec notamment *Où est la maison de mon ami ?*,1987 et *Le Goût de la cerise*, Palme d'Or à Cannes en 1997. Il développe un style très personnel, mêlant étroitement l'approche documentaire à la fiction, explorant les ressources de structures répétitives (*Ten*, 2002). Toutefois, ses derniers films sont réalisés à l'étranger : *Copie conforme*, 2010, *Like someone in love*, 2012.

Nuri Bilge Ceylan

Né en 1959 à Istambul, il est photographe, producteur, scénariste (en collaboration avec son épouse), réalisateur, monteur. Entre *Uzak*, qui reçoit le Grand Prix du Jury à Cannes en 2003, et *Winter Sleep* (film écrit à partir de trois nouvelles de Tchékhov) la Palme d'Or en 2014, sa maîtrise ne se dément pas. Il est le cinéaste des couples en désamour (*Les Climats*, 2006), mais aussi celui d'une Turquie hivernale, somptueusemnt filmée, toujours menacée de glaciation et d'immobilisme (*Il était une fois en Anatolie*, 2011).

Winter Sleep, *Nuri Bilge Ceylan, 2003.*

Cinémas d'Asie (4) : Israël et Palestine

Les développements et soubresauts du conflit israélo-palestinien depuis 1948 ont alimenté les cinématographies de ces deux pays. Fréquemment soumis à la censure ou contraints à l'exil, les réalisateurs israéliens et palestiniens sont néanmoins souvent parvenus à une audience internationale.

Le cinéma israélien

La production de films israéliens ne débute vraiment qu'après la déclaration d'indépendance du pays, en 1948. Journaux filmés et documentaires constituent le plus clair de l'activité des studios. En 1954 un sytème de subventions favorise le développement d'un cinéma commercial, parfois orienté vers les co-productions (*Exodus*, Otto Preminger, 1962). Menahem Golan produit des films de tout genre, poursuit même aux États-Unis une inlassable activité (il est aussi réalisateur) qui lui apporte de gros succès commerciaux. Uri Zohar, comédien apprécié des foules, réalise aussi, entre 1965 (*Un trou dans la lune*) et 1977, des films à succès.

Des films d'auteur se frayent difficilement un chemin vers les années soixante et les années 80 voient l'éclosion de jeunes réalisateurs préoccupés des réalités sociales, des antagonismes entre les communautés. Moshé Mizrahi, Israélien né en Égypte en 1931, tourne *Rosa je t'aime* en 1972, mais poursuit une carrière remarquée avec des co-productions : *La Vie devant soi*, d'après Romain Gary, avec Simone Signoret (1977). Amos Gitaï acquiert une renommée internationale.

Le cinéma palestinien

Le premier long métrage palestinien, *Le Rêve d'une nuit*, est produit en 1948. Dans les années 60-70 des cinéastes réfugiés (en Jordanie, au Liban, par exemple) réalisent des films financés par les mouvements palestiniens (l'O.L.P., notamment). Ce sont naturellement des films politiques, engagés. À partir des années 80, des films de fiction à l'esthétique plus recherchée émergent, toujours traversés cependant par les conflits locaux. En 1987, Michel Khleifi présente *Noce en Galilée*, récit d'un mariage durant l'occupation israélienne donnant lieu à des échanges cordiaux entre les deux peuples ennemis.

Aux frontières

Nombre de films israéliens ou palestiniens récents développent le motif des frontières que les deux communautés ne cessent d'interposer entre elles et de franchir dans l'illégalité ou la violence.

Dans *Les Citronniers* d'Eran Riklis (2008), co-production franco-germano-israélienne, une veuve palestinienne tente d'empêcher les autorités israéliennes de faire déraciner, par mesure de sécurité, ses citronniers situés en Cisjordanie, à la frontière israélo-palestinienne.

Omar, film palestinien de Hany Abu-Assad (2013), montre trois jeunes Palestiniens attaquant un camp militaire israélien. Capturé, l'un d'eux est invité à trahir son chef.

Dans *Ajami*, réalisé en 2009 par Scandar Copti, arabe israélien, et Yaron Shani, juif israélien, plusieurs histoires s'enchevêtrent avec brio dans un quartier de Jaffa où s'entremêlent les communautés arabes musulmanes, arabes chrétiennes et juives.

DEUX CINÉASTES, UNE ACTRICE

Amos Gitaï

Né en 1950 à Haïfa, Amos Gitaï étudie aux États-Unis et participe en 1973 à la guerre du Kippour dans une unité de secours par hélicoptère. Cette expérience nourrira son œuvre. Il entretient, du fait de son opposition politique, des relations conflictuelles avec son pays : en 1980, son premier film (*House*), un documentaire, est interdit en Israël. Il connaît l'exil en France de 1983 à 1993. En 2000, *Kippour*, inspiré de son expérience de brancardier en 1973, triomphe en France. Ses films poursuivent une réflexion politique et sociale (*Kadosh* en 1999 traite des contraintes religieuses pesant sur la vie des couples, *Terre promise* en 2004 de la traite des femmes d'Europe de l'Est au Proche-Orient), mais témoignent aussi d'une incessante recherche esthétique. *Ana Arabia*, en 2013, montre, en un seul plan-séquence, un lieu préservé d'Israël où cohabitent encore juifs et arabes.

Kippour, Amos Gitaï, *2000.*

Elia Suleiman

Elia Suleiman, Le Temps qu'il reste, *2010.*

Né en 1960 à Nazareth, réalisateur, scénariste, acteur, Suleiman a vécu à New-York de 1982 à 1993. Il remporte en 2002 le Grand Prix du Jury à Cannes pour *Intervention divine*. Le film est une sorte de chronique de la vie quotidienne dans les territoires palestiniens occupés, filmée dans un style burlesque distancié, un peu à la manière de Jacques Tati. Son jeu d'acteur l'apparente à Buster Keaton dont il possède aussi la maîtrise de l'espace. En 2009, il présente *Le Temps qu'il reste*, dans la même veine.

Hiam Abbass

Née en 1960 en Israël, actrice, réalisatrice, écrivain, scénariste, productrice, photographe, Hiam Abbass poursuit une carrière internationale. En tant qu'actrice elle se fait notamment connaître dans *Satin Rouge* (2002), *La Fiancée syrienne* (2004), *Les Citronniers* (2008). Elle passe à la réalisation en 2012, avec *Héritage*, drame témoignant des déchirements familiaux en Palestine en 2006.

Les Citronniers, *Eran Riklis, 2008.*

Le cinéma ibérique

Le cinéma de la péninsule ibérique a longtemps été soumis à la censure politique et religieuse, sous les dictatures de Francisco Franco en Espagne ou de Salazar au Portugal. À la chute de ces régimes conservateurs, sont apparus des cinéastes novateurs qui se sont imposés au niveau international.

Le cinéma espagnol

Le cinéma espagnol voit le jour dès 1896 d'abord à Madrid puis à Barcelone. Dans les années 30, de grandes compagnies contrôlent la production. Mais après la guerre civile et la victoire de Franco, le cinéma est soumis à une stricte censure religieuse et militaire, il devient un outil de propagande. Luis Buñuel, l'auteur du *Chien andalou* (1929) décide de travailler aux États-Unis et au Mexique.

À la fin du régime franquiste l'étau de la censure se desserre peu à peu. Victor Erice dans *L'Esprit de la ruche* (1973) se permet même de critiquer le régime avant la mort du Caudillo. Cette période de transition entre la dictature et le rétablissement de la démocratie marque la reconnaissance de deux cinéastes : Carlos Saura (*Cria cuervos,* 1976, *Elisa, vida mia,* 1977) et Manuel Gutierrez Aragon (*Démons dans le jardin,* 1982).

La mort de Franco marque le départ d'un mouvement de renouveau culturel, « La Movida », qui touche toutes les formes artistiques. À Madrid, Pedro Almodovar s'affirme comme la figure de proue du mouvement dans le domaine cinématographique. Ce rôle est tenu par Bigas Luna à Barcelone avec *Jamon, Jamon* (1992) ou *Macho* (1993).

De nouveaux cinéastes ont, depuis, acquis une notoriété internationale comme Alex de la Iglesia, Julio Medem ou Jaime Rosales sans atteindre celle d'Alejandro Amenabar. Le réalisateur d'origine chilienne a connu deux succès planétaires avec L*es Autres* (2001) et *Mar ardento* (2004).

Le cinéma portugais

Le cinéma portugais est encore peu connu au niveau international. Pendant la longue dictature exercée par Salazar de 1932 à 1968, la production était limitée à des adaptations littéraires, des fresques historiques ou des comédies légères. Dans les années 60, avant la chute de la dictature, le cinéma portugais est agité par un mouvement inspiré du néoréalisme italien et de la Nouvelle Vague française. Les chefs de file de ce mouvement étaient Paulo Rocha (1935-2012) (*Les Vertes Années*, 1963) et Manuel de Oliveira (1908-2015), le seul cinéaste centenaire, capable de réunir une distribution internationale. Il a reçu, en 2008, une Palme d'Or au festival de Cannes pour l'ensemble de son œuvre. Son oeuvre majeure reste *Le Val d'Abraham* (1993), adaptation du roman éponyme d'A. Bessa-Luis, lui-même adapté du chef-d'œuvre de Flaubert, *Madame Bovary*, Miguel Gomes (*Les Mille et Une Nuits*, 2015) a pris la relève.

PEDRO ALMODOVAR

Une renommée internationale

Talons aiguilles, *1991.*

Pedro Almodovar est le chef de file incontesté de la Movida espagnole, ce mouvement culturel né après la mort de Franco. Ce cinéphile autodidacte, amoureux de théâtre s'impose au début des années 80. *Pepi, Luci, Bom et les filles du quartier* attire un public jeune et branché. C'est avec *Femmes au bord de la crise de nerfs* (1989) qu'Almodovar se fait connaître réellement hors des frontières espagnoles. Il surprend le public avec ses comédies populaires, au style déjanté et anticonformiste.

Un tournant intervient dans son œuvre avec *Talons aiguilles* (1991) qui aborde avec finesse les relations difficiles entre une mère et sa fille. Almodovar abandonne le style provocateur pour revisiter les codes du mélodrame.

Avec *Tout sur ma mère* (1999) Almodovar s'impose définitivement sur la scène internationale. Le film qui retrace la vie d'une femme à la mort de son fils a reçu de multiples récompenses dans le monde.

En 2002, *Parle avec elle* rencontre à nouveau un succès planétaire.

Ses films font souvent référence à sa propre vie. Pedro Almodovar a été élevé au milieu de trois générations de femmes qui ont inspiré les personnages de *Volver* (2005). L'élève studieux a gardé des souvenirs douloureux de son passage dans les écoles religieuses, à l'origine du film *La Mauvaise Éducation* (2004).

En 2016, Almodovar signe son vingtième long métrage *Julieta*. Le personnage central du film, Julieta, est interprétée par Emma Suàrez et Adriana Ugarte selon les époques.

Ses actrices

Pedro Almodovar donne, dans ses films, une place primordiale aux femmes. De fait, il a permis de faire connaître des visages qui se sont imposés au niveau mondial : Victoria Abril, Pénélope Cruz, Rossy de Palma, Lola Duenas, Carmen Maura ou Marisa Paredes.

Carmen Maura

Lola Duenas

Victoria Abril

Penelope Cruz

Le cinéma latino-américain

Depuis une dizaine d'années, le cinéma latino-américain attire un public de plus en plus nombreux dans les salles de l'hexagone. Ce succès est lié à l'organisation de festivals de plus en plus importants, parmi lesquels ceux de Toulouse ou de Biarritz. Dans les années 30, les sociétés de production se multiplient.

Le cinéma mexicain

Dès 1896, des cinéastes mexicains réalisent des documentaires sur le modèle des films des frères Lumière. La production arrive à se développer malgré la concurrence du cinéma hollywoodien. En 1931, Eiseinstein réalise *Que viva Mexico!*, film qui va marquer des générations de metteurs en scène.

Pendant la Seconde Guerre mondiale, le Mexique devient le premier fournisseur du marché latino-américain délaissé par les puissances occidentales. Le cinéma mexicain connaît alors son âge d'or qui repose sur des vedettes de renommée internationale : Maria Felix, Dolores del Rio, Katy Jurado, Pedro Armandariz, etc.

L'Espagnol Luis Buñuel, alors résident mexicain, signe dans les années 50 quelques uns de ses chefs d'œuvres : *Los Olvidados* (1950), *EL* (1952) ou *Nazarin* (1958).

Arturo Ripstein a lui aussi marqué de son empreinte le cinéma mexicain, la majeure partie des ses œuvres est placée sous le thème récurrent de l'intolérance, de *Juego Peligroso* (1966) à *Carmin profond* (1996). Une nouvelle génération de réalisateurs est en train de s'imposer : Alfonso Cuaron, Guillermo del Toro et, surtout, Alejandro Gonzales Inarritu : *Amours chiennes* (2000), *21 Grammes* (2003), *Babel* (2006) et *Birdman* (2015).

Le cinéma brésilien

Le cinéma brésilien naît à la fin du XIXe siècle mais a été longtemps ignoré au niveau international. Dans les années 50, de jeunes cinéastes subissent l'influence du néoréalisme italien et de la Nouvelle Vague : Glauber Rocha, Nelson Pereira Dos Santos, Ruy Guerra, Carlos Diegues... Ils se regroupent sous la bannière du « Cinema Novo » et leurs films s'exportent. L'arrivée des militaires au pouvoir en 1964 marque un coup d'arrêt à la production. La majeure partie des cinéastes est contrainte à l'exil.

Walter Salles (*Central do Brasil*, 1998, *Carnet de Voyage*, 2004) et Fernando Meirelles (*La Cité de Dieu*, 2002) incarnent le renouveau du cinéma brésilien.

Le cinéma argentin

Après un grand développement dans les années 30, le cinéma argentin a subi les effets de la censure pendant la décennie péroniste (1946-1955) et sous la dictature militaire (1976-1983). Entre ces deux périodes noires, Fernando Solanas a réalisé son premier long métrage documentaire *L'Heure des brasiers* (1968), un film novateur aussi bien sur le fond que sur la forme. Solanas a continué à s'interroger sur l'identité argentine avec *Tangos, l'exil de Gardel* (1985) ou avec *Le Sud* (1988).

Dans les années 2000, une nouvelle génération très prometteuse obtient des succès internationaux : Fabian Bielinsky (*Les Neuf Reines*, 2001) et Carlos Sorin (*Historias minimas*, 2003), Pablo Trapero, Lucrecia Martel, Lisandro Alonso, etc.

DEUX GÉNÉRATIONS D'ACTEURS

RICARDO DARIN

Ricardo Darin est l'acteur qui incarne sans aucun doute le plus le renouveau du cinéma argentin sur la scène internationale. Né en 1957 à Buenos Aires dans une famille de comédiens, il monte sur les planches très jeune et débute à l'âge de 16 ans une carrière à la télévision dans des séries à succès. Il commence une carrière cinématographique dans les années 70, tout en continuant à exercer son métier de comédien au théâtre et à la télévision.

C'est son rôle d'escroc dans *Les Neuf Reines* de Fabian Bielinsky (2000) qui lui vaut la consécration internationale. Ses interprétations de taxidermiste qui planifie le crime parfait dans *El Aura* (2006) du même réalisateur ou celui du policier en retraite de *Dans Ses Yeux* de Juan Jose Campanella (Oscar du meilleur film étranger 2010) confirment son immense talent.

Neuf Reines, *Fabian Beljinsky, 2000.*

Gaël Garcia Bernal, Babel, *2006.*

Gael Garcia Bernal

Gael Garcia Bernal est né en 1978, à Guadalajarra, au Mexique, d'une mère actrice et d'un père réalisateur. Il commence dès l'adolescence une carrière d'acteur dans des séries télévisées ou dans des courts métrages. C'est sous la direction d'Alejendro Gonzales Inarritu dans *Amours chiennes* en 2000 qu'il obtient une consécration internationale. Avec le même réalisateur, il tourne aux côtés de Brad Pitt et de Cate Blanchett dans *Babel* (2006). Il met son talent d'acteur au service de metteurs en scène aussi différents qu'Almodovar, dans *La Mauvaise Éducation* (2004), Walter Salles dans *Carnet de voyage* (2004) ou *No* du chilien Pablo Larrain (2013).

Cinémas africains

Le cinéma africain possède une histoire relativement jeune. Il connaît des situations et des évolutions très variables selon les conjonctures économiques et politiques des pays, selon l'intérêt des états dans l'institution cinématographique et le soutien des anciennes métropoles.

Les pays du Maghreb

Dans les annés 30-50, la Tunisie, le Maroc et l'Algérie ont surtout prêté leurs paysages exotiques à des films étrangers. Après les indépendances, le cinéma y connaît un véritable renouveau et y construit une nouvelle image et une nouvelle histoire de leurs pays.

Le Centre cinématographique marocain (CCM) a permis l'ouverture d'écoles de cinéma et l'éclosion d'une jeune génération de réalisateurs. On citera Ahmed El Maânouni (*Alyam, Alyam*, 1978, premier film marocain sélectionné à Cannes ; *Transes*, 1982 ; *Les Cœurs brûlés*, 2007). Les cinémas tunisiens et algériens, malgré certaines initiatives locales, sont moins dynamiques, faute de capitaux et de volonté politique.

Les films maghrebins traitent de la libération nationale (*Chronique des années de braise*, de l'Algérien Mohammed Lakhdar-Hamina, Palme d'Or en 1975), de l'opposition ville/campagne, tradition/modernité, de la jeunesse, des problèmes sociaux, religieux, d'émancipation (*Millefeuille* du Tunisien Nouri Bouzid).

L'Afrique noire francophone

C'est également après les indépendances que le cinéma prend son envol dans les pays d'Afrique noire francophone. Les films, d'abord tournés en français, ne tardent pas à adopter les langues locales. Dans ces pays de tradition orale, les films prennent souvent la forme de contes traditionnels (*Yeelen*, S. Cissé, 1987, Mali) ou relatent des rites d'initiation (*Yaaba*, I. Ouedraogo, 1989, Burkina Faso). Malgré une identité culturelle forte, le cinéma africain, très dépendant des aides extérieures, reste peu diffusé en Afrique et touche davantage un public européen. Ainsi, *Timbuktu* (A. Sissako, 2014), co-production franco-mauritanienne, n'obtient pas moins de sept Césars.

L'Afrique centrale et australe, elle, a vu disparaître presque entièrement son cinéma, en raison de l'abscence de régulation, de la corruption et du manque de moyens.

Afrique anglophone

Les pays d'Afrique anglophone ont une industrie cinématographique plus florissante. Le Nigéria est devenu le « Nollywood » africain, avec ses 2 000 productions annuelles qui le hissent au second rang mondial. Cependant, cette croissance fulgurante doit beaucoup à un manque de contrôle et de régulation du marché illégal et corrompu et n'est le reflet que d'une production de films peu onéreux, tournés en deux semaines puis distribués en DVD ou en VCD (format numérique de basse qualité).

À l'opposé, l'Afrique du Sud connaît une industrie du cinéma régulée par l'État. Elle possède une longue histoire du cinéma, comparable à celle des pays occidentaux. Le boycott qu'a subi l'Afrique du Sud sous le régime de l'Apartheid a freiné l'invasion des films américains. Le cinéma sud-africain est, dans le pays, à égalité avec le cinéma hollywoodien.

LE FESPACO

Vitrine du cinéma panafricain

Le Festival Panafricain du Cinéma et de la Télévision est l'un des festivals de cinéma les plus importants et réputés d'Afrique. Il a été créé en 1969 à Ouagadougou en Haute-Volta (aujourd'hui Burkina Faso), à un moment où le cinéma africain réclamait des structures capables de répondre à son développement. Grand rendez-vous à la fois des professionnels d'une part et des films avec leur public d'autre part, il se tient désormais tous les deux ans.

Illusoire indépendance

Sa vocation est de contribuer au développement du cinéma africain, d'en favoriser la diffusion en Afrique, d'en assurer la promotion dans les festivals internationaux. À l'heure où le cinéma africain a besoin de fonder son propre marché et son propre public, il reste très dépendant des aides de l'Organisation Internationale de la Francophonie (OIF), du Programme des Nations-Unies pour le Développement (PNUD), de l'UNESCO, de l'UNICEF et de l'Union Européenne.

Ouagawood

Le FESPACO a connu une évolution sensible au cours de ces quatre décennies. On parle désormais, après Bollywood et Nollywood, de Ouagawood pour désigner l'industrie cinématographique africaine dont les films sont présentés au FESPACO. Le festival, dont les enjeux sont désormais plus économiques qu'artistiques, s'éloigne progressivement de son public.

Ousmane Sembène (1923-2007) écrivain et cinéaste sénégalais

Qu'il s'agisse de ses romans, nouvelles ou films, l'œuvre d'Ousmane Sembène est placée sous le signe de la critique socio-politique. Issu d'un milieu très modeste, Sembène passe quatorze ans en France (1946-60) où il exerce les métiers de docker et d'ouvrier, milite au PCF et à la CGT et commence à écrire. De retour au Sénégal, il se tourne vers le cinéma qui lui semble plus accessible à la population que la littérature. Il réalise ses premiers courts métrages au début des années 60 puis, en 1966, *La Noire de...*, adaptation de sa nouvelle tirée du recueil *Voltaïque*, considérée comme le premier long métrage d'Afrique noire. Ce film raconte le destin tragique d'une jeune domestique sénégalaise déracinée, au service d'un couple de Français qui la maltraite et la pousse au suicide. Le film obtient le prix Jean Vigo.

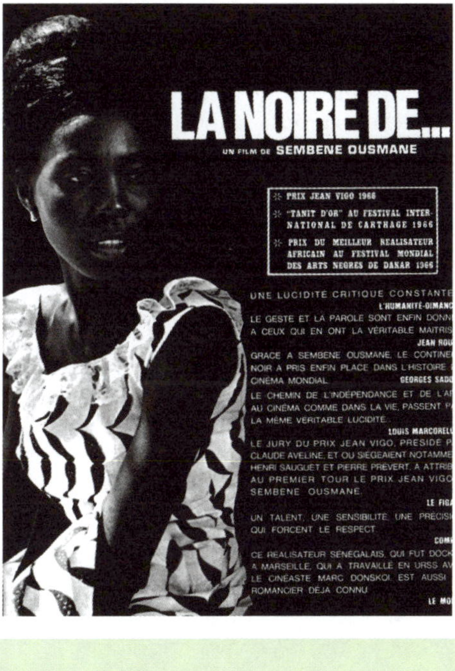

La Noire de..., *O. Sembène, 1966.*

Le burlesque

Le comique burlesque est fondé sur l'absurde, la provocation et une certaine violence. Il montre un acteur-personnage en perpétuel conflit avec ce qui l'entoure. Il est composé d'une suite rapide et rythmée de gags indépendants les uns des autres, parfois improvisés ou puisés dans un répertoire.

Le style et le ton

- Le burlesque fait rire grâce à un comique de l'absurde et de l'irrationnel. Des événements extraordinaires ne cessent de faire irruption sans raison dans le quotidien. La cohérence n'a jamais le temps de s'installer. Le burlesque s'appelle aussi *slapstick*, qui signifie littéralement « coup de bâton ». Dénué de logique psychologique, le gag repose sur un comique physique et violent. Il montre des chutes, des bagarres, des poursuites, des chocs, des effondrements de décors, etc. Les corps comme les objets sont brutalisés. Le ton est celui de la provocation et de la caricature. Le *slapstick* maltraite les valeurs morales qui fondent l'institution : la réussite sociale, le mariage, le travail.
- Le burlesque est né à l'époque du muet. On en retrouvera l'esprit dans la comédie loufoque qui lui succède directement, puis çà et là dans le cinéma parlant comme en témoignent les performances de Jim Carey, ou encore, en France, des films comme *Mon oncle* de J. Tati ou *Les Visiteurs* 1 et 2 (J.-M. Poiré, 1993, 1998).

Le traitement

- Le burlesque échappe aux règles de la narration classique. Il consiste en une suite de gags qui jouissent chacun d'une parfaite autonomie. En particulier dans les courts métrages, l'histoire constitue un prétexte servant à faire la liaison entre les gags.
- Le personnage burlesque est livré à lui-même au sein d'un environnement avec lequel il entre en conflit. L'usage abondant du plan large met en valeur le décor et les objets. L'espace est toujours hostile et menaçant.
- L'un des fondements du comique burlesque réside dans le rythme. Celui-ci résulte du *timing* dans le jeu de l'acteur et du montage. Les courts métrages sont frénétiques (parfois constitués d'un seul gag). Les longs métrages, au contraire, installent nécessairement des temps de pause. Le rythme y est plus mesuré.

La fabrication

- Il existe un véritable répertoire de gags dans lequel puisent réalisateurs et acteurs. Il arrive fréquemment qu'un gag passe d'un film à un autre.
- Le film burlesque repose pour une large part sur la personnalité de l'acteur qui impose un style, un profil de personnage et constitue la vedette. Lorsqu'il n'est pas lui-même le metteur en scène, l'acteur participe à l'élaboration du scénario et à la conception de la mise en scène. Le *slapstick* est souvent une œuvre collective.
- Le burlesque trouve son origine dans la tradition théâtrale de la *commedia dell'arte* et du music-hall, à laquelle il emprunte l'art de l'improvisation. Les longs métrages, plus construits et pensés, privilégient le réglage et la précision.

CHARLIE CHAPLIN ET BUSTER KEATON

Le burlesque porté au rang des genres nobles

Avec Chaplin et Keaton, finis les *slapsticks* réalisés à la hâte, se résumant à une succession de gags mécaniques. Les gags sont approfondis, même si, pour cela, il faut en ralentir le rythme. Chaplin a été et reste le comique le plus populaire de l'histoire du cinéma. La carrière de Keaton, au contraire, a été prématurément brisée.

Chaplin (1889-1977)

Le personnage de Charlot est un vagabond muni d'une canne, coiffé d'un chapeau melon, vêtu d'un pantalon trop large et d'une veste étriquée, chaussé de souliers trop grands.

La méthode de travail de Chaplin consiste souvent à tourner d'abord une idée qu'il a en tête et à élaborer ensuite, à partir de ces premiers mètres de pellicule, son scénario.

Il mêle avec brio le comique burlesque et le mélodrame. C'est ainsi qu'en 1920 il émeut l'Amérique et le monde entier avec son très sentimental *The Kid*.

Chaplin se met tardivement au cinéma parlant, qui ne convient pas à son style essentiellement visuel. Ses films des années 30 ne sont pas pour autant privés de bande-son, puisque Chaplin, qui est également musicien, en compose la musique.

Keaton (1895-1966)

Chez Keaton, si les vêtements et les accessoires varient, la silhouette reste immuable et le visage, qui exclut toute grimace, se fige dans le masque imperturbable de « l'homme qui ne rit jamais », animé cependant par des yeux extraordinairement mobiles et expressifs.

Keaton refuse tout trucage et exécute lui-même ses cascades (ce qui lui vaudra quelques accidents graves).

L'espace, mis en valeur par de nombreux plans d'ensemble et une grande profondeur de champ, constitue un élément fondamental de ses films. Sa passion pour les moyens de transport et pour le voyage en général lui permet de mettre en relief les paysages. Parmi ses films, citons : *Les Lois de l'hospitalité* (1923), *La Croisière du « Navigator »* (1924), *Le Mécano de la « General »* (1926), *Cadet d'eau douce* (1928), etc.

La comédie

La comédie est un genre à la fois universel et d'une grande complexité. Chaque pays a développé sa ou ses propres tendances aux ressorts variés. La comédie fait rire, tantôt par son raffinement, tantôt par sa grossièreté, tantôt en fuyant les problèmes de société, tantôt en les exploitant.

La comédie américaine

- *La comédie populiste* a pour toile de fond la crise économique, à laquelle elle propose des remèdes fondés sur l'initiative individuelle. Son héros est issu de la classe moyenne rurale. Il incarne les valeurs originelles de l'Amérique. La modestie et l'honnêteté sont ses armes face à l'élite industrielle républicaine des grandes villes. Sa naïveté est la clé du comique (*Mr Smith au Sénat*, Frank Capra, 1939).
- *La comédie sophistiquée* tourne le dos à l'actualité et opte pour la dérision, la frivolité. Elle se déroule au sein de l'aristocratie raffinée, souvent européenne. Elle se caractérise par des dialogues brillants et une mise en scène enlevée (Lubitsch).
- *La comédie loufoque* (ou *screwball comedy*) est un mélange de burlesque – rythme effréné, extravagance, irréalisme – et de comédie sophistiquée – art du dialogue, histoires sentimentales (*Indiscrétions*, George Cukor, 1940).

La comédie à l'italienne

Elle trouve ses racines dans la *commedia dell'arte* dont elle n'a pas oublié les personnages ni les masques. De Toto à Nanni Moretti, le regard réaliste et critique sur la situation sociopolitique de l'Italie teinte la comédie d'amertume. La mort est présente ou proche. Dans le cinéma italien, le comique inclut le tragique. Il repose sur la parodie, l'ironie, le sarcasme. La comédie italienne a donné lieu à quelques films collectifs à sketches comme *Les Nouveaux Monstres*, 1978.

Le comique français

- L'esprit français friand d'abstraction et champion du bavardage serait le support de la comédie. Il n'existe cependant pas un type de comique français, mais une multitude de tons, de styles (comédie sentimentale de Guitry, comique de gesticulation grimaçante de De Funès, etc.).
- Le comique commercial est représenté par quelques réalisateurs spécialisés (Gérard Oury, Georges Lautner, Claude Zidi) et quelques acteurs typés : Jean Lefebvre incarne l'abruti, Jacqueline Maillan la bourgeoise du XVIe, etc. Il puise dans le vaudeville, le théâtre de boulevard. Mais le cinéma français offre également des comédies aux scénarios plus originaux et plus personnels, œuvres de cinéastes non spécialisés dans le genre (Renoir, Becker, etc.).

L'humour britannique

Du nom du studio qui les a produites entre 1945 et 1955, les *Ealing comedies* à l'humour pince-sans-rire sont le reflet de la *british way of life*. Sur toile de fond réaliste se développe une situation comique parce que anormale. Le système social anglais y est critiqué de façon tantôt corrosive, tantôt superficielle, respectant la devise de leur producteur, Michael Balcon, qui parlait de « dénonciation mesurée ».

LA *LUBITSCH TOUCH*

De l'Allemagne aux États-Unis

Ernst Lubitsch (1892-1947) a été à Hollywood le maître incontesté de la comédie légère et sophistiquée à l'européenne. Après dix années de carrière en Allemagne, durant lesquelles il réalise quelques comédies (*La Princesse aux huîtres*, 1919) mais surtout des films historiques à grande mise en scène (*Madame Du Barry*, 1919), il se rend aux États-Unis en 1923, invité par Mary Pickford et la United Artists.

Parmi ses principales comédies américaines : *Haute Pègre* (1932), *Sérénade à trois* (1933), *Ninotchka* (1939), *To Be or Not to Be* (1942), *Le Ciel peut attendre* (1943), *La Folle ingénue* (1945).

L'art de la suggestion

Il abordait les thèmes les plus crus (avidité d'argent et de pouvoir, pulsions sexuelles, etc.) sur un mode allusif, s'accommodant des préceptes de la censure et des codes sociaux. Dans *Haute Pègre*, la pratique du cambriolage, le piquant lié aux risques, les jeux de travestissements et de faire-semblant apparaissent bel et bien, du point de vue des personnages, comme supplément d'érotisme et, du point de vue du spectateur, comme substitut ou métaphore.

L'art du détail

Lubitsch apportait un soin extrême à chaque détail et se montrait d'une très grande exigence : il retouchait ici un détail du scénario, là une phrase de dialogue ; il faisait modifier le bouton d'un costume, la position d'un objet, une nuance dans l'expression d'un visage. Il pouvait faire répéter les acteurs (comme ce fut le cas dans *To be or not to be*) durant une semaine entière sans déclencher le moteur de la caméra, jusqu'à ce que chaque réplique sonne parfaitement juste. L'art de la suggestion, le raffinement et l'élégance liés à la sensibilité de cet intellectuel européen se trouvent résumés dans l'expression *Lubitsch touch*.

To be or not to be *(1942).*

Nanni Moretti

Nanni Moretti (né en 1953) apparaît comme l'héritier de la grande époque de la comédie à l'italienne des années 60 et 70 et comme l'espoir d'une possible continuation. À la nouvelle réalité économique du cinéma italien, à la nécessité de lutter contre les grands monopoles, il répond par un cinéma indépendant peu onéreux et épuré qui n'est pas sans rappeler celui de Woody Allen. Souvent producteur, scénariste, metteur en scène et acteur, il limite l'équipe artistique à son strict minimum, rompant ainsi avec la tradition du film collectif à sketches et développant à l'inverse, un cinéma très individualiste. Il réalise des films à la première personne, qu'il s'agisse de ceux dans lesquels il incarne le personnage de Michele Apicella (de *Je suis un autarcique* en 1976 à *Palombella Rossa* en 1989), de *Journal intime* (1994), ou de *Mia Madre* (2015).

Le western

Les westerns sont des représentations majeures du cinéma américain. Le genre est né en même temps qu'Hollywood. Les récits mêlent le mythe de la conquête de l'Ouest et la réalité historique. À travers le western, les réalisateurs américains s'interrogent sur l'histoire de leur nation.

Le mythe de l'Ouest

- Le western trouve ses origines dans la conquête des grands espaces, l'Ouest américain au XIXe siècle mais aussi les marges canadiennes et mexicaines. Le cinéma reproduit l'histoire de cette conquête, qui peut se résumer en trois cycles.
- Avant la guerre de Sécession, les films dressent des portraits de héros solitaires : trappeurs (*Jeremiah Johnson,* de S. Pollack, 1970), les frontaliers en lutte contre les Indiens, les Mexicains ou les brigands (*La Rivière rouge,* d'H. Hawks, 1948). La communauté de pionniers sert aussi à mettre en valeur le courage des fondateurs de la nation.
- Cependant, pour la majorité des spectateurs, le western s'identifie au cow-boy avec ses colts, sa Winchester et son cheval. Il incarne la nation en marche, la soif de liberté. Dans les films qui retracent l'histoire des États-Unis entre 1865 et 1890, les cinéastes peignent une société en devenir : hors-la-loi, shérifs, avocats, barmen, femmes d'officier ou prostituées… et Indiens hostiles ou vaincus. John Ford réunit cette société dans une diligence qui traverse le pays des Apaches en révolte (*La Chevauchée fantastique*, 1939).
- Après 1890, la frontière est achevée, la société s'est organisée, le cow-boy solitaire n'a plus sa place (*Tom Horn* de William Wiard, 1979).

Le western américain, une réflexion sur l'Histoire

- Le western est aussi ancien que le cinéma américain. *L'Attaque du grand rapide*, réalisé par William Porter en 1903, est considéré comme le pionnier d'un genre qui s'est particulièrement développé entre 1920 et le début des années 60.
- À travers le western, les réalisateurs s'interrogent sur l'histoire de la nation américaine. Jusqu'au début des années 50, ils justifient l'anéantissement des Indiens en les présentant comme des sauvages qui font obstacle au progrès. À partir de *La Flèche brisée* (Delmer Daves, 1950) commence une nouvelle lecture de l'Histoire ; les films reconnaissent les cultures indiennes et parlent du génocide des nations indiennes (*Little Big Man,* d'Arthur Penn, 1970, *Danse avec les Loups,* de Kevin Costner, 1991). Les personnages légendaires de l'Ouest sont progressivement démystifiés. Dans *Le Gaucher* (1958), Arthur Penn s'attaque à Billy the Kid, Clint Eastwood réalise des westerns « crépusculaires » (*L'Homme des hautes plaines*, 1973 ; *Pale Rider*, 1985 ; *Impitoyable*, 1992).

Le western spaghetti

- La plupart des westerns italiens gomment les aspects historiques, schématisent les situations et les personnages, réalisent une apologie de la violence. Ils détournent le genre d'une manière parodique, c'est « le western spaghetti ». Le maître incontesté du genre est Sergio Leone (1929-1989) dont les films *Pour une poignée de dollars* (1961), *Il était une fois dans l'Ouest* (1968)… connurent un succès international.

LE FILM MYTHIQUE D'UN GÉANT

Howard Hawks

D'origine californienne, Howard Hawks (1906-1997) poursuit des études d'ingénieur et travaille pendant ses vacances dans les studios hollywoodiens. Au retour d'un service militaire effectué dans l'armée de l'air pendant la Première Guerre mondiale, il devient coureur automobile, pilote d'avion et, parallèlement, cinéaste indépendant.

En 1922, il se consacre exclusivement au cinéma, avec la signature d'un contrat avec la Paramount et rédige pour ce studio une soixantaine de scénarios.

À partir de 1925, il travaille comme metteur en scène à la Fox et continue à participer à la rédaction de tous les scénarios qu'il réalise.

Hawks, véritable auteur, a montré son talent en réussissant des films de tous les genres :

— comédies : *L'Impossible Monsieur Bébé*, *Les Hommes préfèrent les blondes* ;

— aventures : *Hatari* ;

— péplums : *La Terre des Pharaons* ;

— films noirs : *Scarface, Le Port de l'angoisse, Le Grand Sommeil* ;

— westerns : *La Rivière rouge, La Captive aux yeux clairs.*

Rio Bravo

Rio Bravo (1958), western mythique, prend le contrepied de *Le Train sifflera trois fois* (1952) où Gary Cooper cherchait sans succès de l'aide pour venir à bout des hors-la-loi décidés à l'abattre.

Chance (John Wayne) repousse tout au long du film les offres d'aide. C'est avec ses amis : Dude, shérif alcoolique (Dean Martin) et Stumpy, vieillard claudiquant (Walter Brennan) qu'il lutte contre une bande de brigands. L'intensité dramatique vient du resserrement de l'action dans l'espace (une rue) et dans le temps (quatre jours).

Rio Bravo permet à Hawks de développer ses personnages et ses thèmes favoris. Le héros est un homme épris de liberté, déterminé, qui fait face au danger. L'amitié entre les hommes prend non seulement un caractère d'entraide entre des êtres de force et de valeur comparables, mais plus encore de protection d'un individu pour un autre. La femme (Angie Dickinson) n'est pas un élément du décor, une femme-objet, elle prend des initiatives, se mêle à la vie des hommes, essaie de les comprendre.

Le film criminel

Le film criminel constitue un genre complexe, non homogène, décomposable en trois grandes tendances : le film de gangsters, le film noir, le film policier, qui se distinguent par des éléments de contenu et leurs structures narratives. Hitchcock constitue, presque à lui tout seul, un genre à part.

Trois manières de traiter le crime à l'écran

Le film de gangsters	Le film noir	Le film policier
Les personnages : – le héros : le caïd issu de l'immigration. Ses vêtements et accessoires (costumes et cravates voyants, robe de chambre en soie, cigare, etc.) témoignent de sa « réussite » ; – sa petite amie, elle aussi issue d'un milieu humble, est vêtue de toilettes voyantes, vulgaires et chères ; – les policiers.	*Les personnages :* – le héros : le détective privé, personnage ambigu qui n'est ni un policier, ni un gangster, mais un peu les deux. On le reconnaît à son imperméable gris et son chapeau ; – la femme fatale, trop belle et sexy, intelligente, blasée, perverse ; – le ou les criminels.	*Les personnages :* – le héros : le policier intègre et courageux qui défend la loi, l'ordre et les valeurs morales de son pays et qui fait preuve de méthode. Il représente le citoyen modèle, il a une famille qu'il délaisse souvent pour son métier ; – ses collaborateurs ; – sa femme et ses enfants ; – le ou les criminels.
Les lieux : – la ville, le plus souvent Chicago pendant la prohibition ; – rues, restaurants, chambres d'hôtels	*Le lieu :* la ville : beaucoup de scènes dans les rues désertes aux pavés humides, mais aussi beaucoup de scènes dans les intérieurs.	*Le lieu :* la ville : beaucoup de scènes en décors naturels extérieurs qui accroissent le réalisme et réduisent le budget.
Une structure narrative simple : le film décrit l'ascension puis la chute du caïd, victime de sa propre mégalomanie suivant une logique simple de cause à effet. La fin est explicite, la morale est sauve.	*Une structure narrative complexe :* – complexité de l'intrigue (méandres obscurs, révélations tardives, structure non linéaire, flash-back) due à la complexité de l'intrigue du roman porté à l'écran ; – fin souvent équivoque ; – le film adopte souvent le point de vue d'un personnage (voix *off*).	*Une structure narrative de type linéaire*, liée à la structure de l'enquête, respectant le schéma : indice – hypothèse – vérification, et se rapprochant ainsi d'un traitement didactique documentaire. Le film policier s'inspire souvent de faits réels.

Un cas à part : Alfred Hitchcock

Hitchcock (1899-1980), avec son style très personnel, occupe une place particulière au sein du film criminel. Il délaisse l'enquête, le réalisme de l'intrigue, au profit de la mise en scène du suspense. Ses héros ne sont ni des policiers, ni des détectives, mais des Américains moyens, affublés d'une famille modèle, parachutés dans des situations exceptionnelles. Le crime et la brutalité font irruption non pas dans la pègre mais dans le quotidien le plus banal.

LE FILM NOIR ET SON ACTEUR-PERSONNAGE : HUMPHREY BOGART

L'origine de l'expression « film noir »

Le Grand Sommeil. *Au centre Hymphrey Bogart incarne Philip Marlowe.*

Au cours de l'été 1946, le public français, sevré de films américains durant la guerre, découvre simultanément quatre films : *Le Faucon maltais* (John Huston, 1941), *Laura* (Otto Preminger, 1944), *Adieu ma belle* (Edward Dmytrick, 1945) et *La Femme au portrait* (Fritz Lang, 1944), suivis de près par toute une série de films américains de la même trempe.
Ces films présentent des points communs non seulement entre eux, mais aussi avec les romans de la collection Série noire des éditions Gallimard (violence, érotisme, etc.). Ils sont baptisés « films noirs » par la critique française. L'expression est ensuite adoptée telle quelle par la critique américaine.

L'esthétique du film noir

Le film noir américain des années 40, constitué pour l'essentiel de scènes de nuit, renforce l'effet de l'obscurité en ayant peu recours à la lumière d'appoint et en accentuant les contrastes grâce à une photo sous-exposée. La lumière crue durcit les visages et rend les femmes mystérieuses et inquiétantes. La plastique du film noir relève d'une synthèse de l'expressionnisme allemand, du réalisme poétique français et d'une esthétique propre aux recherches des chefs opérateurs américains.
Le film noir résiste longtemps à la couleur. Il existe néanmoins, à partir des années 60, quelques films paradoxalement noirs et en couleurs qui développent les scènes diurnes et accroissent la violence (*Chinatown*, de Roman Polanski, 1974).

Dans le rôle du privé : Humphrey Bogart

Dans les années 30, en tant que gangster, Humphrey Bogart (1900-1957) avait eu du mal à rivaliser avec Edward G. Robinson, James Cagney et George Raft. C'est au tout début des années 40 qu'il revêt le costume du détective privé qui le fera entrer dans la légende.
En 1941, il est Sam Spade, héros de Dashiell Hammet dans *Le Faucon maltais* de J. Huston, détective indépendant, intransigeant, indifférent, froid, ne se fiant ni à la pègre ni à la police. En 1946, il est Philip Marlowe, héros de Raymond Chandler dans *Le Grand Sommeil* de H. Hawks, un soupçon plus tendre et élégant, aux côtés de Lauren Bacall à qui il donnera à nouveau la réplique dans *Les Passagers de la nuit* et dans *Key Largo*.

Le mélodrame

Le mélodrame a traversé l'histoire du cinéma et est présent dans tous les pays. Il a subi des transformations inhérentes aux progrès techniques. On le reconnaît à sa manière d'appuyer les émotions et les sentiments, de rendre les passions plus violentes que dans une représentation réaliste.

Les caractéristiques générales

- Le mélodrame est un genre codifié et stéréotypé qui trouve ses origines dans le théâtre et la littérature populaires. Il est caractérisé par l'exacerbation des sentiments, au-delà de tout réalisme psychologique. À l'inverse du drame, il préfère les situations pathétiques et les effets sensationnels à la vraisemblance. Miracles providentiels, infortunes soudaines, catastrophes, coups du destin peuplent les mélodrames.
- Le genre s'est développé dans tous les pays, à toutes les époques : séries françaises des années 10, mélodrames hollywoodiens (Griffith, puis Stahl, puis Sirk), italiens (mélodrames bourgeois de l'époque fasciste, puis néoréalistes), etc., et a contaminé tous les genres cinématographiques.

Les thèmes et les éléments du contenu

- Les thèmes mélodramatiques sont nombreux et variés : les amours contrariées, l'innocence persécutée, le sacrifice, l'abnégation et la soumission, la trahison, les coups de fortune imprévus, les problèmes d'identité, la maladie, l'infirmité, l'amnésie, la jalousie, la mort, les problèmes sociaux (contraste pauvres-riches), les tabous (différence d'âge, adultère, etc.). Le mélodrame met toujours en scène au moins un personnage victime, le plus souvent une femme. C'est pourquoi on l'appelle couramment aux États-Unis le *women's picture*.
- Le mélodrame joue sur des oppositions fortes, telle l'opposition ville-campagne (la ville signifie la débauche, la perte d'identité, l'ascension sociale trop rapide et donc mauvaise, tandis que la campagne évoque la paix, la pureté). Il exalte souvent la nature et rend hommage au cycle des saisons (il associe l'automne à la tristesse, à la mélancolie, à la nostalgie, et le printemps au renouveau et à l'espoir).

Les éléments visuels et esthétiques

- Dans les mélodrames muets, même si elle est soulignée par l'accompagnement musical, l'émotion passe essentiellement par le visuel. Elle s'exprime à travers des gestes spectaculaires, emphatiques, violents (gifles, étreintes, bras tendus implorants, etc.) et à travers l'expression des visages (gros plans sur un visage en larmes, par exemple). L'éclairage et les décors contribuent également à mettre en relief le pathétique et les sentiments.
- Le mélodrame connaît une importante mutation dans les années 50, avec la généralisation de la couleur et du grand écran. Ce dernier offre de nouvelles possibilités de mise en scène, permet un nouveau traitement de l'espace et des mouvements spectaculaires de caméra. Quant à la couleur, loin d'apporter le réalisme, elle a plutôt une valeur symbolique. Excepté le rouge, qui reste universellement symbole de passion et de violence, les couleurs prennent un sens différent d'un film à l'autre.

DEUX MAÎTRES DU GENRE : DOUGLAS SIRK ET LUCHINO VISCONTI

Douglas Sirk

La carrière de Hans Detlev Sierk (nom danois), devenu Hans Detlef Sierck (nom allemand) puis Douglas Sirk se partage entre l'Allemagne et Hollywood, entre le théâtre et le cinéma. Pour Sirk, les grandes œuvres du théâtre classique participent du mélodrame et le cinéma se serait contenté de substituer aux rois et aux princes de simples bourgeois.
On le considère aujourd'hui comme l'un des grands maîtres du mélodrame (même s'il s'est parfois montré infidèle au genre en tournant çà et là un western ou un thriller) et on lui doit d'avoir affranchi le genre de ses connotations péjoratives. Il réalise une première série de mélodrames en Allemagne pour la UFA entre 1936 et 1937, puis une seconde dans les années 50 à Hollywood pour Universal où il prolonge la tradition instaurée dans les années 30.

Douglas Sirk à l'Universal

Certains de ses films sont des *remakes* des mélodrames réalisés par John Stahl : *Le Secret magnifique* (1954), *Demain est un autre jour* (1956), *Mirage de la vie* (1959). Cependant, il revitalise le genre en développant un nouveau langage. D'une part, il introduit, par l'ironie, une critique de la société américaine, d'autre part, il offre des images esthétiquement somptueuses, étudie avec précision le choix des couleurs auxquelles il attribue un sens dramatique précis. À l'exception de *La Ronde de l'aube* (1957), tourné en noir et blanc, ses mélodrames ont été qualifiés de « baroques flamboyants ».

Todd Haynes et Douglas Sirk

En 2002, Todd Haynes rend à Sirk un vibrant hommage avec son quatrième long métrage *Loin du paradis*, interprété par Julianne Moore, Dennis Quaid et Denis Haysbert. Il s'agit d'un authentique mélodrame classique dont l'histoire de déroule à la fin des années 50, dans une banlieue résidentielle bourgeoise, raciste et conformiste, comparable à celles des films de Sirk.
Haynes emprunte au maître des thématiques (le racisme), des bribes de scénario (la mère de famille éprise de son jardinier rappelle explicitement celle de *Tout ce que le ciel permet*) ainsi que certains éléments constitutifs du genre comme le cycle des saisons, qu'il figure par un travail précis des variations chromatiques.

Luchino Visconti

Dès ses premiers pas, le cinéma italien s'est forgé une tradition du mélodrame, héritée directement de l'opéra des XVIIIe et XIXe siècles.
Visconti (1906-1976) a donné au genre ses lettres de noblesse et a su l'affranchir de ses stéréotypes simplistes et naïfs. Les films de l'aristocrate italien sont un modèle de raffinement esthétique.
Aux passions déchirantes se mêle une profonde réflexion sur la situation socio-politique de l'Italie (*Les Amants diaboliques*, 1942, œuvre qui préfigure le néoréalisme, *Rocco et ses frères*, 1960) ou sur l'Histoire (*Senso*, 1954, *Ludwig*, 1972).
Senso, adaptation du récit de Camillo Boito, est le plus délibérément mélodramatique. Il relate, dans le contexte historique du Risorgimento, la passion déchirante, parce que à sens unique, de la comtesse Livia Serpieri pour le jeune officier autrichien Franz Mahler.

Le documentaire

Le terme documentaire englobe tout ce qui n'est pas fiction, il regroupe les films qui cherchent à représenter la réalité. Apparu dès la naissance du cinéma, le documentaire permet au cinéaste d'interpréter la réalité, d'exposer son point de vue sur le sujet filmé, de réfléchir et de faire réfléchir sur le réel.

Le documentaire naît avec le cinéma

Si le mot documentaire est utilisé pour la première fois en 1923, le genre est né avec le premier film des frères Lumière : *La Sortie des usines Lumière* (1895). Dès lors, des sociétés américaines et européennes envoient dans le monde des opérateurs chargés de ramener des images d'une réalité quotidienne. Le succès est immédiat.

Le documentaire : réalité ou reflet de la réalité ?

Les opérateurs de la Société Lumière avaient comme consigne de saisir la réalité, sans la mettre en scène, de prendre sur le vif. Beaucoup de documentaires restent construits sur ce principe.

Cependant, le film n'est pas la réalité mais un reflet, une interprétation de celle-ci par le cinéaste. L'emplacement de la caméra, du cadre, ou les axes sont souvent déterminés par des raisons techniques et surtout des choix esthétiques. Le montage des images, le mixage des sons passent aussi par le filtre de la subjectivité des documentaristes.

Participation et réflexion sur le réel

Des cinéastes suivent la méthode de Robert Flaherty qui, avec *Nanook of the North*, favorise le développement du documentaire ; ils cherchent à participer au réel. Ils s'imprègnent du milieu, construisent progressivement un scénario, parfois en collaboration avec les personnages filmés. Ils tendent à rendre compte de la profondeur des êtres et des choses. En France, Jean Epstein (*Finis Terrae*, 1929) ou Georges Rouquier (*Farrebique*, 1947) se rattachent à ce courant.

Le cinéaste peut vouloir prendre position vis-à-vis du réel, exprimer son point de vue sur le sujet. Cette démarche induit une manière d'aborder, de filmer et de monter le film. Avec les actualités filmées du « kinonedelia » de Dziga Vertov, la caméra se cache pour filmer la réalité sans déformation, mais les angles de prise de vue et les échelles de plans prévus, les fragments obtenus préparent le montage. Le documentaire devient un moyen de dénoncer des situations sociales, politiques, économiques, le cinéma est militant. Jean Vigo, Joris Ivens, Henry Storck, Chris Marker, Yann Le Masson, etc. sont des auteurs illustrant ce courant qui a fortement influencé le cinéma néoréaliste italien.

Le documentaire fiction

De nombreux documentaires comportent une part plus ou moins importante de fiction. Le tournage et le montage peuvent s'organiser suivant une scénarisation ou une structure dramatique. Les personnages filmés sont mis en scène. La bande son est travaillée pour renforcer la dramaturgie par l'utilisation d'effets sonores et/ou de musiques additionnelles.

DEUX HOMMES DE L'ART

Robert Flaherty

Fils d'un prospecteur minier d'origine irlandaise, Robert Flaherty (1884-1951) effectue des études de géologie. Explorateur, il dresse la carte des îles Belcher, dont la plus grande porte son nom. Avec *Nanook of the North (Nanouk l'Esquimau)*, Flaherty commence sa carrière de cinéaste en 1922. Parmi les œuvres marquantes, on doit citer : *Moana* (1926), *L'Homme d'Aran* (1934), *La Terre* (1939-1942), *Louisiana Story* (1948).

Nanook of the North

En 1919, la société de fourrure française Revillon passe commande à Flaherty d'un film sur la vie dans le Grand Nord. L'expédition part en août. Avant de tourner la première image, Flaherty partage, pendant deux ans, la vie d'une famille esquimau, celle de Nanouk. Celui-ci participe à la réalisation et s'investit en tant qu'acteur principal. Le film retrace le combat quotidien d'un homme contre une nature hostile, il met en valeur la force, le courage, la solidarité de la communauté. Sorti en 1922, le film obtint un succès international. Nanouk devint un personnage célèbre. Deux ans plus tard, il mourrait de faim sur la banquise. La nouvelle de cette disparition fut diffusée dans le monde entier.

Raymond Depardon

Né en 1942, Raymond Depardon, d'abord photographe et cofondateur de l'agence Gamma, réalise des courts métrages et des reportages pour la télévision. Cette école le conduit à traiter des sujets politiques (*50,81 %* en 1974, sur la campagne présidentielle de Valéry Giscard d'Estaing) et sociaux (*Reporters*, 1982) pour le cinéma.

Il renouvelle le documentaire par ses sujets et ses méthodes de travail. Avec un matériel léger, il filme, avec l'accord des intéressés, la vie au quotidien d'un commissariat de police parisien (*Faits divers*, 1983), d'un service psychiatrique (*Urgences*, 1988) ou judiciaire (*Délits flagrants*, 1994, *10e chambre, Instants d'audience*, 2004).

En 1985, Depardon signe son premier film de fiction, *Empty Quarter, une femme en Afrique*. Le continent noir lui inspire d'autres fictions : *La Captive du désert* (1989) et *Afrique, comment ça va avec la douleur ?* (1996). Parallèlement à de multiples créations (films, publicités, ouvrages...), Depardon se lance, avec *Profils paysans*, dans un travail nécessitant dix années de tournage (*La Vie moderne*, 2008).

En 2012, avec son épouse Claudine Nougaret, Depardon réalise *Le Journal de France* qui est à la fois un voyage à travers l'espace et une réflexion sur le temps. Le film a été récompensé par le César du meilleur documentaire en 2013.

En octobre 2012, Le Musée des Civilisations et de la méditerranée de Marseille (Mucem) a organisé une grande rétrospective de son œuvre photographique en couleur.

Nanook of the North, *1922.*

Le fantastique

Dans le film fantastique, le réel cède la place au surnaturel. Ce genre trouve son origine dans les mythes d'antan ou dans les peurs du moment. Il possède un répertoire limité de personnages, lieux, thèmes. Le passage du noir et blanc à la couleur et aux effets spéciaux a mis l'accent sur l'horreur.

Les caractéristiques générales

- Le fantastique implique un déséquilibre du réel, la création d'un monde parallèle régi par ses lois propres. Il arrive que le fantastique ne fasse que des incursions fugitives dans des films n'appartenant pas pleinement au genre. Il existe donc un genre fantastique et un climat fantastique (*La Nuit du chasseur*, de C. Laughton, 1955).
- Le fantastique admet deux options : ou bien il fait rêver et se confond avec le merveilleux (c'est le cas dans les dessins animés et dans certaines comédies musicales), ou bien il fait peur et se confond alors avec l'épouvante.

Les sources du film fantastique

Le film fantastique puise son inspiration dans les légendes populaires (*Le Seigneur des anneaux*), les mythes, les croyances folkloriques, le plus souvent d'origine européenne, et le roman gothique. Il naît aussi de l'inconscient collectif d'un pays. Ses créatures, aussi pathétiques que monstrueuses, cristallisent les craintes et les espoirs collectifs propres à un pays à un moment donné. Enfin, le genre fantastique compte d'innombrables séries et remakes. Le genre est devenu sa propre source, il « s'autovampirise ».

Les éléments du film

- *Personnages :* vampires, fantômes, monstres difformes, paysans aux mines patibulaires, etc., le héros pâle et tourmenté, l'enfant innocent, la jeune femme pure.
- *Lieux :* région désolée et sinistre (les Carpates, par exemple), villages quasi désertés, routes défoncées, châteaux sombres et hantés, etc.
- *Thèmes :* métamorphose, possession diabolique, sorcellerie, envoûtement, magie noire, satanisme, parapsychologie, thème du double, sexualité refoulée, violence, etc.

Le traitement cinématographique

- Les premiers grands films fantastiques sont issus de l'expressionnisme (*Nosferatu le vampire,* de Murnau, 1922). L'esthétique expressionniste, notamment ses contrastes ombre-lumière, convenait à merveille au genre. Plus tard, aux États-Unis, les films fantastiques en noir et blanc ne cacheront pas leur dette envers l'expressionnisme.
- Mais la couleur, l'écran large, le latex, les effets spéciaux, loin de mettre le genre en danger, vont le conduire dans une voie radicalement différente. La couleur impose un nouveau traitement des décors et de nouvelles atmosphères. Elle apporte également une représentation plus réaliste du sang et de l'horreur. Les torrents d'hémoglobine donnent naissance au sous-genre du film *gore*. Si le film en noir et blanc joue sur l'ellipse et le hors-champ, le film en couleur se complaît, au contraire, à montrer l'« immontrable » de l'horreur.

LA HAMMER FILMS : UNE PETITE BOUTIQUE DES HORREURS

La Hammer Films et le fantastique

La Grande-Bretagne, terre d'élection de la littérature fantastique gothique, est, dans la seconde moitié des années 50 et durant les années 60, celle du film fantastique, grâce à la Hammer Films, maison de production dont les studios sont installés à Bray, dans l'Essex.

L'immense succès du *Monstre* (Val Guest, 1955) en Grande-Bretagne, mais aussi et surtout aux États-Unis, révèle qu'il existe bel et bien un public de films fantastiques.

Terence Fisher à la Hammer

Terence Fisher (qui avait jusqu'alors réalisé des films sentimentaux à tendance mélodramatiques) rejoint la Hammer en 1952 et, après une spectaculaire métamorphose, tourne, en 1957, *Frankenstein s'est échappé*, second grand succès qui ne fait que confirmer le goût du public pour le genre ainsi que l'intérêt de la critique (il tournera par la suite quatre autres *Frankenstein* ainsi que trois *Dracula*). Fisher met en avant la violence et l'érotisme, grâce entre autres à son sens aigu de la couleur et à ses fidèles interprètes, Peter Cushing et Christopher Lee, deux acteurs de premier ordre.

Le style Hammer

La Hammer produit des films à petit budget. On y recycle les décors, on y limite la durée des tournages. Les réalisateurs, faute de pouvoir miser sur le perfectionnement onéreux des trucages, travaillent en artisans et se montrent particulièrement inventifs, mêlant l'humour au fantastique.

Après avoir donné au fantastique, genre plutôt sous-estimé, ses lettres de noblesse, la Hammer Films perdra de la vitesse dans les années 70, dépassée par les progrès techniques qu'elle s'obstine à dédaigner. Le film fantastique est désormais un genre à gros budget.

La science-fiction

Le cinéma est le médium idéal de la science-fiction. De même, la science-fiction est le genre qui permet le mieux au cinéma de déployer sa technologie. Le film de science-fiction est irréaliste (fausse image de la science, monde irréel, scénarios invraisemblables, etc.), mais il est souvent une parabole de la réalité.

La science-fiction et le cinéma

Il existe entre la science-fiction et le cinéma un rapport de complicité privilégié. Cette complicité tient au dispositif cinématographique lui-même, comparable à une machine à explorer le temps et l'espace, capable de mettre en présence le passé, le futur, l'ici, le lointain. En cela, même s'il s'inspire de la littérature et de la bande dessinée, le cinéma reste le médium de prédilection de la science-fiction.

Par ailleurs, la science-fiction met en valeur toutes les techniques du cinéma. Le spectaculaire lié à la technologie figure parmi les éléments de base constitutifs du genre. Un film de science-fiction est toujours l'occasion de montrer où en sont les technologies de pointe, et ce du *Voyage dans la lune* de Méliès (1902) à *La Guerre des étoiles* de Lucas (1977-2002) ou à *Minority Report* de S. Spielberg (2002).

La science-fiction et la science

L'un des thèmes récurrents de la science-fiction est celui d'une science ultra-efficiente, mais mal contrôlée et donc dévastatrice, qui fabrique de terribles robots (la jeune femme-robot dans *Metropolis*, l'ordinateur Hal 9000 dans *2001 : l'Odyssée de l'espace*) ou cause des désastres écologiques. Ces films n'empruntent pourtant à la science que son apparence et en donnent une fausse représentation. Le savant est plus souvent un fou qu'un scientifique. Ses objectifs sont démesurés et absolus : il veut soit sauver le monde soit le perdre. La science-fiction tient soit de la magie soit de la sorcellerie.

La science-fiction et la réalité

Le voyage dans le temps et dans l'espace intergalactique, le devenir de l'homme, sa place dans l'univers, les conséquences des progrès scientifiques, la guerre interplanétaire, etc. font de la science-fiction le genre irréaliste par excellence, un genre qui dépayse au même titre que le conte de fées.

Cependant, si grande que soit la distance le séparant du réel, le film de science-fiction témoigne souvent d'interrogations, de peurs caractéristiques d'une époque et livre un message politique ou philosophique (sur ce point, il diffère très nettement du film d'épouvante). La guerre froide a été, par exemple, une période particulièrement riche en œuvres de science-fiction (*Le Jour où la Terre s'arrêta,* de Robert Wise, 1951 ; *L'Invasion des profanateurs de sépultures,* de Don Siegel, 1956). Celles-ci se sont chargées de dénoncer la paranoïa collective de l'époque.

Par ailleurs, les films de science-fiction ne renoncent pas tous au réel. Il n'est pas rare qu'après avoir infligé à leur héros une série d'épreuves des plus invraisemblables ils préconisent, en guise de *happy end*, un retour à ce réel qui, bien que fade et médiocre, s'avère au moins plus sécurisant.

2001 : L'ODYSSÉE DE L'ESPACE

Synopsis du film

Première partie : l'aube de l'humanité. Un groupe de singes en danger découvre un mystérieux monolithe noir. L'un d'eux a alors l'idée d'utiliser un os comme arme pour tuer.

Deuxième partie : en 2001, le docteur Floyd se rend sur la Lune pour enquêter sur la présence du même monolithe.

Troisième partie : mission Jupiter, 18 mois plus tard. Un vaisseau spatial est lancé vers Jupiter. À bord, l'ordinateur Hal 9000 met fin à la vie des cosmonautes. David Bowman, qui réussit à le déconnecter, est le seul survivant.

Quatrième partie : Jupiter et au-delà de l'infini. Aux abords de Jupiter, le Discovery croise le monolithe. Bowman est absorbé par un nouvel espace-temps vertigineux. Dans une chambre du XVIIIe siècle, il se voit vieillir à toute allure. Le monolithe réapparaît. Bowman renaît sous forme d'un fœtus.

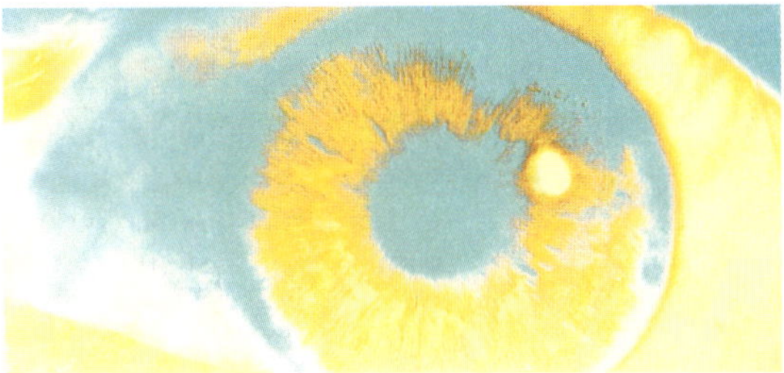

Les visions de Bowman au-delà de l'infini.

Le renouvellement du genre

2001, film de Stanley Kubrick, sorti en 1968, rompt radicalement avec les scénarios types, leurs extraterrestres, leurs paraboles et leurs structures narratives traditionnelles. Les quatre millions d'années séparant la première partie de la seconde créent l'ellipse temporelle la plus célèbre de l'histoire du cinéma.

Le récit est éclaté en quatre parties indépendantes, le fil d'Ariane se résumant à l'apparition répétée du mystérieux monolithe dont le film n'expliquera pas la nature. La dernière partie et sa fin ouverte sont un défi à tout esprit rationnel. L'abolition de l'espace et des repères chronologiques rend la situation parfaitement hermétique.

L'usage de pellicules spéciales et de filtres, les techniques particulières de développement et les images de synthèse donnent lieu à une orgie de couleurs et font du dernier quart d'heure un moment purement plastique.

Un film « documentaire »

Cas unique dans le genre, le film possède une dimension documentaire et offre une image vraisemblable de la science, Kubrick et son équipe de maquettistes ayant collaboré avec des ingénieurs de la Nasa. Les longs moments non narratifs montrant le vaisseau spatial dans l'espace, au son des valses de Strauss, renforcent cette dimension.

Le cinéma expérimental

Le cinéma est issu d'expériences sur le mouvement. Sa vocation expérimentale originelle ne s'est jamais démentie, dans le champ scientifique comme dans le champ esthétique. Mais le cinéma expérimental se déplace au gré des courants formalistes, engagés ou intimistes.

Des cinémas différents

Sous l'influence de peintres, d'écrivains, de courants artistiques d'avant-garde ou de mouvements contre-culturels, un autre cinéma se développe. Ses modes de financement (mécénat, autofinancement) et de diffusion (ciné-clubs, festivals spécialisés, universités et musées) sont différents. Il exploite des techniques économiques d'enregistrement (16 mm, magnétophone portable).

Les œuvres ne sont pas conformes aux modèles dominants. Ce sont des films :
- privilégiant les formes plastiques et sonores. Parmi les techniques utilisées, on remarque le coloriage ou le grattage à la main de la pellicule, le filmage de séries d'images abstraites, le montage d'images très diverses selon des rythmes visuels et sonores, l'animation ;
- liés à des courants artistiques (dadaïsme, surréalisme, lettrisme, pop'art, etc.) ou des minorités actives (*gays* américains, par exemple) ;
- très personnels, lyriques, intimes, autobiographiques.

Europe, années 20

En Europe, le cinéma s'affirme comme un septième art. Des poètes et des peintres s'intéressent à ce nouveau support de formes, de sensations et d'idées. En Allemagne, Hans Richter élabore la série des *Rythmus*, Walter Ruttmann celle des *Opus*, images abstraites agencées selon des rythmes visuels. En France, René Clair tourne *Entr'acte* (1924), fantaisie orchestrée sur une musique d'Érik Satie ; Henri Chomette propose *Cinq Minutes de cinéma pur* (1926), Man Ray met en images un poème de Robert Desnos, *L'Étoile de mer* (1927), Luis Buñuel et Salvador Dali provoquent le scandale avec *Un chien andalou* (1928).

Le documentaire poétisé par le montage crée un véritable genre, la symphonie de ville, illustré par Walter Ruttmann en 1927 (*Berlin, symphonie d'une grande ville*) et par Jean Vigo en 1929 (*À propos de Nice*).

Amériques, années 50-70

Au cours des années 50, les grands foyers d'expériences filmiques se déplacent vers l'Amérique du Nord (Canada, États-Unis). Aux États-Unis, le cinéma *underground* rejette les valeurs et les modèles dominants. Kenneth Anger, avec *Scorpio Rising* (1963), célèbre les charmes sulfureux de la moto et de l'homosexualité. Andy Warhol élabore des sortes de films bruts, tels *Sleep* en 1963 (plans d'un homme qui dort, durée : 6 heures) ou *Empire* en 1964 (plan fixe de l'Empire State Building de New York, durée : 8 heures).

Le cinéma expérimental suscite même des succès commerciaux comme *Koyanasqaatsi* (1983) de Godfrey Reggio ou *Microcosmos* (1996) de Claude Nuridsany et Marie Perennou, où la science rencontre l'esthétique.

DES IMAGES RYTHMÉES

La Chaplinade *de Fernand Léger (1920).*

Hommage à Charlot

Le Ballet mécanique s'ouvre et se clôt sur les images d'une poupée articulée, la Chaplinade, élaborée par Fernand Léger en hommage à un personnage qu'il admirait. D'une durée de 12 minutes, il le réalisa en 1924 avec l'aide du cinéaste américain Dudley Murphy.

Extrait du synopsis original de Fernand Léger

Objets-images-les plus usuels-
figure-fragments de figures, fragments
mécaniques métalliques, objets fabriqués
projection gros plan avec minimum de
perspective

L'intérêt particulier du film est porté
sur l'importance que nous donnons
à « l'image fixe », à sa projection
arithmétique, automatique, ralentie
ou accélérée-

Aucun scénario -
Des réactions d'images rythmées
c'est tout.

Charlot *de Sergueï Youtkevitch (1926).*

Sergueï Eisenstein *de Sergueï Youtkevitch (1926).*

Films d'aventures et à grand spectacle

Devenu pour des raisons économiques un genre principalement américain, le film d'aventures se reconnaît à ses séquences d'action, au profil du héros et des acteurs, et à un certain exotisme.

L'action, les personnages, les acteurs

Le film d'aventures constitue un ensemble très vaste aux formes variées. Cependant, certains éléments lui sont indispensables : beaucoup d'action, des combats risqués, une mise en scène spectaculaire pour la glorification de l'effort physique.

Le film d'aventures est généralement centré sur un héros masculin transparent et dépourvu de contradictions. Ses attributs touchent essentiellement le physique : il est fort, grand et beau. Ses caractéristiques morales et psychologiques se résument au courage, au respect de la justice et autres sentiments qui, bien souvent, justifient la violence.

Il plaît naturellement aux femmes, aussi bien à la jeune héroïne pure, candide, charmante mais dépourvue de sex-appeal qu'à la femme sensuelle, passionnée, parfois perverse. Mais le film d'aventures, en général plutôt misogyne, n'accorde à la femme qu'un rôle de faire-valoir. C'est pourquoi il n'y a guère d'actrices spécialisées dans le genre, tandis que certains noms d'acteurs resteront à jamais liés à l'aventure (Douglas Fairbanks, Johnny Weissmuller, Harrison Ford, Jean-Paul Belmondo, etc.).

L'espace-temps du film d'aventures

Les innombrables sous-catégories du film d'aventures sont souvent déterminées par leur contexte géographique et/ou historique. Le film d'aventures apporte évasion et dépaysement, grâce à un saut dans l'espace (jungle africaine, Orient, océan, îles du Pacifique, etc.) ou dans le temps (reconstitutions historiques, films de guerre, etc.) ou les deux (épopées bibliques, aventures coloniales, etc.).

Qu'il soit ou non tourné en studios, le film d'aventures accorde, au nom de cet exotisme, une grande importance aux décors. Les lieux sont déterminants : ils sont la plupart du temps inhospitaliers et recèlent toutes sortes de dangers.

Le mode de production

Le film d'aventures appelle souvent une suite : les *serials* (ou feuilletons) muets ont laissé place aux séries (le héros reste le même, mais chaque film est indépendant : James Bond, Judex et autres). La série permet un renouvellement des lieux, des ennemis et des accessoires dans le cadre d'un même schéma narratif.

L'essor des grands studios hollywoodiens et leur politique de prestige provoquent une inflation des coûts. Le film d'aventures devient alors souvent synonyme de superproduction (épopées bibliques en couleur et en Scope des années 50 et 60, avec plans généraux sur décors colossaux, grands panoramiques, foules de figurants ; films des années 90 aux effets spéciaux fulgurants comme *Mission : impossible, Speed* I et II, etc.). Bien que présent en Europe et en Asie (films hongkongais de Tsui Hark), le film d'aventures se développe donc principalement aux États-Unis.

TARZAN ET BATMAN : DEUX GRANDES FIGURES DE L'AVENTURE

La longue série des *Tarzan*

Personnage légendaire créé en 1912 par le romancier américain Edgar Rice Burroughs, Tarzan devient vite plus célèbre comme héros de film. Le cinéma a tendance à le civiliser et à l'éloigner de son modèle littéraire. À l'image de l'homme sauvage des origines (image d'une innocence perdue) se superpose celle de la civilisation occidentale, du mythe du *self made man*, emblème de la démocratie américaine.

Son succès s'étale de la fin des années 10 à la fin des années 60 (Hugh Hudson en propose encore une version britannique en 1983 : *Greystoke, la légende de Tarzan, seigneur des singes*). Ses aventures se poursuivent à travers une quarantaine de *remakes* et variations (sans compter les films pour la télévision), tournés tantôt dans les studios d'Hollywood, tantôt en Afrique, en Amérique du Sud ou en Louisiane, réalisés par une vingtaine de réalisateurs (W.S. Van Dyke, Cedric Gibbons, Richard Thorpe...), interprétés par une quinzaine d'acteurs (Elmo Lincoln, Johnny Weissmuller, Lex Barker, Gordon Scott, Christophe Lambert...).

Tarzan, l'homme singe *(1932).*

Batman

Esquissé en 1908 dans le roman policier de Mary Roberts Rinehart, *L'Escalier circulaire*, le personnage est baptisé « Batman » et acquiert sa silhouette en 1939 sous le crayon de Bob Kane, qui en conta les aventures à travers ses séries de *comics*. L'Homme-chauve-souris, créature solitaire à la double nationalité, est un super-héros qui combat le crime la nuit.

Lambert H.Hillyer réalise en 1943 une adaptation cinématographique en quinze épisodes, série B produite par la Columbia qui ne remporta pas un gros succès. En 1948, Spencer G. Bennet propose une suite, *Batman and Robin*.

Après la version de Leslie H. Martison de 1966, c'est Tim Burton qui prendra le relais en 1989 avec *Batman*, dont le succès fulgurant aux États-Unis déclenche immédiatement le tournage d'une suite : *Batman Returns* (1991). Le cinéaste s'approprie le mythe pour réaliser deux œuvres très personnelles, plus complexes et ambivalentes que les précédentes, plus sombres et mélancoliques. Plaçant au second plan le schéma narratif d'ensemble, il privilégie le portrait de ses personnages, créatures monstrueuses, et déplace le regard en direction des méchants.

Burton renonçant à poursuivre l'aventure, c'est à Joel Schumacher qu'il revient de mettre en scène les deux versions suivantes : *Batman forever* (1994) et *Batman and Robin* (1996), dans lesquelles le héros retrouve son compagnon Robin que Burton avait pris soin d'évacuer pour faire de son personnage un vrai solitaire. Schumacher renoue avec le grand spectacle et les effets pyrotechniques. Enfin, Christopher Nolan signe *Batman begins* en 2004 et *The Dark Knight* : le chevalier noir en 2008.

Batman Begins, *C. Nolan, 2004.*

Le cinéma d'animation

Le dessin animé se définit par un mode spécifique de fabrication lié à des techniques artisanales ou industrielles selon les périodes et le choix des artistes. Initialement destiné aux adultes, il s'est très vite tourné vers le public enfantin, tendance que Walt Disney n'a fait que renforcer.

Le cinéma d'animation et les genres

Le cinéma d'animation n'est pas à proprement parler un genre puisqu'il est susceptible de les embrasser tous. Il se définit non par des éléments de contenu, mais par différents principes de fabrication excluant la prise de vue directe de scènes réelles. Sont ainsi animés des dessins (dessins animés), des poupées, des marionnettes ou encore des images numériques.

Les procédés de fabrication

Selon la méthode artisanale, les dessins sont réalisés sur papier. Les personnages ne doivent pas chevaucher les décors, d'où l'aspect épuré du dessin animé des années 20. La quantité de dessins nécessaire a encouragé les techniques économiques (par exemple, celle de l'animation partielle : un personnage a une partie fixe et une partie mobile).

Les procédés industriels se mettent en place au moment de l'apparition du Celluloïd (appelé « cellulo »). Ils entraînent la création de grands ateliers organisés, hiérarchisés, ainsi que la spécialisation des individus, cela dans un souci de rentabilité. Avant sa réalisation, un dessin animé est soigneusement préconçu et planifié.

Les dernières méthodes électroniques et informatiques poussent le cinéma d'animation dans une voie nouvelle, celle d'images de synthèse ne répondant plus au principe de discontinuité image par image. Les images sont définies mathématiquement selon les règles des langages informatiques.

Le dessin animé monopolisé par les enfants

Le dessin animé s'est d'abord adressé à un public d'adultes. Retenons Betty Boop, sex-symbol du dessin animé des années 30 ; *Fritz the Cat*, dessin animé paillard et subversif des années 60 ; l'œuvre de Tex Avery, ironique et anticonformiste, et les tentatives expérimentales de Norman McLaren. En 2008, Ari Folman réalise un film d'animation pour adultes, *Valse avec Bachir*, entre documentaire et fiction autobiographique sur la première guerre du Liban.

Mais le dessin animé reste majoritairement destiné aux enfants, et associé à un nom : Walt Disney. En dix ans, Disney développe l'intervallisme, l'usage du Technicolor, invente le *story-board*, la caméra multiplane (effet de relief). *Blanche-Neige et les Sept Nains* (1938), son premier long métrage constitue un modèle de perfection.

Les pays de l'Est ont également créé une importante école de dessin animé au style poétique, influencée, entre autres, par les films de marionnettes tchèques.

Le Japon connaît une vraie tradition du cinéma d'animation, qu'il s'agisse de la production ordinaire ou d'œuvres d'auteurs. Hayao Miyazaki y fait figure de référence avec ses univers tendres et poétiques et ses images travaillées. En 1985, il crée le studio indépendant Ghibli où il réalise entre autres *Princesse Mononoke* (1997), *Le Voyage de Chihiro* (2011) et *Le Vent se lève* (2013).

DU DESSIN ANIMÉ À L'IMAGE DE SYNTHÈSE

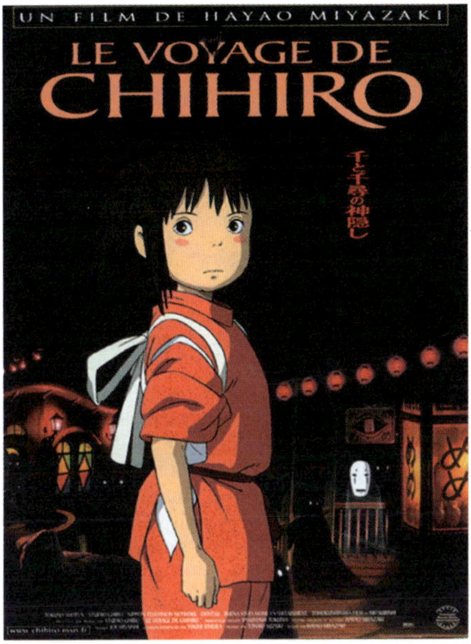

Le voyage de Chihiro, *H. Miyazaki, 2011.*

Les premiers croquis

Le réalisateur et les « chefs animateurs » mettent au point les premiers croquis, indiquant les idées générales, les grandes caractéristiques des personnages, des décors et des actions. Ils réalisent ensuite les « extrêmes d'animation », c'est-à-dire les dessins correspondant aux deux extrémités d'un mouvement ou d'un déplacement.

Les dessins intermédiaires

Les « intervallistes » ou « assistants d'animation » tracent tous les dessins intermédiaires reconstituant le mouvement du personnage dans son intégralité (24 dessins par seconde de film). Cela suppose une analyse précise de toutes les postures intermédiaires.

Les assistants réalisent également les dessins de décors, autrement dit les « fonds fixes », fixes dans la mesure où ils ne sont pas redessinés à chaque image. On les fait éventuellement défiler lorsqu'un personnage se déplace.

Ces dessins seront ensuite corrigés par les chefs animateurs.

L'étape finale

Enfin, a lieu le traçage de chaque dessin sur cellulo (à l'encre ou à la gouache), puis le gouachage des surfaces destinées à être coloriées (sur l'autre face du cellulo). Ces dessins définitifs sont alors filmés en couleur.

L'image de synthèse

La technologie progresse très rapidement dans le domaine du cinéma d'animation. Les techniques informatiques permirent dans un premier temps d'améliorer l'animation des dessins en 2D, puis d'intégrer des images de synthèse dans des images traditionnelles, d'animer dans l'espace des images en 3D à partir de dessins en 2D, et enfin, grâce à l'association de différentes techniques et la sophistication des logiciels, de réaliser entièrement un film d'animation 3D en images de synthèse. Le premier de ces films à 100 % synthétiques a pour titre *Toy Story* (John Lasseter,1995). Il connut des suites en 1999 et 2010 (*Toy Story* 2 et 3). Les studios Pixar offrent *Là-haut* de Pete Docter en 2009. L'image de synthèse, dont la technique s'applique à des champs aussi variés que l'aérospatiale (simulateurs de vols), la médecine, l'industrie automobile, l'architecture, est obtenue par le calcul et la saisie informatiques de coordonnées recueillies à partir de la modélisation d'un objet. Une fois l'objet saisi, l'ordinateur peut le soumettre à toutes sortes de transformations.

On pratique aujourd'hui la capture du mouvement réel, ce qui apporte un nouveau réalisme à l'image de synthèse : la technique consiste à enregistrer les mouvements d'un corps humain réel, puis à les appliquer dans toute leur précision à une créature synthétique en 3D (*Avatar*, J. Cameron, 2009).

Le film musical

L'appellation « film musical » désigne un ensemble de films dans lesquels la musique tient une place quantitativement importante. Elle ne se contente pas de créer une atmosphère ou de souligner une émotion : elle est au centre du film, participe directement à sa structuration et lui donne son sens.

Les différentes façons d'allier musique et cinéma

Les films	La musique	Autres caractéristiques
La comédie musicale – *Chantons sous la pluie* (S. Donen et G. Kelly, 1952) – *Les Demoiselles de Rochefort* (J. Demy, 1966) – *La Fièvre du samedi soir* (J. Badham, 1977) – *Chicago* (R. Marschal, 2001)	La musique est écrite pour le film. Le style varie selon les époques et les modes (jazz-swing pour la comédie musicale classique américaine, rock, disco…) Elle comporte souvent des chansons et accompagne des numéros dansés.	Comédie divertissante et légère à intrigue amoureuse. Les intermèdes musicaux, qui alternent avec l'histoire dialoguée, sont l'affirmation de la vitalité, du mouvement, du spectacle.
Le film musical contestataire – *Easy Rider* (D. Hopper, 1969) – *Tommy* (K. Russel, 1975) – *The Wall* (A. Parker, 1982)	Musique rock ou pop. Elle est un reflet d'une époque et d'un contexte socio-culturel. Elle est l'un des supports essentiels de l'idéologie du film.	Il se démarque de la comédie. Il critique l'idéologie dominante. Il propose un discours pacifiste (au moment, par exemple, de la guerre du Viêtnam), mystique, pose le problème de la drogue.
L'opéra et l'opérette filmés – *Violettes impériales* (R. Pottier, 1952) – *La Flûte enchantée* (I. Bergman, 1974) – *Don Giovanni* (J. Losey, 1980) – *Parsifal* (H.J. Syberberg, 1982) – *Carmen* (F. Rosi, 1984) – *Tosca* (B. Jacquot, 2001)	La musique préexiste au film. Il s'agit d'œuvres lyriques du répertoire classique ou contemporain. La partition musicale est indissociable du texte chanté. Par conséquent, elle fournit au film non seulement la musique, mais aussi son argument, son scénario, sa structure narrative. La musique est ininterrompue, elle est l'objet même du film.	Soit on filme une représentation théâtrale (équivalent du concert filmé : le film s'apparente alors au documentaire et mettra en avant le travail de tel ou tel chef d'orchestre ou de tel ou tel metteur en scène d'opéra), soit l'œuvre est libérée des contraintes scéniques et mise en scène dans tous types de décors, y compris en décors extérieurs. Le réalisateur du film signe alors la mise en scène du spectacle.
La biographie de musicien – *The Rose* (M. Rydell, 1979) – *Amadeus* (M. Forman, 1984) – *Bird* (C. Eastwood, 1988) – *Tous les matins du monde* (A. Corneau, 1991) – *Ray* (T. Hackford, 2003)	Musique composée et/ou interprétée par le personnage central du film. Elle définit le personnage. Tantôt elle est ancrée dans l'image (un musicien joue, on entend ce qu'il joue), tantôt elle l'illustre.	Il peut s'agir d'un documentaire (*A film about Jimi Hendrix*) constitué d'un assemblage de documents authentiques. Mais il peut aussi prendre la forme de la biographie romancée, construite sur un scénario et interprétée par des acteurs.

LA COMÉDIE MUSICALE AMÉRICAINE

Un genre à la croisée des arts

La comédie musicale américaine voit le jour en même temps que le cinéma sonore et s'épanouira largement sur trois décennies.

Deux grandes familles de scénarios

L'un des sujets de prédilection de la comédie musicale est l'univers impitoyable de Broadway, la préparation d'un spectacle (ou d'un film) et ses inévitables intrigues de coulisses (*Tous en scène,* de Vincente Minnelli, 1953). Les numéros se confondent alors souvent avec ceux du spectacle ou leurs répétitions.
L'histoire peut se dérouler dans un univers complètement différent, parfois exotique ou onirique (*Le Magicien d'Oz*, de Victor Fleming, 1939). Dans ce cas, les numéros dansés se déploient non plus sur une scène mais dans n'importe quel décor. Les chansons et chorégraphies se trouvent alors intégrées sans rupture à l'histoire, elles en sont le prolongement.
Dans un cas comme dans l'autre, les moments de musique et de danse ont pour vocation d'amplifier un sentiment.

Technique et recherche esthétique

– La musique et les techniques sonores

Avec l'évolution rapide des techniques de son (allègement des équipements sonores, amélioration des micros, généralisation de la postsynchronisation et des play-back), la musique est devenue magique. Invisible, elle surgit de nulle part au moment précis où Cyd Charisse et Fred Astaire esquissent un premier pas de deux.

– La danse et la caméra

Dans la comédie musicale, la caméra, montée sur grue, est tout aussi virtuose que les danseurs. Éclairages, cadrages et mouvements d'appareil épousent les mouvements des danseurs, dynamisent et agrandissent l'espace. Quant au montage, il superpose à la danse et à la musique ses propres rythmes, durées et discontinuités.

Cyd Charisse et Fred Astaire dans Tous en scène *(1953).*

Survivance de la comédie musicale

Le film de « *street dance* » apparaît dans les années 1980 (*Wild Style* de Ch. Ahern, *Beat Street* de S. Lathan), alors que le *hip-hop* et le *breakdance* (ou *b-boying*) se développent aux États-Unis et en Europe. En dépit d'une forme de réalisme liée à des chorégraphies directement inspirées d'une pratique bien réelle et à des scénarios à consonance sociale (les protagonistes, issus de milieux défavorisés, voient dans la danse un moyen possible de se faire une place dans la société), le film de « *street dance* », peu engagé, s'apparente clairement à la comédie musicale : intrigues sentimentales, virtuosité des numéros de danse, de la caméra qui les filme, montage complexe, effets spéciaux (voir la série des *Sexy Dance* en 2006, 2008 et 2010 ou encore *Street Dance 3D* de Max Giwa et Dania Pasquini, 2010).

À l'origine du film : le scénario

Le scénario est constitué d'écrits successifs destinés à devenir un objet regardé et écouté. Le terme scénario est aussi utilisé pour désigner le résumé du contenu d'un film.

De la conception au synopsis

Le tournage d'un film passe préalablement par des phases d'écriture sur papier. Si le film naît de la volonté conjointe d'un producteur et d'un réalisateur, l'écriture est le fait du scénariste. Pour construire le récit, celui-ci peut puiser dans les ressources de son imagination, s'inspirer d'événements contemporains ou passés, de faits divers. L'utilisation de textes littéraires (pièces de théâtre, nouvelles, romans) nécessite une réécriture, des phrases vont être transformées en images, en sons : c'est le travail d'adaptation.

À partir de l'idée initiale, le scénariste rédige un synopsis. C'est un bref résumé du récit, sans le moindre dialogue. Il se présente sous la forme d'un texte dactylographié de une à deux pages.

La note d'intention

Si le financement n'est pas trouvé et pour convaincre un producteur, le synopsis peut s'accompagner d'une note d'intention. Elle a pour objet d'expliciter la finalité du propos et la démarche de réalisation. L'auteur précise le caractère des personnages, la tonalité (comique, fantastique, mélodramatique, etc.). Il précise ses intentions esthétiques, il indique la manière dont il souhaite réaliser ses images (mise en scène, lumières, décors), traiter la bande son (musique, dialogues, bruits).

Le traitement et la continuité

L'histoire établie, il convient de réaliser le traitement, c'est-à-dire de construire l'architecture du film, structurer le récit et organiser l'intrigue dans le détail. Ce texte, d'une cinquantaine de pages pour une fiction de long métrage, reste un récit littéraire, même si les articulations majeures de l'histoire, les grandes unités de narration que sont les séquences, apparaissent.

La continuité dialoguée est la dernière étape littéraire du scénario. Elle comporte environ 100 pages (1 page correspondant à peu près à une minute de film). La construction dramatique est établie définitivement. Chaque séquence est précédée des indications du lieu, des conditions du déroulement de l'action (intérieur/extérieur, jour/nuit, etc.). La continuité se présentait naguère en deux colonnes, l'une pour le visuel, l'autre pour le sonore. Dans la colonne « Visuel » étaient indiquées les actions des personnages, verbes et adverbes étant la base de l'écriture. La manière de rédiger une continuité suggère en effet des images. « Jacques, songeur, sourit », impose ainsi un plan rapproché sur le visage du personnage. Dans la colonne « Son » figuraient les dialogues et les effets sonores recherchés. À ce stade de l'écriture, le scénariste peut s'adjoindre les services d'un dialoguiste ; en effet, le naturel qu'exige le cinéma impose une écriture des dialogues très différente de celle du roman ou du théâtre.

LA BELLE VIE

Yves est recherché par la police depuis dix ans pour avoir soustrait ses deux fils, Pierre et Sylvain, à la garde de leur mère décidée par la justice.

16. Intérieur, soir, bergerie

Sylvain est assis à cheval sur sa chaise, torse nu, face au poêle allumé, silencieux, le visage rouge. Son maillot sèche sur une chaise. La petite radio diffuse une chanson américaine. Assis devant les reliefs d'un repas frugal, Pierre plonge la lame de son Opinel dans un pot de miel. Il tartine une tranche de pain couverte de fromage. Près de lui, immobile, Yves a l'air épuisé : les avant-bras sur la table, il écoute la chanson. Puis, à la fin de la chanson, il se lève et attrape un seau d'eau posé sur le poêle.

PIERRE. C'est bon, je fais la vaisselle. T'es crevé, va te coucher. Sylvain lève la tête, étonné, regarde son frère puis son père.

YVES. Bon ?! Eh bien bonne nuit !

Yves marche jusqu'au seuil de la maisonnette, regarde Sylvain et lui fait un clin d'œil. Sylvain sourit. Pierre ne le regarde pas. Yves quitte la bergerie. Pierre voit l'air surpris de son frère.

PIERRE. Ça va, je suis pas un chien ! Il tient plus debout. Dans deux minutes, il dort.

17. Extérieur, soir, perron de la bergerie, puis pré

Assis en bas des marches du perron, Sylvain s'étire. Pierre sort de la bergerie et, du haut du perron, s'allume une cigarette. Du coin de l'œil, il observe la caravane d'Yves en contrebas. Des éclats de pétards montent de la vallée. Pierre descend les quelques marches et s'assied près de son frère.

PIERRE. T'entends ?

SYLVAIN. Ben ouais.

Le plafonnier de la caravane d'Yves s'éteint. Pierre tire sur sa cigarette et la pose sur une marche. Puis il grimpe les marches et disparaît dans la maisonnette. Sylvain regarde la cigarette qui fume, la prend et tire dessus. Aussitôt, Pierre ressort, tenant dans ses mains licol, rênes et selle de cheval sur l'épaule.

PIERRE. Eh ! Oh !

Pierre descend, lui pique la cigarette et file en direction du pré. Sylvain souffle sa fumée de cigarette et, l'air sombre, le regarde partir vers le pré.

18. Extérieur, soir, prés

Dans le pré, Pierre est déjà grimpé sur Belle-Étoile.

SYLVAIN, *alarmé*. Oh ! Qu'est-ce que tu fous ?!

Pierre tient les rênes et calme la jument.

PIERRE. Ouvre-moi. *(Sylvain hésite.)* Ouvre-moi !

Sylvain ouvre la porte de l'enclos, la referme derrière son frère juché sur Belle-Étoile. Pierre lui tend la main. La jument s'impatiente.

PIERRE. Tu viens ou j'y vais seul ?

Sylvain saisit la main et grimpe. Pierre fait avancer la jument au pas. Elle traverse la prairie.

19. Extérieur, nuit, rue du village

Vision étonnante des frères sur la jument qui avance au pas dans les ruelles d'un village. Pierre descend de cheval. Sylvain hésite une seconde.

Extrait du scénario de *La Belle Vie* (2013), réalisé par Jean Denizot, scénario de Jean Denizot, Frédérique Moreau et Catherine Paillé.

Le découpage technique

Le découpage technique est le stade terminal du scénario. Pour chaque séquence, ce document de travail précise le décor, les costumes, les accessoires, etc. Pour chaque plan, il précise le jeu des acteurs et les indications techniques (cadre, mouvements des appareils, etc.).

Un découpage plan par plan

- Il convient de préparer le document de travail destiné à l'ensemble des collaborateurs, acteurs et techniciens. La succession séquentielle de la continuité est reprise, découpée plus rigoureusement en scènes, avec des indications précises du décor. Chaque scène est découpée en unités de prise de vue, en plans. Chaque plan est numéroté de 1 à *x* (*x* étant le dernier plan du film). Des réalisateurs préfèrent indiquer le numéro du plan après celui de la séquence. Pour chaque plan, la description concise de l'action, les données techniques essentielles, les intentions de mise en scène, les dialogues et les effets sonores sont indiqués.
- Le découpage doit être très précis et d'une grande clarté de lecture pour que les principaux collaborateurs puissent y trouver toutes les informations dont ils ont besoin. Si certains réalisateurs ne peuvent concevoir d'entreprendre le tournage d'un film sans un découpage très strict, d'autres au contraire préfèrent s'accorder une grande liberté d'improvisation au moment du tournage. Il n'y a pas de recette miracle, seulement une conception différente dans l'approche du cinéma. Les deux écoles ont leurs champions de génie : Lang, Kurosawa ou Hitchcock réalisaient un découpage technique très précis ; Renoir, Rossellini, Fellini faisaient confiance à leur inspiration.

Les croquis, les plans, le *story-board*

- Le découpage peut s'accompagner de documents complémentaires. Les croquis, les plans vus du dessus permettent de préciser l'emplacement du décor et du mobilier, les mouvements des acteurs. Les techniciens de l'image et du son peuvent alors concevoir avec précision les contraintes du tournage.
- Le film peut être dessiné plan par plan avant le tournage : cette bande dessinée se nomme le « *story-board* ». Ce document permet de prévoir la durée des séquences, de travailler sur le rythme du film. Il facilite la communication entre le réalisateur et ses principaux collaborateurs. Le décorateur, le costumier, l'opérateur prennent connaissance des désirs du metteur en scène, ils peuvent organiser avec précision leur travail. Les comédiens apprennent leurs déplacements, visualisent les attitudes et expressions, le jeu attendu. De ce fait, le *story-board* permet de gagner du temps lors du tournage et d'économiser de l'argent.
- Si certains réalisateurs ne le considèrent pas comme une étape obligée pour réaliser un film, d'autres l'ont régulièrement utilisé : René Clair, Joseph Losey, Nicholas Ray sont de ceux-là. Hitchcock a systématisé l'utilisation du *story-board* : « Je fais toujours les films sur le papier… Et quand je commence à tourner le film, pour moi il est fini. Si bien fini que je souhaiterais ne pas avoir à le tourner. »
- Dans le cas de la réalisation d'un film avec de nombreux effets spéciaux, la mise en place d'un *story-board* est pratiquement obligatoire.

DÉCOUPAGE TECHNIQUE DE *WOYZECK*

À la lecture de la colonne de gauche du découpage, les acteurs connaissent la demande précise du metteur en scène quant à leurs déplacements, leurs gestes, leurs mimiques attendues pour traduire des émotions.
Les indications de la colonne de droite sont de deux sortes : en gras, elles constituent le texte que doit apprendre l'acteur ; en maigre, elles informent l'acteur de l'environnement sonore qui accompagneront la scène.

SÉQUENCE 14 — EXTÉRIEUR JOUR — CROISEMENT RUELLES

14-10
Plan taille sur le DOCTEUR
Lorsque le DOCTEUR relève la tête, le CAPITAINE a disparu.
Le DOCTEUR, bouche ouverte, encore essoufflé, avec toujours sa main sur le côté.

Inquiétude sur le visage du DOCTEUR.
Soudain, une main s'appuie sur l'épaule du DOCTEUR, ce n'est que le capitaine qui, parti, est déjà de retour.

CAPITAINE
Permettez-moi à moi aussi de sauver une vie humaine, Monsieur le Docteur.

Bruit de déplacement de charrettes au loin.

Le Capitaine fait mine de s'asseoir. Raccord dans le mouvement, le CAPITAINE vient de s'asseoir.

14-11
Plan moyen de profil, le DOCTEUR, face caméra, le CAPITAINE.

CAPITAINE *(un ton plus bas et triste)*
Je suis si mélancolique et même si exalté *(haussant le ton pour prouver son exaltation)* ***et je ne peux m'empêcher de pleurer*** *(émouvant).*

Pendant ce temps, le DOCTEUR reprend des forces, observe minutieusement le CAPITAINE avant de donner son diagnostic.

La cloche de la chapelle de la garnison tinte.

Woyzeck, réalisation Guy Marignane

Le producteur

Le terme « production » désigne l'activité du producteur et, par extension, toute la branche de l'industrie cinématographique liée à l'activité du producteur. Celui-ci décide de produire un film après avoir pris en compte les critères commerciaux, artistiques et financiers qu'entraînera la réalisation.

Le rôle du producteur

Le producteur décide de mettre le film en chantier en fonction de critères commerciaux, artistiques et financiers. Le film étant un produit à vendre, le producteur peut être intéressé par un sujet à la mode, porteur d'actualité. L'accord d'une star du box-office est souvent une garantie de diffusion, donc de production. Le producteur peut se déterminer en fonction de l'originalité du sujet, des intentions visuelles ou sonores, suivant des critères artistiques. Il doit évaluer les moyens financiers nécessaires à la réalisation du projet.

Une des clés de la réussite d'un film est la parfaite entente entre le réalisateur et son producteur. C'est après discussion avec lui que le réalisateur choisit les comédiens pour les premiers rôles. Le producteur s'assure alors de leur disponibilité aux dates du tournage et négocie le montant de leur cachet en fonction du budget prévisionnel.

L'enregistrement du film

Dès que l'auteur a signé le contrat de cession des droits du scénario à la production, le film est enregistré, sous un titre et sous un numéro qui le suivra toute sa vie, au registre public de la cinématographie du Centre national de la cinématographie (CNC). La commission du CNC, constituée par des représentants de producteurs, techniciens, comédiens et des membres de l'administration, contrôle la viabilité financière du projet. Après agrément, la production peut espérer obtenir une aide financière des fonds de soutien.

Le producteur exécutif

Lorsque le budget prévisionnel est bouclé et le film enregistré, la production désigne un producteur exécutif.

Avant le tournage, il établit le plan de financement du film. Il met en place, avec le metteur en scène et ses proches collaborateurs, le plan de réalisation en tenant compte de deux paramètres essentiels : la disponibilité des acteurs et les lieux de tournage. Il signe les accords avec les fournisseurs (laboratoires, studios, décors, etc.). Pendant le tournage, il veille au quotidien au maintien de la production dans le cadre financier du projet. Il libère le réalisateur de tous les problèmes matériels. Après le tournage, il supervise les travaux de laboratoire et de finition.

Le régisseur

Le régisseur assiste le producteur. Il s'occupe des autorisations de tournage, des repérages, en liaison avec le premier assistant. Il gère au quotidien les besoins matériels d'un tournage : location d'un véhicule, des costumes, du matériel, etc. Il se charge de retenir les restaurants, les hôtels, réserve les billets de train ou d'avion.

PORTRAIT DE DEUX PRODUCTEURS : PIERRE BRAUNBERGER ET CLAUDE BERRI

Pierre Braunberger, drogué de cinéma et découvreur de talents

« Je suis un drogué de cinéma, le court métrage est ma drogue douce, le long métrage, ma drogue dure... ». Ainsi s'exprimait Pierre Braunberger, figure marquante du cinéma français. Né en 1905 dans un milieu bourgeois, il décide dès son enfance de se consacrer au cinéma. Le bac en poche, il s'achète une caméra et réalise ses premiers documentaires. Il commence sa carrière de producteur en Grande-Bretagne et aux États-Unis. De retour en France, il se lie d'amitié avec Jean Renoir, c'est le début d'une riche collaboration : *Nana*, *La Chienne*, *Partie de campagne...* En 1927, il crée une maison de production qui finance la plupart des cinéastes d'avant-garde : Man Ray, Germaine Dullac, Luis Buñuel... En 1929, il ouvre une salle de cinéma, « Le Panthéon », qu'il dirige jusqu'à sa mort en 1990. Après la Seconde Guerre mondiale, Braunberger produit des cinéastes d'horizons très divers : Rouch, Rossif, Lelouch... Il est considéré comme l'un des pères de la Nouvelle Vague en aidant Truffaut, Godard ou Resnais.

Pierre Braunberger devant l'affiche de Une partie de campagne *de Jean Renoir.*

Claude Berri, acteur, réalisateur et producteur

De son vrai nom Claude Berel-Langman, il est né en 1934 dans une famille d'artisans juifs. Très jeune, il est attiré par le métier de comédien. Il débute au théâtre avant d'obtenir des petits rôles au cinéma. C'est au début des années 60 que Claude Berri, parallèlement à son métier d'acteur, se lance dans la réalisation et la production. Son premier long métrage : *Le Vieil Homme et l'enfant,* tourné en 1966 avec Michel Simon, est un succès populaire. Il est l'auteur d'autres grands succès : *Jean de Florette, Manon des Sources, Germinal*... Claude Berri a produit jusqu'à sa mort en 2008 plus de soixante films de genres et d'auteurs très différents : de Pialat à Zidi, de Chéreau à Danny Boon en passant par Jean-Jacques Annaud.

Claude Berri et Emmanuelle Béart sur le tournage de Manon des sources, *1986.*

L'équipe de réalisation

Le metteur en scène ou réalisateur est le véritable auteur des images et des sons d'un film. Il est secondé par un premier assistant qui le dégage des problèmes matériels, et une scripte, secrétaire de plateau et véritable mémoire du film ; elle est chargée de veiller à sa continuité.

Le réalisateur

Metteur en scène ou réalisateur ? La critique et le public utilisent régulièrement l'un ou l'autre terme sans savoir qu'ils recouvrent deux facettes d'un travail unique.
Le metteur en scène dirige des acteurs de théâtre sur scène. Le réalisateur semble avoir une fonction plus technique. Les Américains préfèrent employer le terme de *director*. Cependant, tous les deux, à la manière d'un chef d'orchestre, dirigent acteurs et techniciens.

En tant qu'auteur, le réalisateur est le garant de l'unité du film. Il participe à l'écriture du scénario et du découpage technique. Il choisit les acteurs principaux et définit les lieux de tournage. Pendant la réalisation, il met en scène les jeux des acteurs tout en dirigeant les équipes techniques. Après le tournage, il suit les opérations de finition : montage, mixage et étalonnage. Sous sa conduite, une équipe travaille dans un même but : créer un film.

Le premier assistant réalisateur

Le premier assistant est recruté dès le début de la préparation du film. Il est associé à l'écriture, au casting, aux repérages. Il établit le plan de travail après avoir dressé les listes de tous les besoins nécessaires à la réalisation du film.

Pendant le tournage, le premier assistant assure la bonne marche de l'organisation. Il rédige les feuilles de service, qu'il distribue à l'ensemble des équipes la veille du tournage. Ces feuilles détaillent les lieux de tournage, les heures de travail, les plans prévus. Il veille à ce que les aménagements du décor soient réalisés. Sur le plateau, il assure la discipline. Pendant le tournage d'un plan, il prépare tous les éléments nécessaires à la réalisation du plan suivant, dégageant ainsi le réalisateur de tous les problèmes pratiques.

Le premier assistant est parfois secondé d'un deuxième assistant, en général chargé de suivre les acteurs pendant le tournage.

La scripte

Mémoire du film, elle est recrutée avant le tournage. À partir du découpage technique, elle effectue, avec le réalisateur, le minutage de chaque plan et le minutage global du film. Elle veille au bon fonctionnement des raccords entre les différents plans et les prises. Elle s'assure que tous les plans ont été tournés suivant les durées prévues. Elle tient à jour le rapport image destiné au laboratoire, sur lequel elle note les prises que le réalisateur estime bonnes et qui sont donc à développer. Elle rédige le rapport de production qui précise les conditions de déroulement de tournage : incidents, retards, dépassements prévisibles, etc., destiné au producteur. Elle vérifie que le preneur de son tient rigoureusement un rapport des sons enregistrés.

LA DIRECTION D'ACTEURS

De la bride sur le cou...

Le rôle du directeur d'acteurs commence bien avant le tournage, parfois même dès le casting. Ainsi, Bertrand Blier affirme : « La direction d'acteurs se résume à cinq minutes de travail : quand on choisit l'acteur. Si on choisit bien, il n'y a aucun problème, si on se trompe, il n'y a rien à faire. »

Selon sa personnalité, le réalisateur laissera une plus ou moins grande indépendance à ses comédiens.

Olivier Assayas explique, à propos de ses acteurs : « Je les laisse très libres. Je ne vois pas en eux un matériau malléable, mais des coauteurs. Leur visage en dira toujours plus long que je ne pourrai écrire. »

Il rejoint la conception de Claude Chabrol : « Je n'aime pas trop expliquer aux acteurs. Expliquer quoi ? On ne peut pas expliquer quelqu'un. On peut à la rigueur donner des conseils. Au fur et à mesure que les acteurs commencent à jouer, ils rentrent très vite dans les marques de leur personnages ». Cette liberté de l'acteur a des limites qu'Isabelle Huppert résume dans la formule : « Tourner avec Chabrol, c'est comme être un papillon dans un filet. »

... à une pointilleuse directivité

À l'encontre de ce type de réalisateurs, certains metteurs en scène font preuve d'une directivité exigeante. Ainsi Robert Bresson s'efforçait-il d'obtenir de ses « modèles » un jeu dénué de toute intention *a priori*, de toute expressivité psychologique, de tout effet de voix. Il visait, au travers d'un patient travail de répétition (prises multiples) et de soustraction des habitudes de jeu, à gommer tout pseudo-naturalisme, toute théâtralité, pour parvenir à une pure présence du « modèle ».

Cependant, quelle que soit la méthode, la direction d'acteurs est avant tout une relation privilégiée entre les acteurs et le metteur en scène. Si le réalisateur parvient à établir des relations d'estime, d'entente réciproque, il permet alors à l'acteur de se métamorphoser. Sandrine Bonnaire s'écrie, en parlant de ses relations avec le metteur en scène : « Je trouve que les sentiments, c'est ce qu'il y a de plus important, et quand on aime vraiment quelqu'un... moi, je pourrais monter au plafond ! »

Claude Chabrol (1930-2010) concentré sur le travail des acteurs.

Robert Bresson (1901-1999)

Les techniciens son-image

La valeur d'un film dépend avant tout de la qualité de la prise de vue et de la prise de son, d'où la nécessité d'une équipe image et d'une équipe son en permanence sur le plateau. Vu la machinerie déployée, les techniciens employés sont nombreux et hautement qualifiés.

L'équipe image

- Elle est placée sous la direction du chef opérateur image ou directeur de la photo. Il est le responsable du cadre et de la lumière. Avec le réalisateur, il choisit les objectifs de la caméra, les pellicules, l'éclairage. En fonction de ces choix, il détermine le matériel à utiliser. De ce fait, il participe à la définition de la tonalité générale du film.
- Le cadreur, sous sa responsabilité, compose l'image : échelle des plans, angles de prise de vue, mouvements de caméra, etc. Sur un court métrage, le chef opérateur est très souvent en même temps cadreur.
- L'assistant opérateur s'occupe de la caméra, il vérifie le matériel de prise de vue. Pendant le tournage, il est surtout responsable de la netteté de la prise de vue (le point) et de l'entretien du matériel. Il indique à la scripte la consommation de pellicule. Il rassemble, numérote et étiquette les boîtes de pellicules destinées au laboratoire.
- Le photographe de plateau réalise les photos de reportage et celles dites « photographies de plateau », qui serviront à l'exploitation et favoriseront la distribution et la promotion du film.

L'équipe son

- L'ingénieur du son ou chef opérateur du son choisit son matériel en fonction de l'ambiance sonore déterminée par le réalisateur, par sa décision d'enregistrer un son direct ou seulement un son témoin.
- La prise de son doit tenir compte en permanence du cadre choisi et des mouvements de caméra. Le preneur de son doit déterminer la meilleure place du ou des micros et choisir le micro le mieux adapté au plan tourné.
- Le chef opérateur son est assisté par un perchman qui suit le déplacement des acteurs avec un micro fixé à l'extrémité d'une perche pour maintenir la continuité de la prise de son.

Les électriciens et les machinistes

- Ils sont placés sous la responsabilité du chef opérateur. Le nombre de techniciens varie selon l'importance des films et les exigences du scénario. Cependant, tout tournage fait appel à une machinerie importante et spécialisée et, de ce fait, à un personnel qualifié.
- La réalisation de travellings réclame la mise en place de rails ; des mouvements complexes de caméra nécessitent, par exemple, l'utilisation de grues.
- Aussi bien en décor naturel qu'en studio, le cinéma utilise un éclairage spécifique. Les électriciens doivent tirer les lignes électriques pour alimenter les projecteurs et régler ceux-ci en fonction des désirs du réalisateur et du chef opérateur.

DEUX TECHNICIENS PHARES

Antoine Bonfanti : le pape du son direct

Antoine Bonfanti a participé à la réalisation de 400 films. Il a collaboré comme ingénieur du son ou mixeur avec les plus grands réalisateurs français : Jean Rouch, Alain Resnais, Jacques Demy, René Vautier, Alain Cavalier…

Au début des années 60, grâce à la mise au point d'un magnétophone léger, le Nagra, la prise de son se libère des pesanteurs techniques. Jusqu'à cette date, les documentaristes réalisaient d'abord leur bande image avant d'ajouter en studio commentaires, musique et bruitages. En 1962, commence une longue collaboration avec Chris Marker. Dans *Le Joli Mois de mai* ou *La Jetée,* Bonfanti donne ses lettres de noblesse au travail de la prise du son direct. Il est l'un des acteurs essentiel du cinéma direct ou cinéma vérité. De nombreux auteurs de la Nouvelle Vague, en particulier Jean-Luc Godard, vont faire appel à lui pour s'affranchir des contraintes de la post-synchronisation des studios et créer leur univers sonore et narratif propre.

Au moment de la mort d'Antoine Bonfanti en 2006, Chris Marker écrivait : « Pour lui, le son n'était pas une donnée brute qu'on subit et enregistre, à paramètres purement techniques, c'était une force à comprendre, à saisir, à capturer, à apprivoiser, à métamorphoser. »

Nestor Almendros : un maître de la lumière

Né à Barcelone, Nestor Almendros rejoint à l'âge de 18 ans son père, qui a fui la victoire et l'arrivée de Franco au pouvoir. Diplômé de philosophie, il se lance dans des études de cinéma aux États-Unis et en Italie. De retour à Cuba, il réalise ou éclaire une vingtaine de courts métrages. Il est banni par le régime castriste et s'installe en France en 1961. Il devient le chef opérateur attitré de Barbet Schroeder, Éric Rohmer et François Truffaut. À partir de 1978, il se partage entre la France et les États-Unis où il devient le collaborateur de Robert Benton, Alan J. Pakula ou Mike Nichols. Le talent de Nestor Almendros a été récompensé par un césar de la meilleure photographie pour *Le Dernier Métro* de Truffaut (1978) et un oscar à Hollywood pour son travail sur *Les Moissons du ciel* de Terence Malick (1979).

Nestor Almendros avec Eric Rohmer.

Décor, costumes, maquillage

L'atmosphère d'un film dépend non seulement de la qualité de l'image et du son, mais aussi de celle du décor, des accessoires et des costumes.

Le décorateur

Dès l'achèvement du scénario, le chef décorateur intervient dans la préparation du film et devient, de fait, coscénariste. Il doit tenir compte des souhaits, des choix esthétiques du metteur en scène, tout en restant dans le cadre d'une enveloppe budgétaire.

En studio, le décorateur propose, au réalisateur et à la production, des croquis et des maquettes établies à l'échelle (par exemple, au 1/10). Elles permettent de visualiser ce que sera le décor, mais aussi de préparer les déplacements des acteurs, les mouvements de caméra et les éclairages. En extérieur, en décor naturel, des arrangements s'imposent : masquer une bouche d'incendie, un pylône électrique, recouvrir le goudron de paille ou de terre, par exemple.

En France, le chef décorateur assure généralement la direction de la construction des décors. Il dirige une véritable entreprise. Les charpentiers bâtissent les carcasses du décor. Le « staffeur » moule sur les armatures de bois ou de toile un mélange de plâtre, de ciment et de glycérine. Les peintres peignent le staff qui devient un mur de briques, une boiserie du XVIIe siècle, une statue de Michel-Ange. Les menuisiers posent portes et fenêtres, les électriciens installent les lignes.

L'ensemblier et l'accessoiriste de plateau

Le décor terminé, l'ensemblier habille la construction, termine l'arrangement intérieur. Il fait livrer le mobilier issu des réserves du studio, acheté ou loué à des antiquaires, des musées ou des particuliers.

L'accessoiriste place les objets et les bibelots qui finalisent le décor. Il puise pour cela dans les réserves du studio, les loue ou les achète juste pour le tournage. Il s'occupe des petits trucages et doit faire preuve d'ingéniosité.

Le costumier et l'habilleuse

Le costumier doit posséder de solides qualités artistiques et de bonnes références culturelles. Pour un film historique, il crée les costumes et les accessoires qui les accompagnent. Il peut aussi les louer dans des maisons spécialisées. Certaines maisons de haute couture habillent les acteurs vedettes contre une simple citation au générique du film.

L'habilleuse surveille, regroupe et entretient les costumes des comédiens.

Le maquilleur et le coiffeur

Les maquilleurs préparent le visage des acteurs à affronter les éclairages. Ils se chargent des effets spéciaux : blessures, vieillissement, etc.

Les coiffeurs mettent en forme la chevelure des comédiens. Dans le cas d'un film historique, ils se chargent d'installer et d'entretenir perruques et postiches.

Minnelli : le talent en tout

Minnelli était un réalisateur qui ne laissait rien au hasard, un grand travailleur s'impliquant entièrement dans ses films, choisissant les décors, les costumes, le moindre objet. Minnelli savait unir dans un film toutes les formes artistiques. Ses films sont riches de références à la peinture, la musique, la danse, la littérature, le cinéma et le théâtre.

Dans *An American in Paris*, le décor s'inspire d'une série de tableaux de peintres français. Le ballet s'ouvre dans l'univers de Dufy, se continue dans le marché aux fleurs de Renoir, dans une rue déserte d'Utrillo, traverse le parc zoologique du douanier Rousseau. Gene Kelly devient « Chocolat Dansant » et côtoie « La Goulue » et « Valentin le désossé » de Lautrec.

Les dernières minutes d'un film mythique.

An American in Paris s'achève sur un splendide ballet interprété par Leslie Caron et Gene Kelly, au milieu des changements de scènes, de décors, de costumes (plus de 500). Ce ballet, dont Gene Kelly a signé la chorégraphie sur une musique de George Gershwin, est la projection des rêves du héros, peintre de son état, et traduit ses états d'âme : ses désirs, ses espoirs, ses joies, ses peines.

Gene Kelly (photo de droite) devient le « Chocolat dansant » (ci-dessus) de Toulouse-Lautrec.

Les comédiens

Depuis Hollywood, le cinéma de fiction repose sur les acteurs. La presse, la publicité ont créé et encouragé le *star-system*. Aujourd'hui, les vedettes, les stars participent grandement au succès public d'un film. Mais un film se fait aussi avec des seconds rôles, des figurants et des cascadeurs que l'on appelle, à tort, les « obscurs ».

L'acteur au cinéma

- Le cinéma a emprunté au théâtre le jeu des comédiens. Cependant, la position du spectateur et le travail du comédien présentent des différences.
- Au théâtre, le spectateur est invité à suivre dans la continuité les personnages de la pièce. Il regarde sur scène les comédiens dans leur décor.
- Au cinéma, le spectateur adopte le point de vue du metteur en scène qui l'amène à déchiffrer dans le regard, sur le visage des comédiens, les pensées du personnage. Le jeu s'en trouve très fortement intériorisé. L'acteur de cinéma ne bénéficie pas de la réaction du public. Le film ne se tourne pas dans la continuité temporelle. Chaque scène découpée en de multiples plans et de multiples prises oblige le comédien à interpréter plusieurs fois la même situation et à retrouver chaque fois l'émotion juste. Ce n'est que tardivement qu'il connaît les résultats de son travail, lors de la projection.

La star

- Longtemps le cinéma, en particulier celui d'Hollywood, a mis en valeur l'acteur, l'a glorifié : ainsi naquit la star, dont le metteur en scène ne semblait être qu'un faire-valoir.
- Le *star-system* divinise l'acteur, le magnifie et lui confère un statut mythique qui exerce une fascination sur le spectateur. Il est, aux yeux de son public, un véritable héros, paré de toutes les vertus, à l'écran comme dans la vie privée. La star est également le reflet de son époque dont elle incarne bien souvent les aspirations.

Les seconds rôles et les obscurs

- Les premiers rôles étant distribués, le directeur de casting complète la distribution en contactant des agents artistiques, en compulsant des recueils de photographies, en visionnant des cassettes vidéo ou en utilisant ses relations. Il se charge de négocier l'engagement des seconds rôles et des figurants.
- Le cinéma français a longtemps donné la part belle aux seconds rôles. La qualité de la production des années 30 et 40 tient en partie aux rôles et aux interprétations de Pauline Carton, Jeanne Marken, Carrette, Robert Le Vigan, Raymond Bussière entre autres. Quelques-uns ont pu accéder au premier plan comme Louis de Funès ou Michel Serrault.
- La production fait appel au service de cascadeurs professionnels. Suivant le type de films, le directeur de casting engage des professionnels très divers, du maître d'armes au dresseur d'animaux en passant par un chorégraphe ou un chanteur d'opéra.
- Le cinéma fait aussi appel à un plus ou moins grand nombre de figurants recrutés souvent par le système des « Petites annonces ».

PORTRAITS DE STARS

Ingrid Bergman

Ingrid Bergman est née à Stockholm en 1915. C'est là qu'elle débute au Théâtre royal à l'âge de 17 ans et devient rapidement une des actrices les plus en vue du cinéma suédois.
En 1939, Selznick l'appelle à Hollywood où l'actrice commence une carrière de premier plan. Elle tourne avec les plus grands réalisateurs et incarne tour à tour des personnages idéalisés comme dans *La Maison du Dr Edwardes* (Hitchcock, 1948), ou ambigus : *Hantise* (Cukor, 1944), *Casablanca* (Curtiz, 1942).
En 1949, elle choisit de tourner avec Rossellini qu'elle admire en tant que réalisateur et qu'elle épousera. Elle renonce ainsi à son statut de star. Rossellini filme sans artifice la femme étrangère dans l'Italie des années 50 avec *Stromboli*, 1951 ; *Europe 51*, 1952 ; *Voyage en Italie*, 1953.
Elle quitte Rossellini pour terminer sa carrière à Hollywood. Les rôles qu'elle obtient n'ont peut-être pas le lyrisme des années 40. Cependant, sa carrière cinématographique, après son retour en Suède, trouve, en 1977, un couronnement avec *Sonate d'automne,* d'Ingmar Bergman.

Leonardo Di Caprio

Leonardo Di Caprio est né à Los Angeles en 1974. Il débute très jeune à la télévision et au cinéma. À l'âge de 19 ans, il est nommé pour l'Oscar du meilleur second rôle pour son interprétation dans le film de Lasse Hallstom, *Gilbert Grape*. C'est avec *Romeo + Juliette* (1996), une adaptation moderne et originale de la pièce de William Shakespeare, que Di Caprio obtient son premier grand rôle. Le succès planétaire de *Titanic* (1997) de James Cameron le propulse au rang de star internationale.
Il devient, dans les années 2000, l'acteur fétiche de Martin Scorcese qui lui confie des rôles très variés dans *Gangs of New York* (2002), *Aviator* (2004), *Les Infiltrés* (2006), *Shutter Island* (2010) *ou Le Loup de Wall Street* (2013).
Di Caprio a tourné avec les plus grands metteurs en scène américains : Christopher Nolan (*Inception*, 2010), Clint Eastwood (*J. Edgar,* 2011), Quentin Tarantino (*Django Unchained*, 2013) ou Alejandro Gonzales Inarritu (*The Revenant*, 2015).
L'acteur est aussi un homme très engagé dans la vie politique américaine, un soutien fervent du président Obama et un militant de la défense de l'écologie.

Leonardo di Caprio dans Les Infiltrés, *M. Scorcese, 2006.*

La préparation du tournage

Les choix techniques et artistiques définis, le casting bouclé, le tournage peut commencer. Cependant, avant que ne résonne le traditionnel : « Silence, on tourne ! », une préparation minutieuse est nécessaire. Elle permet d'établir un plan de travail rigoureux pour les acteurs et les techniciens.

Les dernières autorisations

Le directeur de production ou producteur exécutif prépare le dossier d'agrément auprès du Centre national de la cinématographie (CNC). Une commission du CNC contrôle la viabilité financière du projet. Elle est constituée de représentants de producteurs, techniciens, comédiens et de membres de l'administration. La commission vérifie la conformité des conditions de travail aux conventions collectives de la profession. Avec l'agrément, la production peut espérer obtenir une aide financière des fonds de soutien.

Le dépouillement

En se basant sur le découpage technique, le réalisateur établit, pour chaque scène, la liste des besoins nécessaires à sa réalisation : le nombre de personnages (principaux, secondaires, figurants), les divers lieux de tournage, les décors, la quantité de costumes et d'accessoires. Ce dépouillement lui permet de faire établir des devis précis qui l'aideront dans sa négociation avec le directeur de la production. C'est au vu de ce travail, par exemple, que seront décidées les scènes tournées en décor réel et celles tournées en studio, et donc le nombre de décors à construire.

Les repérages

Le réalisateur et son premier assistant, en liaison avec le producteur exécutif, procèdent aux différents repérages des lieux de tournage extérieur. Le chef opérateur, le décorateur et l'ingénieur du son sont amenés à exprimer leur avis sur les lieux retenus.

Le plan de travail

- La durée du temps global de tournage est précisée en fonction de la disponibilité des acteurs, de la possibilité d'accès aux studios et de la saison choisie. En studio ou en intérieur réel, les heures de tournage sont généralement fixées entre 12 h et 19 h 30.
- En extérieur, la prise de vue dépend de la durée du jour et de l'intensité de la lumière. En hiver, le travail ne peut commencer avant 9 h et il doit s'achever à la nuit tombante, vers 17 h, avec une courte pause dans la journée. En été, la journée commence plus tôt et s'achève plus tard, la pause est plus longue. Elle est rendu nécessaire quand le soleil est au zénith entre 12 h et 15 h. Ce sont les lumières latérales qui permettent les plus beaux contrastes.
- Le premier assistant prépare le plan de travail qui se présente généralement sous la forme d'un tableau. Les jours de tournage sont placés en abscisse ; en ordonnée sont indiquées les charges de réalisation : plans à tourner, acteurs à convoquer, décors, accessoires…

EXEMPLE D'UN PLAN DE TOURNAGE

Period 1 SEMAINE DU 26 AU 31 AOUT

CO-PROD : FEUX & ANGES S.A - CINEDIA
KHANAOS (PARIS)
SEPTIMANIA FILMS (BARCELONE)
FRIEDLANDER PRODUKTION (HAMBOURG)

Title « **WOYZECK** » P.D.T N° 2 AU : 1/07/91

Director GUY MARIGNANE

DIR. DE PROD. FANNIE SCHMIDT

Asst. Dir. : JC DELPIAS / DIR. PHOT. : S. GUEZ

6 SEMAINES DE TOURNAGE
EN FRANCE ET ESPAGNE
EXT. SALSES - SALAGOU - PEZENAS

Character	Artist	No.	EXT. DOCTEUR	EXT. CAPITAINE	CROISEMENT RUELLES	CROISEMENT RUELLES	CROISEMENT RUE	CROISEMENT RUE	EXT RUE	INT. CAPITAINE	INT. DOCTEUR	INT. MARCHAND	INT. CASERNE
Day or Nite					AM	■	AM	A.M	AM				■
Period							1J	1J	1P.	1/2J	1J	1/2J	1/2J
Sequence			8A	12A	14	19	14	14A	15A	12	8	24	25
HORAIRES			12/19h30				12/15h30	12/19h30		12/19h30	12/19h		
WOYZECK	G. MARCANTOGNINI	1	1			1	(1)	1	1	1	1	1	1
MARIE	A. SCICLUNA	2											
KARL	T. MELET	3											
ANDRES	M. BODNAR	4				4							4
CAPITAINE	M. LONSDALE	5					5	5		5			
DOCTEUR	J.P SENTIER	6		6	6		6	6			6		
BONIMENTEUR	G. LAZURE	7											
MARCHAND	A. PIGOT	8										8	
TAMBOUR MAJOR		9		Dg									
GRANDMERE		10											
MARGUERITE	E. VÖRÖS	11											
PROST. FOIRE		12											
E#1	A. MANOURI	13											
E#2	N. SERVAN	14											
AVEUGLE		15											
		16											
FEMME EGLISE	C.I. COTTENCEAU	17											
DANSEUSE		18											
LILLIPUTIEN		19											
CRACHEUR FEU		20											
JOUEUR D'ORGUE		21											
CHANTEUSE ORGUE		22											
TAMBOURS CHEVEULUS	= 4	23											
NAINS + BOYS = 4		24											
REINE FOIRE	A. ZAMBERLAN	25											
HOMME BAGARRE	CASCADEUR	26											
		27											
TRAPEZISTE		28											
VIOLONISTE	R. COHEN-SOLAL	29											
NAINS CHAPIT.	X3	30											
5 MUSICIENS		31											
RENFORT MAQ/COIFF/HAB		32											
DOUBLURE TAMBOUR-MAJOR		33		D									
		34											
REGLEUR CASCADE		35											
FIGURATION	HOMMES	36	1										
	FEMMES	37											
	ENFANTS	38											
SFX		39			B+V		B+V	B+V					
GRUE		40				G							
STEADYCAM		41											

Le tournage

Un ordre strict préside à la journée de tournage. Aux répétitions des acteurs et aux réglages techniques succède le tournage proprement dit. La fin des prises de vue ne signifie pas la fin de la journée de travail pour l'ensemble de l'équipe du film, le visionnement des rushes en soirée étant un des moments le plus important de la journée.

Le prêt à tourner

Enfin arrive l'heure du premier tour de manivelle, du PAT (prêt à tourner). Le réalisateur explique avec précision ce qu'il attend de la prise à venir. Il expose le jeu attendu, il précise le cadre, les effets de son et de lumière. La scripte note soigneusement tous les détails de la mise en place. Les répétitions peuvent commencer, la prise est simulée. Le réalisateur décide de la fin des répétitions lorsqu'il estime que tous les problèmes artistiques ou techniques semblent résolus.

« Silence, on tourne ! »

Le premier assistant demande le silence, en studio s'allume le rouge qui interdit l'accès au plateau, un coup de klaxon retentit. Le silence s'établit.
« Moteur ! lance le réalisateur.
– Ça tourne, répond l'ingénieur du son.
– Annonce ? » demande le cadreur qui vient de mettre en route sa caméra. Le clapman s'avance, présente sa claquette (le clap) devant l'objectif. Il annonce d'une voix haute et intelligible le titre du film, le numéro du plan et de la prise :
« Faire un film ! plan 1 ! prise 1 ! »

Le clapman ferme d'un coup sec la claquette, avant de sortir du champ. Cette opération permet, au moment du montage, le synchronisme du son et de l'image enregistrés séparément. « Action ! » crie le metteur en scène. La scripte déclenche son chronomètre.

Après chaque prise, le réalisateur consulte ses principaux collaborateurs pour leur demander leurs impressions. La prise est recommencée autant de fois que le réalisateur l'exige, en suivant le même rituel.

Après le tournage

Les techniciens procèdent minutieusement au rangement de leur matériel. L'assistant réalisateur distribue les feuilles de service du lendemain. Le metteur en scène et la scripte récapitulent le nombre de plans tournés, les cochent sur le découpage et le plan de travail. Ils font le point sur le minutage utile. La scripte termine son rapport de production.

L'assistant opérateur range la pellicule, étiquette chaque boîte. Il vérifie avec la scripte le rapport image, les prises à développer par le laboratoire. Celles-ci sont notées, encerclées sur le rapport. L'assistant se charge alors de remettre les pellicules à la production, qui les envoie au laboratoire. L'ingénieur du son établit son rapport son avec la scripte.

En soirée, le réalisateur et les principaux collaborateurs vont visionner les plans tournés et développés la veille ou l'avant-veille. Le visionnement des rushes est important, il permet de constater les résultats d'une journée de tournage qu'il est de toute façon difficile de remettre en cause.

LA FEUILLE DE SERVICE

La veille du tournage, le premier assistant distribue la feuille de service à chaque collaborateur. Elle comporte le lieu, l'heure de convocation, la liste des costumes et accessoires. Deux heures avant le début du tournage, les décorateurs achèvent la mise en place du mobilier, des accessoires. Le chef opérateur contrôle l'implantation des projecteurs et procède à leur réglage avec le chef électricien. Les techniciens son se mettent en place. Les acteurs sont confiés au maquillage, à la coiffure, puis à l'habillage.

Feuille de service du : *30/09/95 et 01/10/95*

Production : *Australis Production*
Tél : *90 60 59 73*
Lieu de rendez-vous : *Gare d'Avignon*

Film : *NUIT*

Horaire : *9 h 30*

Jour de tournage : *30/09/95 et 01/10/95*

Pause : *13 h à 14 h ; 21 h à 22 h, 4 h à 4 h 30, 10 h à 10 h 45*

Lieu de tournage : *Auberge d'hôtes à Vedène.*

Décor : *La chambre Moufida, la cage d'escalier et le hall*
Plans à tourner : *Tous*
Ambiance : *Nuit d'été*

Séquence : *Toutes*
Lumière : *Nuit*

Acteurs : *Fatiha Atmani*

Rôles : *Moufida*

Costumes : *Robe traditionnelle*

Maquillage : *Fond de teint chair très clair, fond de teint chair très foncé, colle à postiches.*

PAT : *22 heures*

Figuration : *Oui*

Femmes :

Hommes : *40 hommes barbus, habillés de gandouras blanches et coiffés de chéchias ; sous les gandouras jeans et baskets (Nike, Reebok,...)*

Enfants :

Décor et accessoires : *Chambre, bibliothèque, livres, disques, tableau nu, télé, table de chevet, lampe de chevet, livre de Mimouni, voile, voile noir, réveil, couteaux, bureau, petit tableau, table basse, fauteuils.*

Effets spéciaux : *Transpiration, barbes postiches, ventilation.*

Image : *Caméra Aaton 16 mm + objectifs*

Son : *Nagra + micro Sennheiser demi-canon + perche + suspension + bonnette + morceau de moquette.*

Éclairage : *1 HMI 2500/20 Mandarines 800 et 1000.2 m 1/2 80 et 1/4 80 (Gélat) 3 petits barracudas, 4 moyens et 3 grands avec rallonge.*

Machinistes : *1 électro.*

Véhicules, animaux :

Régie : ....
....
....
....

Observations : ....
....
....
....

Le montage et le mixage

Les images et les sons enregistrés au cours du tournage sont des éléments isolés qu'il convient d'assembler et d'organiser suivant la chronologie du découpage technique. Le montage des images et le mixage des sons donnent au film sa forme définitive.

La préparation du montage

- La première étape consiste, pour le monteur, à visionner tout ce qui a été tourné : il procède au dérushage. Dans les prises enregistrées – les *rushes* – il choisit celles qui seront conservées pour le montage. Le choix tient compte des observations du rapport effectué par la scripte lors du tournage.
- Lorsque le son et l'image ont été enregistrés séparément, le monteur synchronise les deux bandes. Cette opération est favorisée par l'enregistrement du clap au début de chaque prise.
- Les *rushes* sélectionnés sont montés dans l'ordre du découpage technique. Le monteur réalise un bout à bout qui ne tient compte ni de la longueur du film, ni de son rythme. Cette version non dégrossie du film est généralement nommée « l'ours ».

Le montage image

- À partir de l'ours, le véritable travail de montage commence. C'est une lente opération de dégrossissage et d'assemblage qui peut donner au film toutes ses richesses ou compromettre toutes ses qualités.
- Le monteur et le réalisateur construisent la narration, ils fixent les raccords entre les plans et les séquences, ils donnent au film son rythme. Le montage n'est pas une simple opération technique, c'est avant tout une véritable phase de création artistique.
- À la fin de cette étape, le réalisateur et la production organisent une projection ouverte à un public restreint, pour tester sa réaction. À la suite de cette projection, il est décidé de retravailler l'image ou de passer au mixage.

Le montage et mixage son

- Il est le plus souvent effectué par une équipe différente. Les sons enregistrés lors du tournage, destinés à être conservés, sont nettoyés de tous leurs parasites. Leurs bruits non souhaités sont gommés, les niveaux sonores égalisés.
- Aux sons directs viennent s'ajouter progressivement d'autres bandes-son : voix off, raccords de dialogues, bruitages, musiques... On peut compter plus d'une dizaine de bandes sonores pour un film de long métrage.
- Le mixage consiste à fusionner les différentes pistes sonores, en une piste unique dans le cas d'un son mono, ou en pistes parallèles dans le cas d'un film diffusé en stéréo. Le mixeur doit respecter scrupuleusement les points d'entrée et de sortie des sons tels qu'ils ont été prévus au montage. Il assure un mélange équilibré des bandes en intervenant sur chacune d'entre elles, sur son volume, sa tonalité, etc.
- Pour des films destinés à l'exportation, on réalise une version internationale, c'est-à-dire une copie du film comportant seulement les bruits et la musique. Les diffuseurs étrangers font postsynchroniser les dialogues.

PROFESSION : MONTEUR

Une opération technique

Aujourd'hui, les films sont montés sur ordinateur. Si le film a été tourné sur un support argentique, les *rushes* sont transférés sur le disque dur d'un ordinateur. Le montage, le mixage et les effets spéciaux sont réalisés à l'aide de logiciels performants. Les variations de couleur, de lumière, de contraste, d'intensité sont étalonnées. Lorsque le film est achevé, il est exporté sur une bande magnétique qui constitue « le *master* », la version finale du projet.

Une opération artistique

Le travail de montage consiste à rendre les intentions du réalisateur visibles sur l'écran. Le monteur apporte un œil neuf sur les images tournées. En France, le chef monteur est généralement choisi par le metteur en scène. Il propose les coupes, le rythme, voire des modifications dans la construction narrative. Il participe en fait à l'écriture définitive de l'œuvre. Aux États-Unis, le producteur peut jouer de son droit de *final cut,* c'est-à-dire que le film peut être entièrement monté sans l'avis du réalisateur !

Le montage de *La vie d'Adèle* d'Abdellatif Kechiche

Lorsque les réalisateurs tournent en argentique, ils doivent limiter leur nombre de prises de vue. Ils sont soumis à des contraintes économiques liées aux prix de la pellicule et de son développement. Le tournage en numérique modifie radicalement les données. Le montage peut devenir l'étape la plus longue de la réalisation du film. Ainsi, pour *La Vie d'Adèle*, Kechiche a tourné 700 heures de *rushes* réduites à une durée de 3 heures et pas moins de sept monteurs ont collaboré à la création du film.
Le film, palme d'or au festival de Cannes en 2013, a obtenu le césar du meilleur montage pour Camille Toubkis, Albertine Lastera, Jean-Marie Lengelle, Ghalya Lacroix.

Table de montage traditionnelle aujourd'hui disparue au profit d'ordinateurs.

La production

La production en France apparaît peu concentrée. Elle dépend de plus en plus du financement des chaînes de télévision, contrôlées par de grands groupes de communication.

La production cinématographique

Chaque année, plus de 200 films sont produits en France. Les films d'initiative française, c'est-à-dire ceux financés uniquement ou majoritairement par des capitaux français, représentent environ 80 % du total de la production. Les autres films sont réalisés en coproduction internationale, les sociétés françaises apportant un capital minoritaire.

Les sociétés de production

- Les sociétés de production apportent directement un tiers du financement des films d'initiative française. La production est un secteur peu concentré. On compte environ cent cinquante sociétés de production en activité. Deux sociétés sur trois ne produisent qu'un film par an.
- Quelques entreprises jouent un rôle plus important, en finançant annuellement plus de cinq films. Gaumont et EuropaCorp financent généralement des films dont les budgets sont très largement supérieurs au budget moyen des films français. Ces productions reposent sur le vedettariat et le *star-system*.
- Une dizaine de maisons de production indépendantes sont particulièrement actives. Elles disposent de budgets moyens, et font souvent preuve de rigueur et de créativité. On peut citer parmi ces sociétés : Why Not Productions, Haut et Court…

L'apport de la télévision

- Le poids des chaînes de télévision dans le financement des films d'initiative française est équivalent à celui des sociétés de production. Les chaînes interviennent de deux manières :
  - elles peuvent investir directement par le biais de sociétés de production qu'elles contrôlent ;
  - elles participent au montage financier par le biais de préachats, afin d'obtenir l'exclusivité de diffusion des films sur leur antenne.
- Les chaînes en clair participent à la mise en chantier d'un film sur deux. Les chaînes publiques (France 2, France 3, France 4, Arte) sont les acteurs principaux, aussi bien pour le nombre de participations financières que pour le volume des montants investis.
- Les chaînes cryptées (Canal+, Ciné+, Orange CS, TV5) jouent un rôle considérable dans la production cinématographique française. En intervenant dans la production de six films sur dix, elles alimentent leurs programmes. Canal+ joue un rôle incontournable dans le système de la production française, puisque la chaîne est impliquée dans la mise en chantier d'un film sur deux, aux devis très variés.
- Les films qui ne bénéficient pas de l'apport financier de la télévision, soit environ 20 % de la production globale, sont très largement des films à budget réduit.

HAUT ET COURT

Haut et Court est une société indépendante de production et de distribution créée en 1992 par Carole Scotta. Elle s'est vite imposée dans le paysage cinématographique français.

Les étapes du développement

En 1993, Haut et Court se lance dans la distribution de cinéastes indépendants inconnus en France (A. Anders, A. Cox, J. Jost...) sous le titre *Inédits d'Amérique*. Le succès commercial de l'opération permet à la société de se lancer dans la production d'une vingtaine de courts métrages et de son premier long métrage en 1996 avec *Ma Vie en rose* d'Alain Berliner, récompensé par le Golden Globe du meilleur film étranger en 1998. À son initiative et en partenariat avec Arte, Haut et Court produit la série *2000 vu par...* qui permet à dix cinéastes de dix nationalités différentes d'exprimer leur vision du passage à l'an 2000.

Une société de distribution

À ce jour, Haut et Court a distribué plus de cent cinquante films français ou étrangers. Certains d'entre eux ont été primés dans de grands festivals internationaux, comme *Bloody Sunday* de Paul Greengrass (Ours d'Or à Berlin en 2002) ou *Depuis qu'Otar est parti* de Julie Bertuccelli (grand prix de la semaine internationale de la critique à Cannes en 2003, césar du meilleur premier film en 2004), et, plus récemment, *Louise Winner* de Cyril Mennegun, césar du premier film en 2012.

Une société de production

Haut et Court produit de un à deux films par an. La société a permis de révéler de jeunes talents, produisant les premiers films de metteurs en scène (B. Bonello, R. Campillo, E. Deleuze ou G. Marchand...) remarqués dans les festivals internationaux. La carrière de Laurent Cantet est totalement liée à Haut et Court : en effet, la société lui permet d'être le réalisateur qui présente le regard français dans la série *10 cinéastes pour 10 pays*. Haut et Court produit son premier long métrage : *Ressources humaines* (césar du premier film en 2001), puis *L'Emploi du temps* (primé à Venise en 2001), *Vers le sud*, *Entre les murs* (Palme d'or du festival de Cannes 2008), *Foxfire, confessions d'un gang de filles* (2013).

Haut et Court s'est lancé dans la fiction télévisuelle en partenariat avec Arte, pour la série *Xanadu* et *Silex in the City*, et avec Canal+ pour *Les Revenants* et *Sanctuaire*.

L'exploitation en salle

Depuis 2010, Haut et Court a acquis des salles dans Paris, celles du Nouvel Odéon et du Louxor.

Retour à Ithaque, *Laurent Cantet, 2014.*

Le financement

Rassembler les fonds nécessaires à la réalisation d'un film est la première étape dans la mise en chantier d'une production. Elle incombe au producteur. Les coûts sont souvent variables et les montages financiers très complexes. La télévision est devenue en quelques années, un partenaire financier incontournable.

Un coût variable

Le budget moyen d'un film de fiction était, en France, ces dernières années, de 5 millions d'euros pour huit à dix semaines de tournage. Cependant, le coût d'un film varie de quelques centaines de milliers d'euros à quelques dizaines de millions, selon la distribution, l'importance de l'équipe technique, la durée et les conditions du tournage.

Un montage financier souvent complexe

Il est rare qu'une société de production possède la totalité des capitaux nécessaires à la mise en œuvre d'un film. La majeure partie des films se réalise donc sous forme de coproduction. L'appel au crédit bancaire, les avances consenties par les studios, les laboratoires, la participation de techniciens ou d'interprètes, sont des recours obligés pour de nombreux films à petit budget.

Incontournable télévision

La télévision occupe une place essentielle dans le financement du cinéma. Les chaînes en clair ou cryptées (Canal+, Ciné+, Orange, TV5) réalisent souvent leurs meilleures audiences lors de la projection de films. De fait, elles sont amenées à investir dans un secteur qui n'est pas concurrentiel. La télévision participe à plus de la moitié des films réalisés en France et assure environ un tiers du financement. Il paraît difficilement envisageable de produire un film à moyen ou à gros budget sans l'engagement financier d'une des grandes chaînes.

Les aides

- La France présente l'originalité de posséder, à travers le CNC, un organe de régulation unique au monde et un instrument performant pour le renouvellement créatif. Le CNC favorise la production par un système d'aides à l'écriture et à la réalisation de premier ou deuxième film. Il participe aussi, grâce à des avances sur recette, à la mise en chantier de films plus importants.
- Pour inciter les productions à venir tourner sur leur territoire, certaines régions (Rhône-Alpes, Languedoc-Roussillon, en particulier) apportent un soutien financier non négligeable.
- Dans le cas d'une coproduction entre trois pays européens, le film peut recevoir des aides de la Communauté européenne. Il faut alors à la fois bâtir un plan de financement et établir une distribution avec des partenaires de diverses nationalités.
- Les producteurs peuvent espérer l'aide financière de sociétés spécialisées (Sofica), gérées par des organismes bancaires et financées par des entreprises qui investissent, dans la production cinématographique, des sommes déduites de leur imposition.

AVATAR : UN ÉVÉNEMENT

Douze ans après le triomphe de *Titanic*, James Cameron pulvérise les records du box-office avec *Avatar*.

Des innovations technologiques

Le projet de réaliser *Avatar* date du début des années 1990. Cameron attend plus de quinze ans et des progrès technologiques significatifs avant de mettre en chantier son film. Pour obtenir une alliance parfaite entre images de synthèse et prises de vue réelles, Cameron utilise trois découvertes essentielles.

Les acteurs sont équipés de casques surmontés de caméras qui filment chaque expression du visage. Les images sont analysées informatiquement et reconstituées en 3D, ce qui donne une expression humaine aux créatures d'*Avatar*. Cameron utilise une caméra virtuelle, puisqu'elle ne filme pas d'une manière conventionnelle, mais permet au réalisateur de visualiser les personnages créés en image de synthèse dans un univers virtuel. Enfin le réalisateur recourt à une nouvelle caméra qui permet d'améliorer la qualité de l'image en relief.

La promotion

Avatar a bénéficié d'un des plus gros budgets de l'histoire du cinéma, aussi bien pour la production (environ 300 millions de dollars), que pour sa promotion, proche de 200 millions. Six mois avant la sortie du film, les premières photos sont publiées dans la presse, puis des bandes-annonces et des extraits du film circulent sur Internet. Coca-cola Company lance conjointement avec la production une campagne mondiale de promotion. Quelques semaines avant la première projection, des livres d'*Avatar* pour adultes ou pour enfants sont sur les rayons des librairies américaines. Personne n'ignore l'existence d'*Avatar*. La distribution du film est quasi simultanée dans plus de 100 pays, sur 14 000 écrans dont un quart projette le film en 3D. La rentabilité du film est assurée en quelques jours.

Un succès et des conséquences économiques

Le film est devenu le plus gros succès de tous les temps, en particulier grâce aux recettes générées par les projections 3D (le prix d'une place pour un film en 3D étant plus élevé que pour une projection classique). La réussite d'*Avatar* et l'annonce de grandes productions 3D en chantier poussent les salles de cinéma à accélérer leur équipement en numérique et en 3D. Les industriels de l'électronique, en particulier Panasonic (partenaire du film), comptent sur le succès planétaire du film pour accroître leurs ventes de matériel de télévision 3D.

Le studio

Le studio est né avec le cinéma. C'est un lieu où sont concentrés tous les services exigés par un tournage et qui permet de limiter les risques, de maîtriser les difficultés en mettant tout ce qui est nécessaire à portée de main. La baisse de fréquentation des salles, de nouvelles conditions de tournage ont sonné le glas de nombreux studios.

Le studio : un microcosme

- Le studio est un centre de production qui permet de réunir en un seul lieu tout ce qui est nécessaire à la réalisation d'un film.
- Sur le plateau, la production peut disposer d'un matériel son et lumière. Des ateliers de menuiserie et de peinture permettent la réalisation des décors. L'ensemblier, l'accessoiriste et le costumier peuvent puiser dans les entrepôts pour compléter la décoration. Des loges pour le maquillage et la coiffure sont mises à la disposition des acteurs. Le réalisateur peut terminer son film dans les salles de montage et les auditoriums de mixage. La concentration de tous ces services permet un gain de temps et d'argent appréciable.
- Le studio permet aussi à l'équipe de maîtriser les imprévus, de ne pas être tributaire des intempéries et de pouvoir réaliser des trucages au tournage et au montage.

Le développement des studios

- Dès la naissance du cinéma, les réalisateurs ont senti la nécessité de disposer d'un lieu de tournage. Le premier studio naît avec Georges Méliès, qui crée dans son jardin de Montreuil-sous-Bois, un théâtre cinématographique (1896). Là, il tourne des dizaines de films dans des décors de toiles peintes à la main.
- Rapidement, les studios se développent à proximité de Paris, lieu de décision économique. La société Pathé s'implante à Joinville, Gaumont va aux Buttes-Chaumont, les studios Éclair s'installent à Épinay-sur-Seine. Billancourt devient le lieu de rencontre des cinéastes les plus marquants de l'entre-deux-guerres : Abel Gance, Marcel Carné, Jean Grémillon, Jean Renoir, etc.
- En province, les studios se développent en bordure de la Méditerranée. Les cinéastes cherchent à profiter d'un climat plus clément. Marcel Pagnol crée à Marseille les studios de la Phocéa Film, où il tourne une grande partie de son œuvre : *Marius, Fanny, César, Regain, La Fille du puisatier*. Il se trouve à proximité des paysages d'Aubagne qui sont le cadre d'une partie de ses films. Le studio de la Victorine, dans la région niçoise, est le seul à avoir perduré.

Le recul des studios

De nombreux studios ont dû fermer leurs portes. Cette crise a deux causes complémentaires. D'une part, la crise générale du cinéma, qui s'est traduite par une baisse de la fréquentation des salles, a amené les producteurs à réduire le coût de la fabrication des décors. D'autre part, certains réalisateurs, en particulier ceux du Néoréalisme et de la Nouvelle Vague, en voulant se dégager de la « dictature » des techniciens, ont cherché un nouveau réalisme en travaillant, en extérieur, dans des décors naturels.

LES STUDIOS

La Victorine

La création des studios niçois remonte à 1919. La paternité en revient à deux cinéastes : Louis Nalpas et Serge Sandberg. La crise économique de 1929 et l'arrivée du parlant frappe durement les studios qui sont menacés de fermeture à la veille de la seconde guerre mondiale. Mais l'invasion de la France, l'occupation de Paris et la création de la ligne de démarcation relance l'activité. Un grand nombre de cinéastes viennent y tourner: Abel Gance, Marc Allégret ou Jean Delannoy,... C'est à la Victorine que Marcel Carné réalise *Les Visiteurs du soir* (1942).

Après la libération, les studios accueilleront des grands noms du cinéma mondial : Hitchcock (*La Main au collet*, 1955) ou Jacques Tati (*Mon Oncle*, 1958). Dans *La Nuit américaine* (1973) François Truffaut rend un hommage aux studios.

Les Studios Riviera

Mais la Victorine est menacée de fermeture et subit une forte concurrence internationale. En 2000, les studios sont rachetés et rénovés : la Victorine devient les Studios Riviera. Actuellement l'activité des studios n'est plus guère liée au cinéma mais tournée vers d'autres productions audiovisuelles : téléfilms, variété, téléréalité, films publicitaires.

Lucy (2014) de *Luc Besson, tourné au studio 5 de la Cité du cinéma*.

La Cité du cinéma

La Cité du cinéma initiée par Luc Besson est inaugurée en 2012. Elle est située aux portes de Paris à Saint-Denis sur le site d'une ancienne usine électrique. Autour des neuf plateaux de tournage sont réunis l'ensemble des métiers impliqués dans la chaine de réalisation d'un film : de l'écriture à la post-production. L'objectif est de faire des Studios de Paris un concurrent direct à Cinecittà de Rome ou des studios de Pinewood à Londres. La Cité du cinéma est aussi un lieu essentiel de formation, en particulier avec la présence sur le site de la prestigieuse ENS Louis Lumière.

La distribution

La distribution est l'intermédiaire entre la production et l'exploitation. Les sociétés de distribution achètent les films, assurent la promotion et la programmation dans les salles. Si on recense un grand nombre de sociétés, la majeure partie des films exploités en salles est distribuée par quelques grandes sociétés.

Les sociétés de distribution

- On recense plus de 350 sociétés de distribution en France. Seule la moitié exerce une activité réelle et quelques grands distributeurs s'accaparent l'essentiel du marché.
- Les filiales des *Majors* américaines (Warner Bros, Walt Disney, Paramount) distribuent une grande part des films événements souvent déjà rentabilisés Outre-Atlantique.
- Certaines sociétés sont des filiales d'entreprises qui peuvent être considérées, du fait de leur poids économique, comme des *Majors* à la française (EuropaCorp, Gaumont, Pathé). Ces entreprises contrôlent toutes les étapes de la création du film, depuis la production jusqu'à l'exploitation en salle.
- Les grands groupes de télévision ont créé ou racheté des sociétés de distribution. Les chaînes cherchent à valoriser un catalogue de films qu'elles ont en partie financés. Ainsi, M6 a créé la Société Nouvelle de Distribution ; Studio Canal et Mars Film sont des filiales de Canal+ ; TFM et TF1 International appartiennent au groupe TF1.
- Les distributeurs indépendants de grands groupes de l'audiovisuel représentent environ 20 % du marché. Ils jouent un rôle primordial pour la diversité culturelle et artistique en faisant connaître le cinéma asiatique ou sud-américain par exemple ou en distribuant tous les films du patrimoine en France.

Le mandat de distribution

- Le distributeur peut acheter au producteur les droits d'un film, par intérêt pour l'histoire, les acteurs, l'originalité de la réalisation. Ils passent alors un contrat : un « mandat de distribution ». Le distributeur obtient alors l'exclusivité des droits de diffusion en salle, en vidéo, ou à la télévision pour une durée déterminée. Le contrat précise le budget publicitaire à engager et le nombre de copies à tirer (généralement entre 10 et 150). Le distributeur verse au producteur une avance financière, sous réserve de l'obtention du visa d'exploitation demandé auprès du CNC. Le visa est délivré par la Commission des œuvres cinématographiques.

La rétribution du distributeur

- Le distributeur cherche à rentabiliser au plus vite un produit coûteux. La réussite commerciale dépend souvent des premiers jours de diffusion dans les salles parisiennes. Un échec public, les premières semaines, dans le circuit des salles préfigure l'échec total auprès de la télévision, de la vente à l'étranger, de la diffusion en DVD.
- Le distributeur reçoit un pourcentage sur le prix des places (environ 45 %), sur lequel il doit rembourser ses propres frais avant de donner sa part au producteur. Pour le distributeur des sociétés indépendantes qui diffusent un nombre limité de films par an, l'échec d'un film peut rapidement mettre en péril l'équilibre d'une société de distribution.

UN BORDEREAU DE RECETTE

Le coût d'un billet

Une partie des recettes d'une salle est destinée à payer les impôts indirects, comme la TVA. Le CNC prélève la taxe spéciale additionnelle qui alimente le Fonds de soutien cinématographique (environ 11 % du prix du billet). La Société des auteurs compositeurs et éditeurs de musique (Sacem) perçoit elle aussi un pourcentage sur le billet. La part réservée au distributeur est négociée entre celui-ci et l'exploitant de salles. Elle varie en fonction des films (exclusivité, reprise, durée de la projection, etc.), mais reste toujours proche de 45 %. Dans l'exemple fourni, elle est de 50 %.

Un exemple à Avignon

Séancetenante & Félicité Films

Pour le **CNC**

Centre National de la Cinématographie

cinéma : Utopia 5

ville : Avignon

BORDEREAUX DE RECETTES N° **50361**

par semaine (du mercredi au mardi soir)

VOLET 2 destiné au distributeur

N° d'autorisation : 7 033772

Programme du 11/09/96 au 17/09/96

Dates des séances		Nbre Séances	Spect. payants	Recette guichet
Mercredi	11/09/96	1	17	408
Jeudi	12/09/96	1	28	708
Vendredi	13/09/96	1	15	384
Samedi	14/09/96	1	21	516
Dimanche	15/09/96	1	36	924
Lundi	16/09/96	1	9	216
Mardi	17/09/96	1	10	246
Totaux :		[1] 7	136	[2] 3 402

Réservé à l'exploitant

Recette Hors TVA : (2) x 0,947 .... :	[3]	3 222
Taxe Spéciale (23) .... :	[4]	398
Recette Hors Taxes (3) - (4) .... :	[5]	2 824
Suppléments location déductibles (19) ... :	[6]	
Attractions déductibles .... :	[7]	
BASE FILMS (5) - ((6)+(7)) .... :	[8]	2 824

TITRE(S) DU PROGRAMME Version : O	Réservé au CNC	N° de visa	Distributeur	Forfait ou M.G. T.C.	Taux de location	(8) x taux de location
ASSURANCE SUR LA MORT		4 286	THEATRE DU TEMPLE		45 %	1 271
SC						

Total [9]	[10]	1 271
Récupération SACEM (5) x 1,21 %	[11]	34
Solde (10) - (11)	[12]	1 237
Facturation TVA comprise (12) x 1,055	[13]	1 305
Montant à verser au distributeur :		**1 305,--**

Imprimé avec *Séancetenante*
© François LACOMME 1992-94
2, rue des carrières, ZAE de Mijoulan
34680 Saint Georges d'Orques
Licence à : Félicité Films

Nombre de spectateurs

Recette brute au guichet

Taxe versée au CNC

Recette nette du film

Part de la recette nette versée au distributeur

Droits versés à la Sacem

Impôts indirects payés par l'intermédiaire du producteur

Avec l'aimable autorisation du cinéma Utopia d'Avignon.

L'exploitation en salle

L'exploitation désigne la branche de l'industrie cinématographique relative à la mise en valeur des salles. Elle se situe dans un univers fortement concurrentiel et se doit d'évoluer constamment. De nombreux cinémas de quartier disparaissent, alors que de grands complexes se construisent en périphérie des agglomérations.

L'exploitant

La profession d'exploitant n'exige ni diplôme technique ni achat de charge. Cependant l'ouverture d'une salle est soumise à une double autorisation : celle de l'administration, pour assurer la sécurité de la réception du public, et celle du CNC, pour respecter les normes techniques de la projection. La seule obligation spécifique de l'activité cinématographique est de disposer d'un projectionniste titulaire du certificat d'aptitude professionnelle, garantie de la qualité du spectacle. L'exploitant peut être gérant ou propriétaire d'une ou plusieurs salles de cinéma.

La salle de cinéma

La construction et l'aménagement des salles obéissent à des règles strictes qui garantissent la sécurité d'accueil du public et un confort visuel et sonore. La disposition des fauteuils et, de ce fait leur nombre, est fixée en fonction de la largeur de l'écran. L'écran réfléchit l'image en direction des spectateurs, en respectant les contrastes et les densités. La hauteur de l'image projetée est constante grâce au changement d'objectif réalisé par le projectionniste. Les salles bénéficient d'une architecture adaptée pour éviter les trop fortes réverbérations sonores.

Le parc de salles

- Depuis dix ans on assiste à une augmentation du nombre de salles. De 4 400 en 1995, le nombre de salles en activité est passé à 5 600, pour un nombre constant d'établissements.
- Le parc peut se décomposer en plusieurs types de salles : certaines uniques, de moins en moins nombreuses, d'autres regroupées en petits complexes, présents dans les grandes et moyennes agglomérations et qui représentent les deux tiers des écrans. Ces cinémas sont le plus souvent encore gérés de manière familiale et artisanale. L'exploitant assure la gestion, voire la projection.
- La crise du cinéma dans les années 1980 a entraîné la modernisation des salles, elle a aussi accéléré la concentration financière. Deux circuits d'exploitation (Europalaces et UGC) représentent le quart des salles françaises et accueillent la moitié des spectateurs. Ce sont ces circuits qui sont à la base du développement des grands complexes urbains et des multiplexes en périphérie. Dans ce type de salles, la gestion est confiée à un directeur qui dirige les projectionnistes et le personnel de caisse.

Les salles Art et Essai

Certaines salles ont obtenu le label Art et Essai et sont subventionnées par le CNC parce qu'elles diffusent du cinéma d'auteur et du cinéma de recherche. Minoritaires, elles représentent environ 15 % du parc. Elles sont essentielles pour la découverte de jeunes cinéastes et la popularisation de films d'auteurs.

LES MULTIPLEXES

Le succès des multiplexes

Apparus au milieu des années 1990, les multiplexes ne cessent de croître en nombre. Ils sont 174 en 2009, et à l'origine de l'augmentation du nombre de salles en France depuis 10 ans. Installé en périphérie des grandes agglomérations, bien souvent dans les départements les plus peuplés, chaque multiplexe doit disposer d'un potentiel important de spectateurs dans une zone géographique la plus réduite possible. Dans les salles modernes et confortables, ils attirent essentiellement une clientèle jeune ou familiale qui a retrouvé le chemin du cinéma.

Multiplexes et cinémas traditionnels

La multiplication des multiplexes a eu pour conséquence la fermeture d'un grand nombre d'établissements. On assiste en effet fréquemment à un transfert d'activités : les exploitants ferment leurs salles du centre-ville lors de l'ouverture des multiplexes, installés au cœur des zones commerciales. Ces cinémas tous dotés d'une dizaine de salles au moins distribuent les grosses productions européennes ou américaines qui bénéficient d'un large lancement publicitaire. La programmation des multiplexes ne laisse guère de place à un cinéma original et diversifié : les films indépendants ne sont diffusés que dans des salles de cinéma Art et Essai.

Les ressources des multiplexes

Une partie des recettes de ces complexes provient notamment de ressources annexes. La vente des boissons et de confiseries représente globalement un tiers des ressources générales d'un multiplexe.

La promotion du film

Un film est un investissement qu'il convient de rentabiliser, le budget promotionnel est souvent considérable pour obtenir des rentrées financières rapides. La publicité est multiforme : affichage, presse écrite ou parlée, bandes-annonces cinématographiques...

La rentabilisation du film

- La distribution est chargée de rentabiliser au plus vite des investissements considérables. En France, le budget publicitaire a doublé en cinq ans. Il représente 5 % du devis des films. Le budget publicitaire est proportionnel aux investissements de la production. Il s'agit de drainer un maximum de spectateurs dans un minimum de temps, d'attirer des consommateurs. Les grandes productions françaises et américaines, distribuées sur plusieurs centaines d'écrans, consacrent à la publicité environ 2 millions d'euros.
- Le budget publicitaire peut dépasser le budget de la production. *Jurassic Park* de Steven Spielberg a coûté 80 millions de dollars pour sa réalisation, son budget mondial de promotion a atteint 105 millions de dollars.

Une publicité multiforme

- L'affichage est, pour les distributeurs, le média publicitaire de prédilection. Il capte plus de 40 % des investissements publicitaires globaux. Les encarts dans la presse écrite, les annonces radio représentent un investissement à peu près équivalent.
- Des extraits de films, des bandes-annonces sont présentés dans les salles de cinéma et sur internet. Ils sont envoyés aux chaînes télévisées. Ils servent de support aux émissions consacrées à l'actualité cinématographique.
- Pour obtenir un écho critique, un attaché de presse est chargé de remettre aux journalistes un dossier de presse lors de projections souvent privées. Son rôle est de faciliter les rencontres des médias avec le réalisateur et les comédiens.
- Les chaînes télévisuelles dans leurs émissions d'information ou de variétés, invitent comédiens et réalisateurs. Elles font leur autopromotion et cherchent à rentabiliser le financement des films qu'elles ont coproduits.
- La télévision participe à des *shows* comme la nuit des Césars copiée sur le modèle des oscars d'Hollywood. Internet devient le principal investissement publicitaire, notamment des films américains, par le biais des sites consacrés aux films en voie de sortie ou d'exploitation.

Les festivals

Les festivals sont des manifestations nationales ou internationales à l'intention du public et de la presse, consacrés aux longs ou aux courts métrages parfois aux deux. Les films primés bénéficient d'une large promotion. Ces festivals sont aussi des marchés, le distributeur peut tenir un stand et exposer un catalogue. Certains se sont spécialisés. En France, par exemple, Annecy se consacre à l'animation, Lille et Clermont-Ferrand honorent le court métrage, Paris aime le documentaire, etc.

LE FESTIVAL DE CANNES

Que la diffusion soit !

La création du Festival de Cannes, décidée en 1939 par le gouvernement français, fut contrariée par la guerre. Il faudra attendre 1946 pour qu'il ait lieu tous les ans et gagne une renommée internationale. Les prix de la sélection officielle assurent aux films primés une large diffusion, aussi bien en France qu'à l'étranger. En particulier, la Palme d'or, grand prix du Festival de Cannes, récompense théoriquement le meilleur film en compétition. Le jury est constitué de personnalités de nationalités différentes indéniablement reconnues dans le monde du cinéma. Les prix d'Interprétation (masculine et féminine) donnent aux acteurs une reconnaissance et permettent un développement de leur carrière.

Un lieu ouvert à tous

Cannes met aussi d'autres films en compétition : Semaine de la critique, Un certain regard, Cinéma d'en France, Caméra d'or, Sélection du court métrage…
Cannes est une vitrine du rêve dont la télévision se fait de plus en plus l'écho et le médiateur, avec le risque de voler la vedette au cinéma lui-même !

La Vie d'Adèle, *A. Kechiche, 2013.*
Palme d'or du festival de Cannes.

Affiche du 68e festival de Cannes, 2015.

Les dix premières années des Palmes d'or

1946 : 11 Palmes décernées à 11 pays différents, pour la France : *La Symphonie pastorale* de Jean Delannoy
1947 : 6 lauréats, en France : *Antoine et Antoinette* de Jacques Becker et *Les Maudits* de René Clément
1948 : pas de festival
1949 : *Le Troisième Homme* de Carol Reed
1950 : pas de festival
1951 : *Miracle à Milan* de Vittorio de Sica
1952 : ex aequo : *Deux sous d'espoir* de Renato Castellani et *Othello* d'Orson Welles
1953 : *Le Salaire de la peur* de H.-G. Clouzot
1954 : *La Porte de l'enfer* de T. Kinugasa
1955 : *Marty* de Delbert Mann
1956 : *Le Monde du silence* de Jacques-Yves Cousteau et Louis Malle

Le Centre national de la cinématographie

Le Centre national de la cinématographie et de l'image animée (CNC), organisme public unique au monde, encadre financièrement et administrativement l'ensemble de la profession et contribue à renouveler la création.

Un établissement public

Le CNC a été créé en 1946. C'est un établissement public doté d'une autonomie financière et d'une personnalité juridique. Le Centre est placé sous l'autorité du ministre chargé de la Culture, qui désigne le directeur général, personnage clé du cinéma français.

Un rôle d'encadrement administratif

Le CNC étudie et élabore des textes législatifs et réglementaires qui régissent les secteurs cinématographiques et audiovisuels. Il délivre les agréments des films. Il réunit la commission de contrôle des films, celle-ci devant donner les visas autorisant la projection des films tous publics, ceux interdits aux moins de 16 ans, au moins de 12 ans, classés X, etc.

Un rôle d'encadrement financier

- Le CNC gère le compte de soutien financier de l'État à l'industrie cinématographique et à l'industrie des programmes audiovisuels ainsi que les dotations accordées par le ministère de la Culture. Il aide à la production et la distribution des films (notamment ceux qui sont peu ou mal diffusés), à la production de programmes destinés à l'ensemble des réseaux télévisuels (télévisions hertziennes, Canal+, réseaux câblés), aux industries techniques. Il apporte son soutien au secteur des nouvelles technologies de l'image : image de synthèse, disque optique numérique, etc.
- De nombreuses initiatives sont prises pour favoriser le maintien d'un large accès du public aux salles de cinéma : aides sélectives à la création et à la modernisation des salles, aides aux copies pour les petites et moyennes villes.
- Le CNC subventionne la Cinémathèque française, la Bibliothèque du film, l'Institut Louis-Lumière de Lyon, la cinémathèque de Toulouse et le Palais du Cinéma.

Une mission culturelle

- Depuis 1989, le CNC élabore des conventions avec les collectivités locales pour le développement du cinéma et de l'audiovisuel afin de soutenir l'exploitation, la promotion et la diffusion du cinéma, sensibiliser le jeune public, favoriser la formation professionnelle et l'accueil des tournages. Il est chargé d'assurer la protection et la diffusion du patrimoine cinématographique.
- Il soutient des manifestations, festivals, rencontres… Il favorise l'exportation de la production française en Afrique, en Europe centrale et orientale.
- Une série de dispositifs de sensibilisation et d'éducation à l'image a été mise en place dans les établissements scolaires du primaire et du secondaire en partenariat avec l'éducation nationale.

LA CONSERVATION DES FILMS

Un patrimoine en danger

Plus de 80 % des films muets des premiers temps du cinéma ont disparu. Ces films, fixés sur un support de nitrate en cellulose, sont nommés « films-flamme » car ils peuvent s'embraser au contact de l'air. Le support en nitrate de cellulose a été utilisé de la naissance du cinéma jusqu'en 1954 en France.

La disparition touche aussi des films plus récents. Les émulsions ne résistent pas à l'épreuve du temps. Au bout de quelques années, les couleurs ont tendance à virer.

Les archives publiques

En France, une série d'établissements publics a la responsabilité de conserver les films, considérés à la fois comme des biens culturels et des documents historiques. Ce sont les cinémathèques officielles, l'INA, ECPAD et le CNC. L'INA (Institut national de l'audiovisuel) a en charge la conservation des images de télévision. L'Établissement de communication et de production audiovisuelle de la défense (ECPAD) conserve et restaure les archives militaires stockées depuis la Première Guerre mondiale.

Les archives du CNC

La création du Service des archives du film et du dépôt légal en 1969 a été faite à l'initiative d'André Malraux. Les missions des Archives sont multiples. Le service conserve et catalogue plus de 130 000 titres. Depuis 1977, les producteurs et distributeurs doivent remettre une copie de leur film auprès du CNC. Plus de 8 000 films-flamme ont été sauvés de la destruction dans le cadre d'un plan de restauration mis en place en 1991. Ouvert aux chercheurs, le service participe à la mise en valeur du patrimoine à travers de nombreuses manifestations culturelles en France et à l'étranger.

Les conditions de la sauvegarde

Les Archives du CNC sont situées dans deux anciens forts : Bois-d'Arcy et Saint-Cyr. Cinq bâtiments à température et hygrométrie constantes ont été construits pour répondre aux rigoureuses exigences des films à support de nitrate, faisant du centre le seul organisme institutionnel susceptible de conserver les films-flammes. Ces laboratoires peuvent traiter tous les supports, tous les formats, toutes les techniques plus ou moins périmées (coloriage au pochoir, par exemple).

L'exploitation hors salle

La vente des billets à l'entrée des salles de cinéma représente moins d'un tiers des recettes totales d'un film. Les droits de diffusion télévisuelle et l'exploitation des DVD procurent des recettes deux fois supérieures à celles des guichets. La réussite financière à l'exportation ne concerne que quelques films médiatisés.

La télévision

- La télévision « nourrit » ses grilles de programmes de films de cinéma. Les taux d'audience montrent que les principaux succès d'une chaîne sur l'ensemble de l'année proviennent de la diffusion et de la rediffusion d'œuvres cinématographiques. Canal+, les chaînes publiques et les chaînes privées de la TNT diffusent près de 3 000 films par an.
- Sur le nombre total de films, les chaînes de télévision sont tenues de diffuser un quota de 60 % d'œuvres européennes dont 40 % en français. Pour alimenter leurs créneaux de diffusion de films, elles ont recours soit à la participation à la production, soit au préachat du film. Le financement par les chaînes est vital pour le fonctionnement du cinéma, il représente environ le tiers du budget des films d'initiative française.

Le marché de la vidéo

- Les recettes du marché généré par la vidéo (vente ou location de DVD ou Blu-ray, VoD) sont équivalentes à celles obtenues à l'entrée des salles de cinéma. Ce marché, complémentaire à l'industrie cinématographique, repose essentiellement sur des nouveautés. 50 % du chiffre d'affaires est réalisé par des succès de films récents, majoritairement américains, les films français ne représentant que 25 % du marché.
- La vente de DVD et de Blu-ray stagne depuis quelques années, même si elle représente encore près de 80 % du marché de la vidéo. Le secteur de l'édition est très concentré. Il est lié financièrement aux grandes sociétés de production et de distribution de films. Les dix premières entreprises contrôlent 85 % du marché.
- La vidéo à la demande (VoD), représente 20 % du marché. Ce secteur est en expansion et devient l'objet d'une concurrence acharnée entre les prestataires de services.

L'exportation

- La France exporte environ 60 nouveaux titres par an. Elle est en forte progression ces dernières années. Les films français trouvent autant de spectateurs à l'étranger qu'en France. Certains films réalisent d'ailleurs de meilleurs résultats à l'exportation. Ainsi, *Lucy* de Luc Besson a draîné 5,2 millions de spectateurs en France et dix fois plus dans le reste du monde. Le film, avec une distribution de vedettes américaines (Scarlett Johansson et Morgan Freeman), est sorti simultanément en France et aux États-Unis.
- Les exportations françaises se font majoritairement en direction de l'Europe, principalement en Espagne, Italie et Allemagne. La pénétration sur le marché nord-américain est difficile. Les distributeurs américains prétendent que le public ne peut accepter des films en version originale sous-titrée et refusent la post-synchronisation. Les réussites commerciales sont souvent des films produits en France mais tournés en anglais.

LA VIDÉO À LA DEMANDE (VOD)

Un marché en pleine expansion

La vidéo à la demande est devenue un secteur majeur de l'économie du cinéma. Les productions cinématographiques représentent aujourd'hui 80 % du marché de ce créneau de diffusion.

Son développement a été rendu possible grâce à l'essor de l'accès Internet à haut débit (réseaux DSL, fibre optique, réseaux mobiles 4+). Le spectateur s'affranchit des contraintes horaires de diffusion des chaines de télévision. L'utilisateur commande ses programmes auprès de plateformes de services à l'unité (pour 75 % des cas) ou par le biais d'abonnements forfaitaires. Il peut visionner les films sur son téléviseur, son ordinateur, voire sur son téléphone portable.

En France, environ 90 éditeurs de tailles très variables offrent leurs services au public. Cependant les principaux acteurs sont liés aux chaînes de TV (Canal+, TF1, M6) ou à des acteurs d'Internet (Orange, Google).

La législation

La vidéo à la demande est soumise en France aux règles de l'exception culturelle. Ainsi, les prestataires de services doivent respecter un délai de diffusion après la date de sortie du film en salle, ils doivent participer au financement d'œuvres européennes et françaises et leur catalogue doit comporter un quota de films français.

Dans une Europe libérale, certaines sociétés cherchent à contourner ces obligations. Ainsi le géant américain Netflix, qui compte plus de 50 millions d'abonnés dans le monde, a choisi de s'installer aux Pays-Bas pour contourner la législation française.

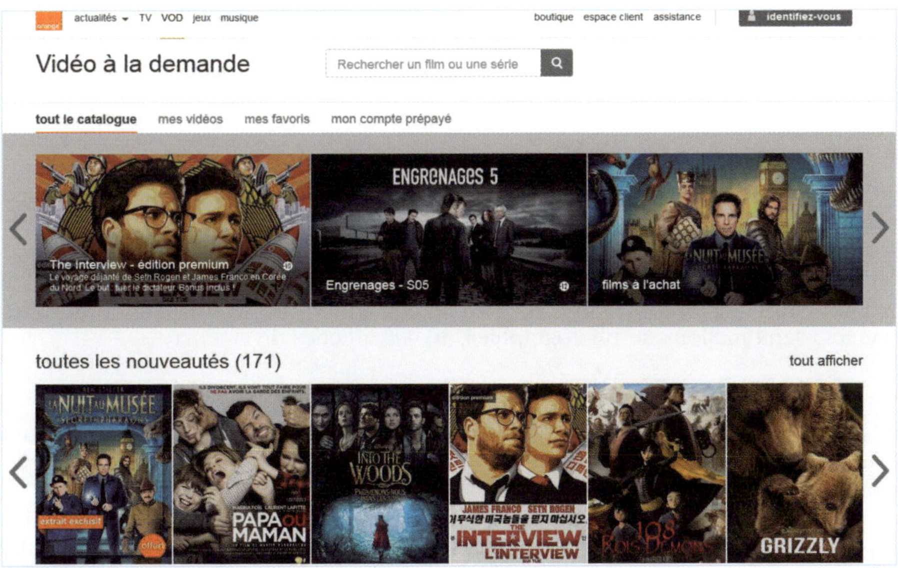

Portail de vidéo à la demande d'Orange.

Cinémathèques, musées, instituts, ciné-clubs

Le rôle de ces quatre organismes est de faire connaître l'ensemble du monde du cinéma, d'en conserver l'histoire et de diffuser le patrimoine cinématographique mondial.

Un patrimoine récent, divers et fragile

Le patrimoine cinématographique est constitué de films dont les supports ou les émulsions sont vulnérables et qu'il faut protéger. Il s'agit aussi de documents (manuscrits, dessins, photos…), matériels techniques (caméras, projecteurs…) et d'objets divers. La responsabilité de ce patrimoine est partagée entre l'État et des partenaires associatifs.

Les cinémathèques

- Une cinémathèque est un organisme privé ou public qui assure la conservation et l'entretien de l'ensemble du patrimoine cinématographique, filmique ou non. Elle organise des projections publiques, des expositions, des colloques. C'est à Stockholm, en 1933, que naît la première cinémathèque. La création de la Cinémathèque française date de 1936.
- Les cinémathèques sont fédérées au niveau international, ce qui facilite les échanges de films et de documents d'un pays à l'autre. En France, cinq cinémathèques sont reconnues par la Fédération internationale : la Cinémathèque française, la Cinémathèque universelle de Paris, la Cinémathèque de Toulouse, le musée du Cinéma Louis-Lumière de Lyon et le service des Archives du film du CNC. À celles-ci s'ajoutent les cinémathèques régionales (Saint-Étienne, Nice) et les sociétés privées Gaumont et Pathé, qui assurent elles-mêmes la conservation de leur patrimoine.

Les musées et les instituts

Leur développement permet aux chercheurs et aux cinéphiles d'accéder aux documents visuels ou écrits. Ce sont des lieux d'activité pédagogique, de colloque ou de séminaire. À Paris se trouvent la Cinémathèque française (avec le musée du cinéma et ses salles de projection), le Forum des images, le centre Beaubourg et la fondation Seydoux-Pathé. Le public peut accéder à des films, des vidéos, quelque 35 000 ouvrages, deux millions de photographies, 30 000 affiches de cinéma.

Les ciné-clubs

- La naissance des ciné-clubs est liée au souci de faire reconnaître le cinéma comme un art à part entière, en relevant le niveau de la production cinématographique et en cherchant à attirer de nouveaux talents.
- Deux noms prestigieux du cinéma impressionniste y sont associés : Louis Delluc, qui crée le mot « ciné-club » en 1920, et Germaine Dulac, qui patronne le Ciné-club de France, lui-même produit de la fusion, en 1924, du CASA (Club des amis du Septième Art) créé par Ricciotto Canudo et du Club français du cinéma animé par Léon Moussinac. On compte à l'heure actuelle environ 3 000 ciné-clubs en activité.

HENRI LANGLOIS

Henri Langlois (1914-1977).

Du Cercle du cinéma...

Henri Langlois naît à Smyrne (Turquie) en 1914, de parents français. Il fait ses études à Paris où il s'enthousiasme pour le cinéma et crée avec Franju un ciné-club : le Cercle du cinéma.

Il dispose de moyens personnels importants qui lui permettent de racheter un grand nombre de copies de films du cinéma muet. C'est pour conserver et projeter ces films qu'il crée la Cinémathèque française en 1936.

... à la FIAF

En 1938, Langlois fonde la FIAF (Fédération internationale des archives du film). Son développement constant l'oblige à s'agrandir sans cesse et donc à changer plusieurs fois de lieu. En 1955, la FIAF s'installe dans l'Institut pédagogique de la rue d'Ulm. C'est là que Langlois organise des rétrospectives devenues légendaires. En 1962, Malraux, alors ministre de la Culture, met à sa disposition une salle au palais de Chaillot.

En 1968, « l'affaire Langlois » éclate. Contesté dans sa gestion, Henri Langlois est évincé du conseil d'administration. Une vaste campagne de solidarité internationale se déclenche, qui lui permet de retrouver ses fonctions. « Le dragon, qui veille sur nos trésors » comme l'avait baptisé Jean Cocteau et qui a fait partager à deux générations de cinéphiles sa passion du 7e Art, meurt en 1977.

La Cinémathèque française

Le 8 octobre 1936 paraît au *Journal officiel de la République française* la déclaration d'une association créée le 9 septembre : la Cinémathèque française. Son but est de « conserver et de diffuser les films du répertoire ». Elle a son siège au 4 rue de Longchamp, à Paris (16e). À sa tête, Henri Langlois, le réalisateur Georges Franju, Jean Mitry (historien et esthéticien du cinéma) et Paul-Auguste Harlé. L'histoire de la cinémathèque va bientôt se confondre avec la vie de Henri Langlois.

Installée depuis l'automne 2005 au 51 rue de Bercy, Paris 12e, la Cinémathèque française poursuit son effort de restauration et de diffusion des œuvres du patrimoine mondial. Elle organise également des expositions, des rencontres et conférences, des ateliers pédagogiques et édite des ouvrages.

Cinémathèque

Critiques et théoriciens

Critiques et théoriciens ont contribué, avec le temps, à légitimer le cinéma en tant qu'art et en tant qu'objet culturel et de recherche. La philosophie, la linguistique, la psychanalyse, la sociologie, l'histoire de l'art, l'histoire ont intégré le cinéma à leurs recherches et à leur réflexion. Mais cela ne s'est pas fait en un jour…

Naissance de la critique

À ses débuts, le cinéma est l'objet d'articles de journaux en tant qu'invention. La sortie d'un film est rapidement accompagnée de textes publicitaires, techniques, corporatifs ou promotionnels. En France, Gaumont et Pathé publient un bulletin régulier pour informer le public des productions. Il faut attendre 1916 pour qu'émerge une approche plus esthétique et élaborée des œuvres cinématographiques, sous l'impulsion notamment de Louis Delluc ou de Léon Moussinac, et de la création de revues (*Le Film, Cinéa*) et de ciné-clubs. L'intérêt de quelques écrivains (Apollinaire, Cendrars, Aragon) contribue à considérer certains films comme des œuvres d'art, certains cinéastes comme des créateurs. Louis Delluc (1890-1924), lui-même écrivain et cinéaste (*La Femme de nulle part*, 1922), publie en 1921 un livre sur Charlie Chaplin.

Les critiques polémiquent vite à propos des qualités esthétiques des films et de leurs contenus moraux et idéologiques, en fonction de leurs opinions et des tendances représentées par les journaux pour lesquels ils travaillent. Se développe ainsi dans les quotidiens et les hebdomadaires une critique chrétienne, marxiste ou réactionnaire.

Critique et cinéphilie

En 1929, Jean-George Auriol crée *La Revue du cinéma*. Y collaboreront André Bazin et Jean Mitry. Ceux-ci, outre la qualité des scénarios, valorisent la mise en scène et instaurent des cinéastes comme auteurs. Alexandre Astruc introduit en 1948 la notion de « caméra-stylo » capable, à l'instar de la littérature, d'exprimer les idées et les sentiments les plus complexes.

Vers la fin des années 50, s'épanouit une nouvelle cinéphilie, sous l'influence des revues (*Les Cahiers du cinéma, Positif*), d'émissions comme *Le Masque et la plume* (sur France Inter à partir de 1957) et de l'action d'Henri Langlois à la Cinémathèque française.

En 1962, le Festival de Cannes inaugure la Semaine internationale de la critique.

Critique et théorie

Les réflexions approfondies d'un Delluc, d'un Bela Balazs, d'un Albert Laffay, mais aussi des cinéastes eux-mêmes, tels Eisentein, Jean Epstein ou Robert Bresson, sur la nature et les pouvoirs du cinéma, se sont prolongées à partir des années 50-60 et jusqu'à aujourd'hui avec, entre autres, les travaux d'Edgar Morin (sur le phénomène des stars, sur l'imaginaire cinématographique), de Chritian Metz (sur le cinéma comme langage) ou de Gilles Deleuze (sur l'image-temps et l'image-mouvement).

La théorie anglo-saxonne a vu sépanouir des recherches influencées par les « *gender studies* » (Laura Mulvey, Geneviève Sellier en France). Des critiques indépendants, tel Serge Daney, jouent aussi un rôle dans la réflexion théorique sur l'image et les médias. Tous ces travaux ont été grandement facilités par l'avènement du cinéma comme discipline universitaire.

DEUX REVUES FRANÇAISES

Les Cahiers du cinéma

Succédant à *La Revue du cinéma* qui interrompt ses publications en 1949, les *Cahiers du cinéma* sont fondés en 1951 par Lo Duca, André Bazin et Jacques Doniol-Valcroze. La revue accueillera les premiers écrits de J.-L. Godard, F. Truffaut, E. Rohmer, J. Rivette, C. Chabrol, futurs cinéastes de la Nouvelle Vague. Ces derniers pratiqueront la politique dite « des auteurs », plaçant les metteurs en scène au premier plan de la production cinématographique, promouvant A. Hitchcock, H. Hawks ou Jean Renoir en tant que créateurs à part entière. Non sans polémique.

Dans les années 70, la revue traverse une période « maoïste » militante, laissant de côté l'actualité filmique pour se consacrer à des réflexions de fond sur les aspects idéologiques et politiques du cinéma. À la fin des années 70, Serge Daney et Serge Toubiana relancent une nouvelle formule des *Cahiers*, réouverte à l'actualité. Au travers d'aléas divers (vente et rachat de la revue, fluctuation du lectorat, changements de rédacteur en chef), les *Cahiers du cinéma* affirment leur rigueur critique et leur notoriété internationale, y compris auprès des réalisateurs. La revue dirige également l'édition de livres et de DVD.

Positif

Fondée à Lyon en 1952 par Bernard Chardère, la revue *Positif* s'inscrit assez rapidement en polémique avec *Les Cahiers du cinéma*. Situés plutôt vers une gauche non communiste et un tantinet anticléricale, les collaborateurs de la revue se recrutent dans un premier temps chez des adeptes du surréalisme (Ado Kyrou, Robert Benayoun), des sympathisants anarchistes soutenant des auteurs tels que Jean Vigo, Luis Buñuel, John Huston ou Jerry Lewis. Ils s'opposent à la politique des auteurs, trop pro-américaine à leur goût, aux excès antifrançais des « Jeunes-Turcs » de la Nouvelle Vague ainsi qu'à leur absence d'engagement politique. Les conflits s'apaiseront, mais *Positif* demeure attaché à une ligne critique privilégiant les contenus sociaux et politiques, réservée quant aux approches exclusivement esthétisantes ou formalistes, sensible aussi à l'érotisme, à la beauté des stars. La direction de la rédaction est assurée par Michel Ciment, adepte des longs entretiens avec ses cinéastes de prédilection (Losey, Kubrick).

L'enseignement

Le développement des métiers de l'image et du son s'est logiquement accompagné d'une multiplication des offres de formation.

École, collège, lycée

- La mise en place d'un dispositif cohérent de sensibilisation aux images et aux sons date du début des années 1990. Des opérations initiées en collaboration avec le CNC permettent désormais aux élèves de découvrir tout au long de leur scolarité des films de qualité, patrimoniaux et contemporains.
- Au collège et au lycée, les élèves peuvent s'initier à la pratique et analyser des œuvres à l'intérieur d'ateliers. Près de 250 lycées proposent des enseignements à part entière, qui sont par la suite évalués au baccalauréat. L'enseignement réalisé en partenariat avec des professionnels du cinéma et de l'audiovisuel articule pratique et culture artistique.

L'enseignement public après le baccalauréat

- De nombreux lycées proposent aux élèves différentes formations. Une option cinéma a été créée dans des classes préparatoires aux grandes écoles littéraires. Cette option, si elle est choisie, est prise en compte pour l'admission au concours.
- Des formations en deux ans préparent au brevet de technicien supérieur (BTS). Quatre filières sont proposées : image, son, montage, exploitation-production. Diverses formations à des diplômes de métiers d'art (cinéma d'animation, régie de spectacle…) sont également offertes.
- De nombreux départements universitaires ont ouvert des formations en arts du spectacle qui intègrent la dimension cinéma et audiovisuel dans les enseignements. Cette formation ouvre la voie vers la recherche et la documentation. Les universités ont développé des formations qualifiantes très professionnelles, en particulier dans les domaines de l'image numérique qui est en plein essor.
- Certains instituts bénéficient plus particulièrement de l'estime et du soutien de l'ensemble de la profession. L'École nationale Louis-Lumière, la Femis et l'Ensad contribuent à la formation et au renouvellement des créateurs et des techniciens du paysage audiovisuel français.

Autres voies de formation

- Avec le formidable développement de l'image et la demande qui en découle, de nombreuses écoles privées se sont multipliées. Les coûts de scolarité sont souvent très élevés pour un enseignement, tant théorique que pratique, de niveaux très variables.
- La formation sur le terrain reste encore une voie principale d'accès à la profession.

LES ÉCOLES SUPÉRIEURES

La Femis

L'Institut de formation et d'enseignement pour les métiers de l'image et du son, créé en 1986, a succédé à l'Idhec (Institut des hautes études cinématographiques). La Femis est installée actuellement rue Francœur à Paris. Elle est financée essentiellement par le ministère de la Culture et bénéficie aussi des aides du CNC et des mécènes.

L'institut recrute tous les ans une quarantaine d'élèves à bac+2 parmi 1 400 candidats. Les étudiants reçoivent une formation en trois ans se rapportant au scénario, à la réalisation, à l'image, au son, au décor, au montage et à la production. Ils suivent des cours théoriques et sont amenés à réaliser, dès leur entrée à l'école, des films et des productions vidéo en format professionnel.

Les étudiants sont en contact permanent avec le milieu du cinéma et de l'audiovisuel grâce à des rencontres, des conférences et des stages dans les entreprises ou sur les lieux de tournage.

L'Ensad

L'École nationale supérieure des arts décoratifs (Ensad) a été fondée au XVIIIe siècle, le 10 septembre 1766 exactement. Son but : former des créateurs artistiques aptes à intervenir dans la conception et la réalisation du cadre de vie. Cette école comporte une section « cinéma, animation, vidéo ». Tout bachelier peut y entrer sur concours. Il devra suivre quatre ans d'études avant d'obtenir un diplôme d'État avec mention de spécialisation. Fantin-Latour, Rodin, Rouault, Auguste Renoir, Matisse et plus près de nous : Christian-Jaque, Paul Signac, Jérôme Savary ou Jacques Tardi ont étudié rue d'Ulm.

L'École nationale Louis-Lumière

L'École nationale supérieure Louis-Lumière a été créée en 1926 par Louis Lumière et Léon Gaumont. Cette école forme aux techniques du cinéma, du son, de la photo avec une option prise de vue et traitement par l'image. On y entre sur concours avec un bac+2. Un diplôme d'État sanctionne les trois années d'études.

Tournage de Fiction 16 *par les élèves de première année de la Femis.*

La révolution numérique

En moins de vingt ans, l'utilisation des technologies numériques a radicalement modifié les étapes de la fabrication et de la diffusion des films.

La fin de l'argentique, la fin des laboratoires

Pendant plus d'un siècle, le cinéma a utilisé essentiellement comme support de tournage et de diffusion des pellicules photographique de largeur 35 mm, ou secondairement de 16 mm. Il existait deux types de pellicules : l'une adaptée à la lumière du jour (5 600° kelvin) l'autre pour la lumière artificielle (3 200° kelvin) ; ce qui nécessitait l'emploi d'éclairages artificiels réglés à ces types de températures pour obtenir des couleurs uniformes d'une prise à l'autre.
Ces pellicules, noir et blanc ou couleurs, étaient développées dans des laboratoires spécialisés qui effectuaient l'étalonnage des couleurs et de la luminosité et les effets spéciaux. Le montage des rushes et le mixage des sons terminés, le laboratoire effectuait le tirage des copies pour les salles de cinéma.

Le tournage numérique

La quasi totalité des tournages cinématographiques et télévisuels s'effectuent directement en numérique pour deux raisons complémentaires : économiques et artistiques. Le montage virtuel s'effectue sans passage coûteux par un laboratoire. Les créateurs ont bénéficié des progrès énormes obtenus sur le matériel de prise de vue, aussi bien sur la définition de l'image, la profondeur de champ, la colorimétrie ou sur la variation des vitesses de prise de vue. Lors du tournage, le réalisateur peut vérifier immédiatement la qualité de ses images, multiplier les prises et explorer des possibilités de mise en scène.

Le montage virtuel

C'est à ce stade de la production du film que s'est d'abord imposé le traitement numérique. Longtemps les cinéastes ont continué à tourner leurs films sur un support argentique. Les rushes, pris sur une pellicule, étaient projetés avant d'être filmés sur caméras numériques. Actuellement, les prises de vue sur support numérique sont directement enregistrées sur ordinateur. Toutes les opérations de montage, de mixage, de création sont réalisées d'une manière virtuelle grâce à des logiciels performants.

La distribution, l'exploitation en salle

L'équipement des salles a réellement commencé lorsque les grandes compagnies américaines ont adopté en 2005 un standard unique pour la projection de films en numérique, le but étant de réduire de 15 à 20 % les frais de réalisation, de stockage, et de transport des copies. Cette décision a marqué mondialement la fin de l'exploitation en argentique.

OBJECTIFS ET FOCALES

Deux facteurs d'importance

Le cadre de l'image dépend de deux facteurs : d'une part, de la distance de la caméra par rapport au sujet filmé et, d'autre part, des objectifs choisis.

Le cinéaste, comme le photographe, peut se placer à des distances diverses, s'approcher ou se reculer pour filmer un sujet. C'est pourquoi il détermine d'abord la focale de son objectif.

L'objectif se définit comme le dispositif optique constitué de plusieurs lentilles permettant d'organiser la lumière afin d'obtenir une image sur une pellicule. La focale est la distance qui sépare le foyer, lieu où se forme l'image nette, et le centre de l'objectif.

À chaque focale son point de vue

La focale moyenne rend la vision de l'œil humain. Si l'on veut obtenir le même cadre avec une courte focale, il est nécessaire de s'approcher du sujet. Avec une longue focale, le cinéaste est au contraire obligé de s'éloigner de celui-ci.

Chaque focale suggère une cohérence de l'espace et du temps. Si un sujet est filmé avec une focale moyenne, l'image projetée sur l'écran rend la réalité. Le spectateur suit l'action telle qu'il aurait pu la voir. Lorsque le réalisateur adopte de longues ou de très longues focales, l'image derrière le sujet filmé apparaît rapidement floue. Les perspectives sont écrasées, la profondeur de champ est réduite. Les mouvements internes des personnages ou des objets, du fond de l'image vers le premier plan ou, inversement, du premier plan vers les seconds plans, semblent ralentis. Les longues focales peuvent donc traduire le rêve, une séquence onirique.

Si le metteur en scène choisit une courte focale, l'espace filmé est élargi, la profondeur de champ augmentée, les perspectives exagérées, les mouvements internes accélérés. Les courses poursuites, les séquences violentes des polars américains ou des films de guerre utilisent essentiellement la courte focale comme moyen d'expression.

Caméra numérique et profondeur de champ

Lorsque l'on utilise une caméra numérique dans de bonnes conditions d'éclairage, on obtient une forte profondeur de champ. L'écriture scénarique et la réalisation devront composer avec cette nouvelle donne technique, comme elles ont su composer avec les contraintes imposées par les objectifs.

En reportage

Au niveau du reportage, le choix d'une focale est souvent dicté par des considérations d'ordre pratique : utilisation d'un grand angle du fait du manque de recul par rapport au sujet filmé ou au contraire utilisation d'un téléobjectif pour saisir un détail éloigné dont on ne peut se rapprocher.

Pour ne pas avoir à changer d'objectif le reporter peut avoir recours à l'utilisation d'un objectif à focale variable : le zoom.

Du cinéma à la télévision

Pour être diffusés par les chaînes de télévision les films sont projetés sur un écran et filmés par une caméra vidéo. La télévision classique diffuse des images où le rapport entre la largeur et la hauteur de l'image est de 4/3. Les films produits récemment ont un rapport très différent, ils présentent une image plus rectangulaire. Pour le passage à l'antenne les films sont recadrés (une partie de l'image n'est alors pas visible sur l'écran de télévision) ou diffusés avec une bande noire en bas et en haut de l'écran. Les nouveaux formats des téléviseurs : 16/9 permettent de présenter l'essentiel de la production filmique sans recadrage et sans rétrécissement de l'image.

Cadrage et composition

Comme un peintre, le réalisateur définit le format de son image, les limites du cadre. À l'intérieur de celui-ci, il construit et compose son image. Il réfléchit à la place du sujet dans le cadre. Il détermine la hauteur et l'inclinaison de la caméra par rapport au sujet.

L'échelle des plans

L'échelle des plans traduit un rapport de proportion entre le sujet et le cadre :
– *les plans larges* sont essentiellement descriptifs. Ils valorisent le décor dans lequel se situe l'action ;
– *le plan moyen* cadre le personnage en pied. Il permet de suivre les attitudes, les gestes de l'acteur. Le plan moyen introduit très clairement les relations qui existent entre le personnage et le décor ;
– *les plans rapprochés* réduisent la place du décor. Le récit l'emporte sur les informations documentaires. Ces plans ont généralement une fonction narrative. Ils permettent de mettre en valeur les dialogues, la communication entre les personnages.

La composition

- *Les horizontales* donnent une impression de calme, d'immensité, elles renforcent l'impression de profondeur et de temps ralenti.
- *Les verticales* bloquent au contraire la profondeur, expriment la hauteur, elles dynamisent spatialement et temporellement l'image.
- *Les diagonales* donnent un sens de lecture prioritaire. La construction en oblique crée des déséquilibres, provoque l'instabilité et l'antagonisme.
- L'image rectangulaire peut être décomposée, divisée en fonction de lignes horizontales et verticales. La composition par moitié crée une sensation d'équilibre, de symétrie, d'égalité. Dans la composition par tiers, l'image est découpée en trois tiers égaux. À la rencontre des lignes des tiers se situent quatre points forts où il est intéressant de placer les éléments principaux d'une image.

Les angles de prise de vue

- Lorsque le cinéaste place sa caméra à la hauteur de la vision d'un homme debout, il traduit, d'une manière objective, réaliste, le monde filmé.
- La caméra peut être inclinée sur son axe vers le bas, on parle alors d'une plongée. Elle peut servir à décrire un paysage ou un décor devenu plus lisible vu du haut. Elle a aussi pour effet de diminuer, d'éliminer les verticales, ce qui peut provoquer l'impression d'amoindrissement, d'écrasement.
- Lorsque la caméra est inclinée sur son axe vers le haut, c'est une contre-plongée. Elle allonge les verticales. Dans le cas où l'on filme un personnage, l'utilisation d'une contre-plongée réduite le valorise, lui donne une impression de puissance. Au contraire, une accentuation de la contre-plongée confère une image négative au personnage.
- La vision humaine est celle de l'horizontale. Lorsqu'un cinéaste choisit d'incliner sa caméra sur la gauche ou la droite en gardant l'axe horizontal, il va créer un malaise chez le spectateur.

L'ÉCHELLE DES PLANS

*Le **plan général** ou de **grand ensemble** montre une très large fraction d'espace. Il situe rapidement les lieux de l'action mais aussi les relations de l'homme et de l'espace.*

*Le **plan d'ensemble** présente lui aussi une large fraction de l'espace. Les personnages restent généralement secondaires.*

*Le **plan moyen** cadre le personnage en pied. Il associe le décor et le personnage. C'est avec le plan moyen qu'apparaissent le plus souvent les dialogues.*

*Le **plan américain** cadre le personnage à mi-cuisse. Ce type de plan trouve son origine dans le western.*

*Le **plan rapproché épaule** : seuls le haut du buste et le visage font partie de l'image.*

*Le **gros plan** ne cadre que le visage et permet de lire tous les sentiments traduisant l'état intérieur du personnage.*

*Signalons également l'existence du plan **demi-ensemble**, qui, même si le décor reste essentiel, dirige l'attention sur les personnages, qui deviennent centraux, et le **plan rapproché taille**, qui cadre le personnage jusqu'à la taille.*

Perspective et profondeur de champ

L'image cinématographique a deux dimensions. Cependant, elle donne l'illusion d'en avoir une troisième, de présenter du relief et de la profondeur.

La recherche de l'illusion

Au début du cinéma, les cinéastes travaillent en extérieur et obtiennent une image nette sur une grande profondeur. Lors du développement des studios, cette profondeur se réduit du fait de l'utilisation d'un espace scénique théâtral, des faiblesses de l'éclairage et des difficultés de l'enregistrement du son.

Les cinéastes ont voulu raconter une histoire dans un espace bénéficiant d'un champ de netteté très profond. Les déplacements des personnages sont facilités, des actions simultanées peuvent se dérouler à des distances plus ou moins éloignées de la caméra. Le montage se fait alors à l'intérieur du plan : c'est le montage interne. Une séquence peut être tournée en un seul plan, le plan séquence.

La perspective

Le cinéma reprend les règles de la perspective utilisées dans le domaine pictural. Les lignes parallèles qui sont dans le sens de notre regard semblent toutes s'enfuir vers une ligne horizontale imaginaire, perpendiculaire à notre rayon visuel : la ligne d'horizon. Elles paraissent converger en un seul point, appelé point de fuite. Si l'on veut composer une image avec un effet de profondeur marqué, on place le point de fuite à l'intérieur de l'image. Si au contraire, le cinéaste cherche à construire une image écrasée, sans profondeur, les points de fuite convergent hors du cadre.

La profondeur peut être accentuée par le chevauchement des formes. Un objet ou un personnage qui en cache un autre donne l'impression d'être plus proche.

Le contraste des couleurs et de l'éclairage souligne les volumes et le relief, augmente la profondeur. En jouant sur toutes les nuances du noir et du blanc, en créant des contrastes, le cinéma a retrouvé la technique du clair-obscur.

La profondeur de champ

En photographie, au cinéma, seuls les personnages ou les objets situés à une distance précise de l'objectif donnent une image nette sur la pellicule. Tous les autres rayons convergents d'un sujet filmé plus proche ou plus lointain constituent des taches sur la pellicule. Théoriquement, ils devraient tous apparaître flous au visionnement. Cependant, lorsque le film développé est projeté sur un écran, notre œil perçoit comme net une zone plus ou moins profonde à l'avant et à l'arrière du sujet filmé sur lequel a été effectuée la mise au point : c'est la profondeur de champ.

Celle-ci varie selon le type d'objectif et le diaphragme choisi. Avec un objectif à courte focale la profondeur de champ augmente et au contraire se réduit avec un objectif à longue focale. La diminution du diamètre de l'objectif, la réduction de l'ouverture du diaphragme, augmentent la profondeur de champ.

À LA RECHERCHE DE LA PROFONDEUR DE CHAMP

Citizen Kane d'Orson Welles, 1941

Après ses échecs comme cantatrice, Suzan tente de se suicider dans sa chambre.

Welles et son chef opérateur Gregg Toland, célèbre pour son goût des expérimentations techniques (effets de lumière, contraste, profondeur de champ), réalisent une image nette, du premier plan jusqu'à l'arrière-plan. La profondeur de champ dans ce plan fixe est obtenue par l'éclairage et l'utilisation d'un objectif à très courte focale.

En amorce de l'image, un verre, une cuillère et un flacon de médicament sont filmés en gros plan.

Au second plan, le lit est plongé dans l'ombre. L'image est conçue de telle sorte que l'on distingue très mal la chevelure de Suzan dont on entend seulement les râles.

Tout au fond de la chambre, la porte est fortement éclairée. Des coups sourds retentissent.

Kane force la porte, il entre dans la chambre, suivi par un domestique ; il se précipite vers Suzan, traversant le champ dans le sens de la profondeur.

La force dramatique du plan vient de l'association dans un même champ de netteté du verre et du flacon d'une part et de la porte d'autre part. Cette association désigne le véritable responsable du suicide de Suzan : Kane !

Les mouvements de caméra

Le cinéma est l'art de reproduire le mouvement. Celui-ci existe soit à l'intérieur d'un cadre fixe (le plan fixe), soit dans un cadre en mouvement (le travelling, le panoramique).

Le plan fixe

La caméra reste fixée sur le pied, il n'y a aucune modification du cadre. Les mouvements de faible ampleur de la caméra et le recadrage, qui ont pour objet de garder une composition constante dans le cadre, peuvent être associés au plan fixe. Dans ce plan, la dynamique de l'image provient des mouvements internes.

Le travelling

Le travelling (de l'anglais *travel*) indique tout déplacement de la caméra horizontalement ou verticalement. En studio, quand les conditions de tournage sont idéales, la caméra est fixée sur un chariot à roulettes qui se déplace sur des rails. Cependant, on peut réaliser des travellings à l'aide de fauteuil roulant, voiture, hélicoptère...

Le panoramique

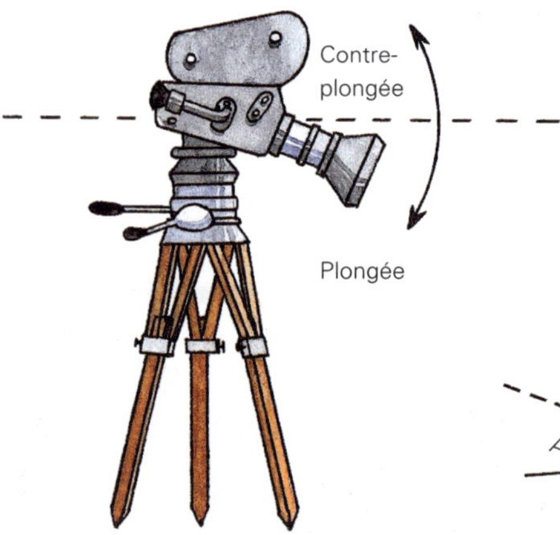

Dans un panoramique, la caméra est mobile autour de son axe. Elle balaie une portion de l'espace horizontalement ou verticalement. Le panoramique permet de découvrir une large fraction de l'espace, d'associer dans le même plan, dans la même continuité temporelle, des personnages et des décors éloignés.

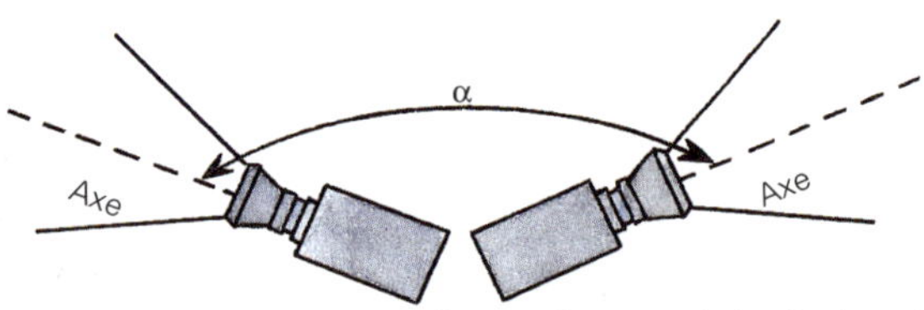

Panoramiques vertical et horizontal

La trajectoire

La trajectoire combine travelling et panoramique. La réalisation des trajectoires nécessite l'utilisation de différents modèles de grues pour porter la caméra.

La caméra libre

Avec la maniabilité accrue des caméras, la prise de vue peut s'effectuer sans pied. Le cadreur doit faire preuve d'une grande maîtrise pour éviter des tremblements de l'image. Il peut s'équiper d'un harnais, ou *steadicam*, qui fixe la caméra devant lui.

LE TRAVELLING

Le travelling optique

Un travelling en action.

Les progrès de l'optique ont donné aux cinéastes la possibilité de réaliser des travellings optiques ou zoom en utilisant des objectifs à focale variable. La modification de la focale donne une impression d'avancée ou de recul.
Cependant, l'utilisation du zoom n'est pas du tout comparable à un véritable travelling.
Le passage d'une courte focale à une longue focale, ou inversement, entraîne des modifications de l'image. Les perspectives se modifient, les premiers plans et les arrière-plans se rapprochent, la profondeur de champ évolue.

Le travelling de découverte

Les personnages et les objets sont fixes, seule la caméra est en mouvement.
Lors d'un travelling avant, la caméra se rapproche, le champ se rétrécit progressivement. L'objet ou le personnage filmé est isolé, souligné.
Lors d'un travelling arrière, la caméra s'éloigne progressivement du personnage. Le champ s'élargit, provoquant le passage du particulier au général.
La découverte d'une action ou des décors peut être aussi obtenue par un déplacement latéral ou vertical de la caméra.

Les travellings d'accompagnement

Le cinéaste peut décider de suivre un personnage ou un objet dans son déplacement par l'utilisation de travellings avant, arrière, latéraux ou verticaux. L'objet filmé donne l'impression d'être immobile. Le mouvement est rendu par le défilement du décor dans l'arrière-plan.

Schémas des différents travellings

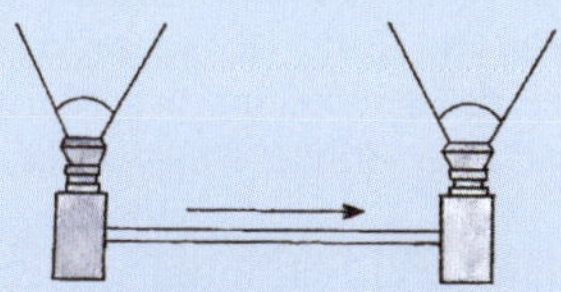

Travelling latéral caractérisé par la longueur du déplacement

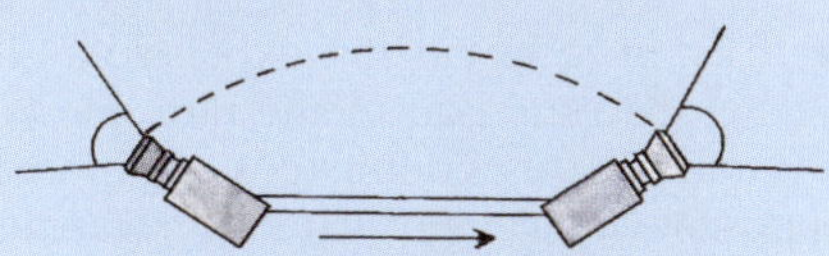

Travelling panoramique caractérisé par le sens du déplacement et la valeur de l'angle de vue

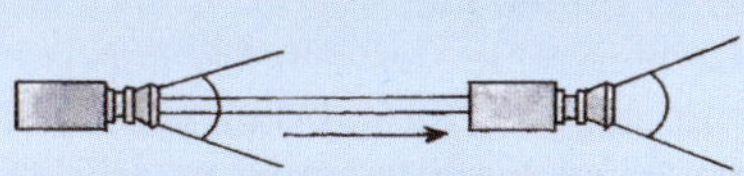

Travelling avant

La lumière

La lumière est la source d'énergie indispensable à toute prise de vue car les cinéastes doivent régulièrement recourir à des éclairages artificiels. Bien exploitée, la lumière sculpte et modèle les contours et participe à la création de la tonalité, du climat esthétique et psychologique du film.

L'éclairage nécessaire

- Dès la naissance du cinéma, le cinéaste part à la recherche d'un ciel toujours bleu. Les plateaux sont couverts d'un voile de tulle pour diffuser la lumière solaire et éviter les contrastes violents.
- Du fait de la faible sensibilité des pellicules, on a rapidement recourt à des éclairages artificiels. La recherche des gains de sensibilité est une constante. Dans les années 30, les pellicules couleur avaient une sensibilité de 8 ASA. Aujourd'hui, les cinéastes disposent de pellicules de 500 ASA.
- En studio, l'intensité souhaitée de la lumière est obtenue en plaçant une série de projecteurs afin de créer un espace chromatique plus ou moins réaliste. Lorsque la lumière est directe, l'image présente des oppositions fortes entre des zones claires et des zones sombres. Sur les visages, des ombres sont marquées, les traits sont durcis.
- Dans la nature, le ciel reste rarement uniforme, les passages nuageux modifient régulièrement l'intensité et la directivité de la lumière. Les prises de vue espacées dans le temps risquent donc de se raccorder difficilement. L'emploi d'un éclairage additionnel permet de pallier ces inconvénients, de maintenir une unité stylistique et esthétique ; il peut aussi être utilisé lorsque la lumière perd de son intensité ou dans un lieu mal éclairé.
- L'éclairage additionnel est équilibré en fonction du type de pellicule choisi. Les projecteurs sont soit réglés à 5 600° kelvin dans le cas de l'utilisation d'une pellicule « lumière du jour », soit à 3 200° kelvin dans le cas d'une « pellicule artificielle ».

La lumière au service de l'expression

- C'est avec le cinéma expressionniste allemand que l'éclairage devient un élément essentiel d'écriture, au même titre que la mise en scène, le décor ou le jeu des acteurs. Les lumières très contrastées composent l'espace, les zones d'ombre et de lumière s'opposent brutalement dans l'affrontement du bien et du mal. L'éclairage participe à la symbolique de l'expression.
- Le développement du *star-system* aux États-Unis repose sur un éclairage qui ne correspond plus à une volonté de réalisme mais permet l'idéalisation de l'acteur. Le visage éclairé en gros plan exprime des sentiments sans perdre sa beauté. Même la souffrance doit rester esthétique.
- La hiérarchie des acteurs impose une hiérarchie des éclairages, mais l'application stricte de ces principes aboutit progressivement à une absence de créativité.
- Face à l'académisme des studios, le néoréalisme italien et la Nouvelle Vague réagissent en filmant le réel tel qu'il est, sans éclairage valorisant. Le film devient un reportage sur l'acteur, un reflet de la réalité.

LES PROPRIÉTÉS DE LA LUMIÈRE

La diffusion ou directivité

La lumière qui arrive sur un objet peut être analysée selon sa direction. Dans la nature, si le ciel est voilé, brumeux, le soleil n'est pas visible. Les rayons sont réfractés par les gouttelettes en suspension dans l'air, la lumière est alors diffuse. L'éclairage diffus provoque une représentation plate, sans relief et sans ombre. Si, au contraire, le ciel est parfaitement dégagé, les rayons du soleil frappent directement les objets ou les sujets. Les couleurs apparaissent inexistantes dans les zones d'ombre, saturées dans les zones éclatantes.

Dans les studios ou en extérieur, la diffusion ou directivité peut être obtenue par l'emploi des projecteurs. Dirigés sur un acteur ou sur une partie du décor, ils créent des contrastes. L'emploi de feuilles d'aluminium, de cartons mats, d'un mur ou d'un plafond blanc, permettent de diffuser la lumière de façon uniforme.

Henri Alekan, chef opérateur, a signé la photographie de plus de 100 films réalisés par Cocteau, Carmé, Losey, Wenders…

L'intensité ou luminance

L'intensité de la lumière ou luminance peut être mesurée à l'aide d'une cellule photo-électrique. En extérieur, l'intensité varie dans le lieu donné en fonction de l'heure de la journée, de la saison, des nuages.

En studio, l'intensité provient de la puissance des éclairages installés. L'intensité varie aussi en fonction de l'éloignement du sujet par rapport à la source lumineuse. En effet, c'est la lumière réfléchie par le sujet filmé qui est toujours mesurée et non l'intensité des sources d'éclairage. Une luminance élevée permet de travailler avec des diaphragmes à ouverture réduite, augmentant ainsi la profondeur de champ.

La température de couleur

La lumière blanche n'est que l'addition de trois couleurs primaires : le bleu, le vert et le rouge. Cependant, la part de ces trois couleurs varie selon les heures de la journée : le matin, le jaune domine, à midi c'est au tour du bleu, en fin de journée le rouge l'emporte. Mais nous ne parvenons pas à saisir ces nuances, grâce à la capacité d'adaptation de notre œil.

Toute lumière a, selon son spectre, une température de couleur différente. Au lever du soleil, la température est d'environ 3 000° kelvin, au zénith, elle augmente pour atteindre 5 500° kelvin puis elle redescend progressivement.

Les Ailes du désir *de Wim Wenders, dont Alekan dirigea la photographie.*

Le décor

Le décor conventionnel de théâtre n'a pas réussi à s'imposer au cinéma. Ce dernier a préféré construire son propre univers sur les plateaux de tournage ou dans des décors naturels. Aujourd'hui, le décor participe à l'élaboration de l'univers propre à chaque film. Il est devenu un moyen d'expression artistique à part entière.

Le décor en studio

- Les premières réalisations ont utilisé des décors de convention, des toiles peintes en trompe-l'œil qui ont permis à Méliès de créer un univers à la fois naïf et féerique et à Charles Pathé de réaliser ses actualités reconstituées.
- L'élaboration progressive du langage cinématographique signifie son éloignement du théâtre et, parallèlement, le développement de la construction de décors en trois dimensions. Dès la Première Guerre mondiale, de vastes décors sont construits dans les studios. *Cabiria* (1914) de Pastrone reconstitue le monde antique du IIIe siècle av. J.-C. Le film est un jalon dans l'histoire des productions à grand spectacle.
- Les cinéastes prennent conscience que le décor n'est pas simplement une convention, mais qu'il participe à la création de l'univers spatio-temporel du film. Carl Theodor Dreyer (1889-1968), dans ses premiers films, assure à la fois la mise en scène et la décoration. Le décor participe à la dramaturgie.
- C'est avec le mouvement expressionniste allemand que le décor devient un élément essentiel du récit. Le film cesse d'être l'expression de la réalité. Les éléments naturels sont déformés, stylisés, symboliques. Ce courant a largement influencé le cinéma mondial, du cinéma soviétique à Orson Welles. Woody Allen a cherché dans *Ombres et Brouillard* (1992) à recréer cette atmosphère irréaliste et angoissante.

Le décor naturel

- Les cinéastes ont voulu se rapprocher du réel en sortant les caméras des studios. Ainsi, les westerns nous racontent l'épopée d'un peuple, la conquête d'un espace à travers une galerie de portraits. La nature devient le décor des films.
- Tourner en décor naturel nécessite des aménagements. Si le récit se déroule à une époque éloignée de la nôtre, il est indispensable d'éviter les poteaux électriques ou toute forme d'anachronisme qui pourrait apparaître dans l'image.

Décor et réalisme

- Certaines écoles ont rejeté le décor. Les cinéastes néoréalistes italiens et ceux de la Nouvelle Vague ont transporté leur caméra sur les lieux du récit pour plus de réalisme.
- Le réalisme ne s'oppose pas toujours au décor de studio. Le cinéaste de fiction ne cherche pas seulement à reproduire la réalité, il en donne son interprétation. Les décors de Trauner participent à l'univers réaliste et poétique du tandem Carné-Prévert.
- Certains cinéastes, par choix esthétique, peuvent même modifier la réalité. Antonioni, dans *Le Désert rouge* (1964) et *Blow up* (1967), fait repeindre les murs, les façades des maisons, les usines, mais aussi les pelouses et les arbres.

ALEXANDRE TRAUNER

De « maladie » en « maladie »

Alexandre Trauner (1906-1993), décorateur français, définissait son métier comme une sorte de maladie : « Dès que je lis un scénario, l'incubation commence. C'est comme si un microbe s'infiltrait dans mon sang. Quand le film est terminé, je suis guéri. » Et c'est ainsi que, de « maladie » en « maladie », il a signé les plus beaux décors de l'histoire du cinéma.

L'un des dessins du décor d'Hôtel du Nord.

Peintre de formation (il a fait des études à l'école des Beaux-Arts de Budapest, où il est né), il devient, après son installation à Paris en 1929, assistant du grand décorateur de cinéma Lazare Meerson. Nommé chef décorateur en 1937, il commence à créer des décors pour Marcel Carné : *Drôle de drame* (1937), *Quai des brumes* (1938), *Hôtel du Nord* (1938), *Le Jour se lève* (1939).

Après la guerre, il travaille de plus en plus avec les cinéastes américains. Il signe les décors de huit films de Billy Wilder, dont *La Garçonnière* (1960) qui lui vaut un oscar.

Dans les années 80, il collabore avec Bertrand Tavernier : *Coup de torchon* (1981) et *Autour de minuit* (1986), Claude Berri :*Tchao Pantin* (1980) et Luc Besson : *Subway* (1980).

Préparation du décor du Jour se lève.

« Dès que j'ai lu l'histoire et que j'ai commencé à travailler avec Prévert et Viot, j'ai su que l'ouvrier, joué par Gabin, devait être isolé, quelque part là-haut, avec au-dessous, la foule. Évidemment, plus c'est haut, plus c'est cher. Et on avait un producteur, un brave homme, qui discutait chaque étage pied à pied ! » (Alexandre Trauner)

Le son

Dès la naissance du cinéma, l'image a toujours recherché le son. Depuis la projection du *Chanteur de jazz* en 1927, le son est devenu l'un des éléments constitutifs d'un film. Il permet d'accroître l'authenticité, le réalisme d'un récit et en favorise la compréhension. On distingue les sons parlés (la voix) et les sons d'ambiance.

La prise de son

- Au tournage, le son et l'image sont enregistrés séparément. C'est lors du montage et du mixage que le son retrouve l'image.
- Le réalisateur peut décider de conserver au montage le son enregistré lors du tournage : c'est le son direct. La qualité d'enregistrement doit être irréprochable. La prise de son direct réduit les coûts financiers en évitant une postsynchronisation par les acteurs. Le recours au son direct augmente l'effet de réalisme.
- Le metteur en scène peut choisir d'utiliser un son témoin. L'enregistrement au tournage sert de repère lors des opérations de postsynchronisation des voix. Le recours à l'utilisation d'un son témoin est souvent rendu obligatoire par des conditions difficiles d'enregistrement.
- Si, dans un studio, la qualité de prise de son peut être presque parfaite, il n'en va pas de même dans le cas d'un tournage en extérieurs. L'ingénieur du son concentre alors tous ses efforts sur les prises de son d'ambiance et de sons parlés, qui seront utilisées lors de la finition du film. Il constitue, de toute façon, deux bandes son, une pour les voix, une pour les bruits.

La voix

- Le rôle du preneur de son est de privilégier la voix et les dialogues. L'utilisation d'un micro au bout d'une perche ou d'un micro-cravate permet de prendre uniquement les voix et d'éliminer les bruits parasites.
- À l'enregistrement, la perspective sonore de l'échelle des plans n'est pas respectée : on obtient, par exemple, un gros plan sonore même si les personnages sont éloignés.
- Au mixage, il est nécessaire de rétablir l'accord des échelles de plan, image et son. La sensation de proximité ou d'éloignement est alors donnée par le niveau sonore. Il suffit, en studio, d'en moduler l'intensité.
- Dans le cas d'enregistrement de voix dans des lieux qui possèdent une grande réverbération (résonance), comme un parking ou une église, on peut reproduire cet effet sur la console de mixage.

Ambiance et effets sonores

- L'ingénieur du son met en mémoire des sons qui sont destinés à être incorporés dans la bande définitive. Il enregistre les ambiances des lieux de tournage. Chaque lieu a ses propres caractéristiques sonores. Il collecte des sons qui permettront de réaliser des effets : claquements de porte, grincements de serrure, etc.
- L'ingénieur peut utiliser des sons déjà enregistrés et faire appel aux ressources de sonothèques. Cependant, les bruiteurs professionnels constituent leurs propres banques de données sonores.

DU PHONO AU SON NUMÉRIQUE

L'image à la recherche du son

L'image a toujours recherché le son. Edison a associé son kinétoscope et le phonographe inventés par lui en 1877. Les frères Lumière déposent un brevet pour « un reproducteur simultané des mouvements et des sons dans les projections de scènes animées ». Dès 1912, le Gaumont-Palace offre des sujets sonores, souvent musicaux. Les voix sont enregistrées d'abord sur un disque, les acteurs étant filmés ensuite en *play-back*.
Le cinéma sonore bute, cependant, sur la qualité médiocre de l'enregistrement et de la diffusion des sons, et surtout sur la difficulté de la synchronisation.

L'apparition du parlant

Les recherches se multiplient sans interruption jusqu'à la découverte du cinéma parlant dont les frères Warner sont à l'origine. En 1926, les Warner lancent un premier long métrage sonore avec musique et bruitages, intitulé : *Dom Juan*. Le film est réalisé par Alan Crosland. En 1927, a lieu la première projection de cinéma parlant d'Alan Crosland : *Le Chanteur de jazz* interprété par Al Johnson. Le son est enregistré sur disque, synchronisé avec le projecteur suivant le procédé Vitaphone.
Dans les années 30, le succès phénoménal du film amène les concurrents de la Warner à se lancer dans la production de films parlants, avec d'autres techniques d'enregistrement, les sons étant synchronisés par des procédés photographiques sur une piste optique. C'est aux États-Unis et en Allemagne que les progrès d'enregistrement et de diffusion sont les plus spectaculaires. Le son optique peut être lu en même temps que l'image lors du tirage. Ce procédé permet de projeter les films dans n'importe quel pays.

Le son magnétique

Dans les années 50, le son optique est remplacé par le son magnétique lors des enregistrements. Le son est enregistré séparément de l'image. Un signal de synchronisation s'inscrit sur la bande magnétique lors de l'enregistrement pour faciliter son report lors du montage et du mixage. Le son est ensuite transféré sur une piste optique.

La stéréophonie

Au tournage, les bruits et les voix sont enregistrés sur des pistes séparées. La stéréophonie est réalisée au mixage.
Le système Dolby Stéréo permet de diffuser quatre sources sonores en salle : une ambiance en fond de salle et trois hauts-parleurs d'écran. Le haut-parleur central de l'écran est réservé aux voix, les haut-parleurs latéraux diffusent la musique et les effets sonores.

Le son numérique

Les technologies numériques permettent la réalisation de bandes sons très élaborées vouées à immerger le spectateur dans l'espace sonore. Elles nécessitent, au moment de la projection, des équipements multipistes adéquats (amplificateurs haute fidélité, hauts-parleurs puissants, répartis derrière l'écran et au fond de la salle). Dans les années 80, une norme de qualité haut de gamme, conçue selon des paramètres précis et exigeants, est créée à l'initiative de George Lucas et de son directeur technique, Tomlinson Holman. Cette certification « THX » garantit des conditions d'écoute proches de celles du studio où la bande son a été fabriquée. Les salles estampillées THX accueillent un public pour qui le dispositif technologique du film fait pleinement partie du spectacle.

La musique

De l'accompagnement du pianiste à la musique électronique, le film ne peut vivre sans la musique. Elle est un élément essentiel de la bande son. Elle nourrit l'imaginaire et participe à la création de l'univers fictionnel. Parent pauvre en France, elle est pleinement adulée à l'étranger.

La musique au cinéma

- À la naissance du cinéma, l'accompagnement musical avec pianiste ou orchestre a pour but de couvrir le bruit du projecteur. Mais la musique se met rapidement au service du film pour renforcer le rythme et l'émotion.
- À cette époque, les musiques de film n'existent pas en tant que genre autonome. Elles sont puisées dans le répertoire existant ou sont des créations originales. Tous les types peuvent être utilisés : classique, jazz, populaire, etc.

La musique de cinéma

- De grands compositeurs écrivent des partitions sur les images du film comme Camille Saint-Saëns pour *L'Assassinat du duc de Guise* (1908), de Calmettes et Le Bargy, Erik Satie pour *Entr'acte* (1924), film muet de René Clair ou Prokofiev avec Eisenstein.
- Le nom de certains musiciens est lié à celui de grands réalisateurs. Bernard Herrmann est le musicien de Welles avant de travailler avec Hitchcock. Nino Rota écrit des partitions qui complètent les rêves de Fellini. Le nom de Delerue reste attaché aux auteurs de la Nouvelle Vague et celui d'Ennio Morricone à Sergio Leone.

Musique et imaginaire

- La musique joue un rôle essentiel dans notre perception du film et la tire vers l'imaginaire. Elle obéit à des codes instrumentaux exprimant des sensations et des émotions. Elle participe à la perception du rythme. Walt Disney lance ses souris à l'assaut de l'escalier, mouvement rythmé par toutes les notes de la gamme ascendante, puis les souris dévalent au rythme endiablé de la gamme descendante : c'est le *Mickey Mousing*.
- Par ailleurs, la musique permet de dilater, de contracter ou de figer à volonté l'espace et le temps. En effet, ces notions sont à la fois réelles et psychologiques. Une minute de silence est insupportable si on l'applique à la lettre. Accompagnée d'une musique très enlevée, elle ne paraît pas avoir la même durée.

La musique, parent pauvre du cinéma ?

- La musique de cinéma continue souvent à évoluer dans une sorte de *no man's land* culturel et économique dans les pays européens, souvent ignorée par la critique. En France, la musique n'est pas inscrite dans le budget de la production. Les compositeurs sont payés sur les entrées et reçoivent 0,8 % du prix du billet.
- Aux États-Unis, il existe une ligne budgétaire importante attribuée à la musique. Tous les grands studios possèdent leur département musique. Les compositeurs disposent de moyens considérables : grands orchestres symphoniques, musique électronique seule ou combinée avec de grands ensembles.

SHINING ET SA PARTITION MUSICALE

Musiques contemporaines

Très présente, la musique constitue dans *Shining* un élément esthétique, dramatique et narratif de première importance. Kubrick utilise pour cela des pièces de musiques préexistantes, choisies dans le répertoire contemporain : *Musique pour cordes, percussions et célesta* de Béla Bartok ; œuvres de Krzysztof Penderecki dont *Le Réveil de Jacob* accompagnant la scène où l'on voit Jack se réveiller après un cauchemar ; *Lontano* de György Ligeti. Ces musiques au caractère dissonant et sans mélodie surplombent l'image sans faire partie de l'histoire racontée. C'est cependant de leur relation à l'image que naît le climat étrange et horrifique.

Chansons dansantes

Le film compte également des chansons qui s'intègrent dans l'histoire, puisqu'elles sont rattachées au bal de 1921 : *It's All Forgotten Now* et surtout *Midnight, the Stars and You* composées par Al Bowlly, et *Home*, interprétée par Henry Hall et le Gleneagles Hotel Band. Écrites dans les années 30, elles constituent une discrète anachronie dans un film qui en contient d'autres plus visibles et bel et bien revendiquées. Ces chansons légères et dansantes, loin de rassurer le spectateur, contribuent à la création d'un climat étrange, surtout à la fin lorsque l'une d'elles est reprise pour accompagner une photo du bal du 4 juillet 1921. Réanimant ainsi l'image fixe, réveillant les fantômes du passé, elle suggère que l'histoire est sans fin.

La musique en dehors de la musique

Kubrick procède également à la « musicalisation » de certains sons *a priori* non musicaux. C'est le cas de la célèbre séquence dans laquelle les roues du tricycle de Danny produisent des sons de différentes textures au rythme des revêtements de sol successifs. C'est le cas également de la scène dans laquelle Halloran, le cuisinier, faisant visiter la cuisine et le garde-manger à Wendy et Danny, déclame, dans une tirade située entre le monologue parlé et la parole chantée, rythmée, « swinguée », son inventaire des denrées alimentaires.

Jour de colère

La célèbre image de la petite voiture jaune de Jack Torrance traversant, au début de *Shining*, les vastes montagnes Rocheuses, à l'ouest du Colorado, est accompagnée du thème médiéval du *Dies irae*, réarrangé au synthétiseur par la compositrice Wendy Carlos. Si le thème est exposé une première fois sous la forme d'une ligne mélodique simple rappelant les chants grégoriens, il est ensuite enrichi d'effets multiples et notamment de sons imitant des voix jusqu'à revêtir une forme très contemporaine et incarner une menace déjà présente dans le titre du morceau à la connotation apocalyptique : *Jour de colère*. Cette traversée, en quelques minutes, de l'histoire de la musique donne à la séquence une perspective temporelle. Par ailleurs, les sons de cuivres synthétiques très réverbérés semblent résoner dans la montagne et soulignent l'immensité du décor.

Shining, *S. Kubrick, 1980.*

Trucages et effets spéciaux

Depuis Méliès, le cinéma aime les trucages. Aujourd'hui, ils se tournent le plus souvent en laboratoire et sont inséparables de leurs complices : les effets spéciaux.

Les trucages dès l'origine du cinéma

Des générations de spectateurs ont été fascinés par *Le Voyage dans la Lune*, de Méliès (1902), l'ouverture de la mer Rouge devant les Hébreux (*Les Dix Commandements*, de Cecil B. De Mille, 1923 et 1956) ou terrorisés par l'apparition de King Kong tenant dans ses mains la fragile Fay Wray (de Cooper et Schoedsack, 1933). Depuis une vingtaine d'années, les trucages ont pris une place considérable avec le développement des films fantastiques et de science-fiction de la production nord-américaine.

Les trucages au tournage

- Les trucages essentiels ont cherché à superposer des images filmées dans des lieux différents par le recours à la transparence ou l'emploi du cache/contre-cache.
- Dans le cas de la transparence, l'acteur évolue devant un écran translucide sur lequel est projeté un film préalablement enregistré. Pour que le spectateur soit dupe, il faut des réglages très précis, d'importants aménagements de studio.
- Le principe de cache/contre-cache permet de superposer deux images. Si l'on désire placer la tour Eiffel sur une colline, on filme la tour avec un cache qui masque l'ensemble de l'environnement parisien. On réalise ensuite le contre-cache à la forme du décor qui entoure la tour. Ce contre-cache est fixé dans la caméra ou devant l'objectif, on filme alors la colline. En superposant les deux films, on obtient l'effet recherché. Actuellement, le procédé le plus utilisé consiste à filmer un comédien sur un fond bleu. Le bleu est choisi parce qu'il est absent de la pigmentation de la peau. En recopiant le film à l'aide de filtres appropriés, on sépare l'acteur de son fond. On obtient alors des caches et contre-caches parfaits.
- De nombreux effets climatiques sont obtenus à la prise de vue. Les fumigènes ou la vaporisation de mélange d'huile et de pétrole donnent un *smog* londonien idéal. Différents types de lances à eau produisent crachins ou pluies de mousson. Une maquette, une vitre peinte placées devant l'objectif de la caméra masquent un élément indésirable ou complètent partiellement un décor. Une fenêtre du studio ouverte dévoile une rue de Paris, de New York… alors qu'il ne s'agit que d'une photographie ou d'une toile peinte.

Les trucages en laboratoire

En laboratoire, il est possible de jouer sur la vitesse du film : réalisation de marche arrière, ralenti, accéléré, etc. Les cinéastes ont de plus en plus recours aux techniques informatiques qui permettent toutes les transformations ou déformations de l'image. Ces images virtuelles sont mixées en laboratoire avec des plans de films réalisés avec des acteurs. La maîtrise de cette technologie marque une étape importante de l'évolution du cinéma puisque l'image de synthèse peut être réalisée sans enregistrement de la réalité.

DE L'ILLUSIONNISME AUX IMAGES DE SYNTHÈSE

Le Portrait mystérieux, *Méliès, 1899.*

King Kong, *Cooper et Schoedsack, 1933.*

Georges Méliès, illusionniste et prestidigitateur, invente une grande partie des trucages, surimpression d'images, inversion des mouvements, disparitions, etc.

Willis O'Brien réalise pour *King Kong* une série de trucages toujours utilisés de nos jours (dans *Jurassic Park*, par exemple) : animation de modèles réduits filmés image par image, peintures sur verre, transparence, etc.

Actuellement une grande partie des trucages sont réalisés grâce à l'informatique. L'ordinateur contrôle les déplacements des caméras et des maquettes. Dans la même image, les acteurs côtoient des images de synthèse, comme l'illustre magnifiquement *Qui veut la peau de Roger Rabbit ?*

Jurassic Park, *Steven Spielberg, 1997.*

Tournage de Matrix, *L. et A. Wachowsky, 1999.*

Qui veut la peau de Roger Rabbit ?, *R. Zemeckis, 1988.*

Le générique

Présent au début et à la fin du film, le générique livre aux spectateurs le titre et les noms des principaux artisans de l'œuvre ainsi que d'autres informations, parfois implicites : lieux du tournage, nom du couturier... De forme simple, il peut également être une œuvre d'art à lui seul.

Les informations

La lecture attentive d'un générique permet généralement de savoir quelle firme distribue le film, qui l'a produit, écrit ou adapté, qui l'a mis en scène. Le générique *crédite* (c'est le terme anglais) des personnes physiques ou morales dont les activités spécifiques ont permis l'élaboration du film. Il dresse la liste des techniciens, comédiens, sponsors, indique les lieux de tournage (studio ou sites naturels), l'année de sortie du film, l'origine des morceaux musicaux utilisés, etc.

Ces informations sont hiérarchisées par leur ordre de présentation et par leur mise en valeur graphique (noms isolés/noms groupés, gros ou petits caractères, minuscules ou majuscules), parfois prévus dans les contrats.

Les autres fonctions du générique

Le générique rappelle au spectateur que le cinéma est un ensemble d'institutions et que le film est un objet fabriqué. Il attribue à chacun sa fonction, son rôle : producteur, habilleur, perchiste, scripte, etc. Il constitue la fiche d'identité du film.

Il délimite aussi l'œuvre qu'il présente puisqu'il l'ouvre et la ferme. Il assure la clôture du film sur lui-même ainsi que la différenciation d'avec les autres films. Certains films comportant un pré-générique (*En quatrième vitesse*, de R. Aldrich, 1955), un postgénérique (*Le Secret de la pyramide,* de B. Levinson, 1985) ou pas de générique du tout (*À bout de souffle,* de J.-L. Godard, 1959) jouent avec cette fonction démarcative.

Enfin, le générique fait entrer le spectateur dans le film. Il le prépare, à travers la musique ou les sons, par une ou plusieurs images de fond, grâce à la forme des lettres, au genre, à la tonalité générale, voire aux différents thèmes du film. Le générique de *Laura* (O. Preminger, 1944), accompagné d'une musique sentimentale, défile devant un tableau représentant une belle jeune femme tandis qu'une ombre se devine sur le mur ; celui de *L'Impasse* (B. de Palma, 1994) se superpose aux images de Carlito transporté, agonisant, sur un chariot roulant sur le quai d'une gare.

Les formes du générique

Cartons se succédant sur un fond neutre ou « déroulant » présentant une longue liste de noms, le générique peut aussi donner lieu à des fantaisies graphiques (voir ceux que Saül Bass a dessinés pour Hitchcock ou Preminger), à un mini-film (voir *La Panthère rose* de Blake Edwards en 1964 et son célèbre dessin animé) ou à quelque composition visuelle et sonore. Sacha Guitry aimait « parler » ses génériques et présenter lui-même aux spectateurs ses comédiens et son équipe technique, en une mise en scène volontiers cocasse (*Désiré* en 1937, par exemple). *Le Mépris*, de Godard (1963) s'ouvre sur un long plan-séquence : une caméra s'avance vers le spectateur tandis qu'une voix *off* dit le générique.

LES COMPOSITIONS DE SAÜL BASS

Saül Bass, à gauche sur la photo, a conçu de nombreux génériques au graphisme sophistiqué, presque abstrait. Il a notamment travaillé avec Hitchcock (ci-contre, le générique de *Psychose*), Preminger (ci-dessous, le générique de *L'Homme au bras d'or*) et Scorsese (en bas, à droite, le générique de *Casino*). Il a lui-même réalisé un film, *Phase IV*, en 1974.

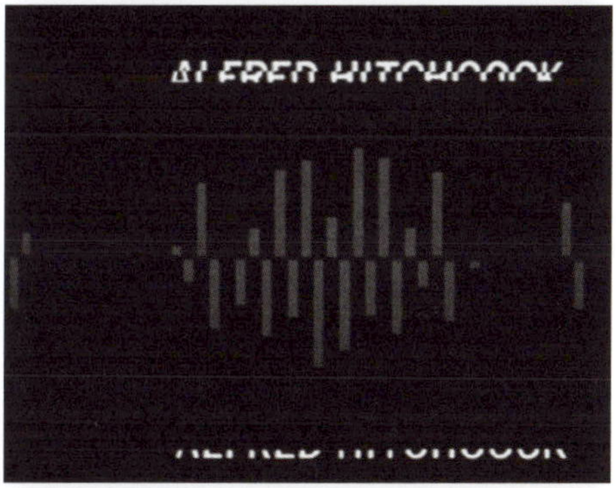

Le scénario

Le scénario d'un film narratif découpe l'histoire en scènes de manière à capter l'attention du spectateur, à susciter des émotions et, éventuellement, la réflexion. Les scénaristes, trop souvent méconnus du public, sont les architectes des fictions filmiques.

La structure dramatique

Elle est héritée du théâtre ou du roman, souvent conforme au découpage préconisé par Aristote dans sa *Poétique*. Le modèle dominant comporte trois actes :
– *le premier acte* est celui de la mise en place (présentation des personnages, exposition de la situation et du contexte, installation des conflits) ; il se termine par un tournant (événement externe ou revirement interne) réorientant l'intrigue ;
– *le deuxième acte* confronte le ou les personnages avec la situation conflictuelle ou problématique mise en place, selon diverses péripéties ;
– un second tournant ouvre sur *le troisième acte*, dénouement heureux, tragique ou « neutre ».

Le plus souvent les trois actes s'agencent en durées précises : un quart de la durée totale du film pour le premier, la moitié pour le second, le dernier quart pour le troisième. Il existe, bien sûr, d'autres modèles structurels : films en deux actes, avec un tournant central, en quatre ou cinq actes, pour des films longs (*Cléopâtre*, de J. Mankiewicz en 1963, par exemple, de 243 minutes). Enfin, d'autres films transgressent ces modèles soit en distendant ou raccourcissant les durées, soit en négligeant d'exploiter la technique des tournants (*L'Avventura*, de M. Antonioni en 1960, par exemple).

L'histoire, l'intrigue, le sujet

Le synopsis vise à résumer l'histoire contée dans le film. Mais cette histoire peut être constituée de plusieurs intrigues parallèles ou entrecroisées. Dans *La Règle du jeu* (Jean Renoir, 1939), plusieurs intrigues sentimentales se recoupent, notamment celles des maîtres et des domestiques. Dans *Independance Day* (Emmerich, 1996), l'histoire de l'attaque de la Terre par des extraterrestres est tissée d'intrigues secondaires (celles du savant juif voulant reconquérir son épouse, de l'alcoolique en quête de rachat, du jeune couple de Noirs, du président des États-Unis).

Le film ne se borne pas à raconter, il dit aussi quelque chose à propos de ce qu'il raconte : c'est ce qu'on entend par « sujet ». Dans *La Règle du jeu*, Renoir parle de l'amour (« qui est fait pour voltiger »), mais aussi de l'insouciance apparente et de l'irresponsabilité des Français en 1939, alors que la guerre est imminente.

Deux astuces parmi d'autres

Le Mac Guffin est l'objet banal, l'objet-prétexte, qui déclenche l'intrigue. On oublie parfois, au cours de l'histoire, qu'il s'agit de retrouver un microfilm ou un chat.

L'implant est un détail (un vêtement, un geste, une parole, un fait) apparemment anodin et qui révélera son importance dans la suite de l'histoire. Il participe de l'art des préparations. Dans *Alien, le huitième passager*, l'aspect de l'épave constitue une sorte d'implant visuel : il ressemble à l'intérieur d'un immense corps disloqué.

ALIEN, LE HUITIÈME PASSAGER

La structure dramatique

Alien est un film de science-fiction britannique dont le scénario a été écrit par Don O'Bannon et Ronald Shusett. Le premier de la série fut tourné par Ridley Scott en 1979.
Le film dure environ 115 minutes. Le premier acte présente le cargo spatial Nostromo ainsi que son équipage, détourné de son chemin vers la Terre pour une planète inconnue émettant des signaux. Une équipe explore la planète, découvre les restes d'un engin spatial colossal, des sortes d'œufs.
Le premier tournant s'étale de la 25e à la 35e minute : une espèce de pieuvre jaillit d'un œuf et s'accole au casque de l'un des hommes. Tout l'équipage se trouve confronté à une nouvelle situation incluant un « alien » (un *autre*).
Le milieu du film (57e minute) coïncide avec le surgissement de la « bête » du corps même de l'homme agressé. La seconde partie du second acte est consacrée à la chasse à l'alien.
Second tournant vers la 85e minute du film : l'un des hommes d'équipage est un androïde et il révèle que la mission du cargo est de ramener l'alien, absolument hostile et indestructible, sur Terre.

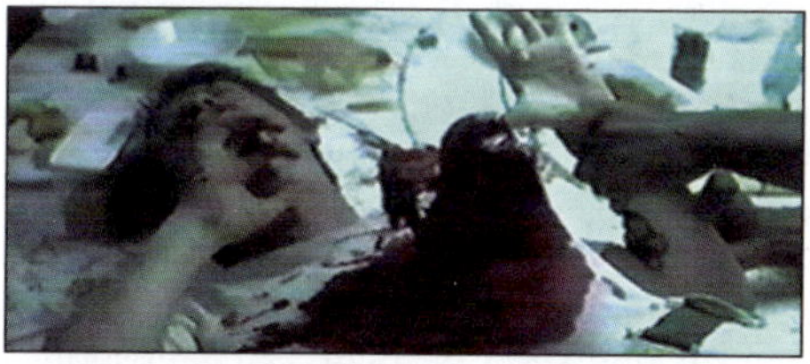

La « bête » surgit du corps de l'homme.

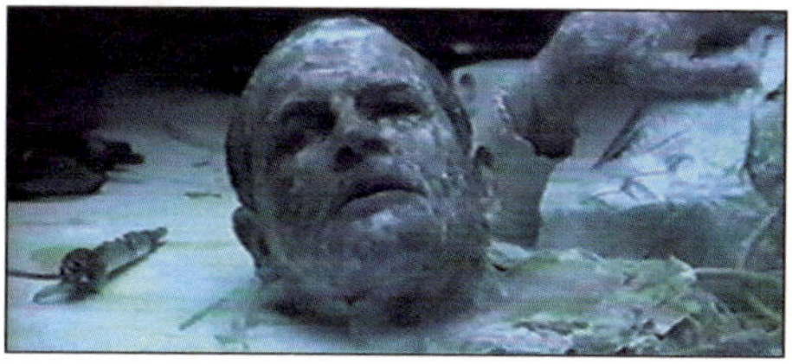

Un des hommes d'équipage est un androïde.

Le troisième acte est conçu selon des péripéties graduées : le lieutenant Ripley (Sigourney Weaver) reste seule face à l'alien, elle déclenche la mise à feu du cargo, se réfugie dans une navette, mais le monstre y a déjà pris place…

Le lieutenant Ripley réussit à éjecter l'alien hors de la navette.

Le sujet

Gradation : au fur et à mesure que l'alien grandit, il devient de plus en plus méchant et de plus en plus intelligent.
Surprise : la vraie mission du cargo se révèle avec l'identité de l'androïde.
Que représente l'alien ? Un danger mortel, venu d'ailleurs, mais implanté dans le corps même d'un des membres de l'équipage. Que penser de cet ennemi en 1979 ?

La segmentation en séquences

La première étape du travail de l'analyse consiste en une segmentation selon certains critères internes ou externes à l'histoire. Cette segmentation laisse apparaître différents profils de séquences.

La segmentation

- Le film ainsi que les visées de l'analyse déterminent le niveau de segmentation, la taille des unités : actes, séquences, parties de séquences, plans, parties de plans. *La Corde* (Alfred Hitchcock, 1948), formé d'un seul plan, ne se découpe pas comme *Citizen Kane* (Orson Welles, 1941), d'emblée très structuré en séquences nettes, ou comme *La Règle du jeu* (Jean Renoir, 1939), dont les longues séquences finales invitent à une segmentation en sous-parties.
- Le découpage effectué dans le cadre de l'analyse, non soumis aux contraintes pratiques du tournage, ne se confond pas avec le découpage technique.
- Une séquence se définit comme un ensemble autonome de plans formant un tout du point de vue de l'intrigue. Un saut dans le temps, un changement de lieu, l'entrée ou la sortie d'un ou plusieurs personnages sont des éléments internes à l'histoire qui, parfois (pas toujours), indiquent le passage d'une séquence à une autre. Il arrive que ces changements de séquence s'accompagnent d'effets optiques (fondus, iris, volets). Mais, là encore, tout effet optique n'implique pas un changement de séquence. De même, tout changement de séquence n'implique pas l'intervention d'un effet optique. Il peut se faire par coupe franche et en être d'autant plus saisissant.

Les différents types de séquences

- *La scène* est une séquence en plusieurs plans, filmée en temps réel, dépourvue d'ellipses temporelles. Elle permet, par exemple, de restituer un dialogue *in extenso* en continuité.
- *Le plan-séquence* est une scène composée d'un seul plan. Il est caractérisé par une double continuité temporelle et spatiale. Le jeu de la profondeur de champ, des mouvements de caméra, des mouvements à l'intérieur du champ (déplacements de personnages ou d'objets, etc.) le rendent souvent aussi complexe qu'une scène, malgré l'absence de montage.
- *La séquence ordinaire*, type le plus courant, admet quelques ellipses temporelles. Elle respecte l'ordre chronologique des événements.
- *La séquence par épisodes* résume une lente et longue évolution (par exemple, la dégradation du couple Kane dans *Citizen Kane*) en une série de plans caractéristiques, brefs, séparés par des ellipses temporelles.
- *La séquence alternée* fait se succéder au moins deux séries d'événements simultanés (par exemple, une séquence de poursuite présentant alternativement poursuivis et poursuivants). Il arrive que seule une partie de la séquence présente cette construction en alternance (lorsque, par exemple, la poursuite n'arrive qu'en fin de séquence). On parle alors de montage alterné.
- *La séquence parallèle* fait alterner au moins deux séries d'événements ou de motifs sans lien temporel. Le lien entre les deux séries est d'ordre généralement symbolique et invite à la comparaison.

LES EFFETS OPTIQUES

Volet au noir : *l'image est balayée par un cache noir.*

Volet simple : *l'image est balayée par une autre image.*

Fermeture à l'iris : *un cercle qui part des bords de l'image se rétrécit progressivement, recouvrant l'écran de noir.*

Fondu au noir : *l'image s'obscurcit progressivement jusqu'à ce que l'écran devienne noir.*

Fondu enchaîné : *une image disparaît progressivement tandis que la suivante apparaît. Pendant quelques secondes, les deux images sont superposées.*

Si le volet, l'iris et le fondu au noir ont le plus souvent une fonction démarcative, c'est moins souvent le cas du fondu enchaîné dont la caractéristique essentielle est de lier tout en séparant. En faisant durer la rupture, il l'atténue, l'adoucit. Il est fréquemment utilisé dans la séquence par épisodes, dans laquelle il relie en douceur les différents épisodes. Dans ce cas, il ne constitue pas une frontière entre séquences.

L'étape clé : le montage

La construction du récit s'élabore définitivement sur la table du montage. Le film y trouve son rythme en images et en sons. À la suite des cinéastes soviétiques des années 20, de nombreux réalisateurs considèrent le montage comme une étape fondamentale de l'écriture d'un film.

La fonction narrative

- Le cinéma classique cherche à raconter des histoires construites sur le rapport de cause à effet, sur un enchaînement logique d'actions. Le montage construit un espace-temps fictionnel perçu par le spectateur comme une réalité.
- Le cinéaste peut chercher à gommer toutes les ruptures liées à la fragmentation de la prise de vue. Il choisit alors au tournage d'adopter de longs plans-séquences, ou il prépare des raccords image qui facilitent une lecture continue du film.
- Le cinéaste utilise les possibilités offertes par le son, en décalant la bande image et la bande son. Le son tire l'image : les premières notes musicales apparaissent à la fin d'une séquence et préparent la suivante. Les derniers mots d'un dialogue se continuent sur le plan suivant, etc. Le montage peut au contraire nier les enchaînements, les successions de plans montés *cut* créent un choc.
- Le scénario a précisé la construction du récit. Celle-ci se conserve ou se modifie au montage. Les séquences sont montées dans l'ordre chronologique des actions ; ou, au contraire, on a recours au *flash-back* ou au *flash-forward*.

La fonction rythmique

- Le réalisateur donne au film un rythme correspondant à sa musique intérieure. Cependant, la perception du rythme est propre à chaque spectateur.
- Pourtant, le rythme du film obéit à certaines règles. Une succession de plans larges avec des lignes horizontales paraît moins dynamique qu'une série de plans rapprochés avec des compositions verticales ou obliques. Le passage d'un plan large à un plan rapproché surprend le spectateur. Des plans sans mouvements internes sont perçus comme plus longs. Les mouvements de caméra tendent à dynamiser l'image.
- L'utilisation de la bande son vient renforcer le rythme ou agir en contrepoint sonore.

L'idéologie du montage

- Le montage peut chercher à s'effacer, à donner à voir et à ne pas se voir : c'est le cinéma de la transparence, comme le définit le critique André Bazin.
- Le montage a été au centre de la réflexion des ateliers soviétiques de Koulechov à Vertov. Eisenstein affirmait : « Deux fragments, quels qu'ils soient, placés ensemble, se combinent inévitablement en un nouveau concept, une nouvelle qualité… »
- La mise en rapport de deux plans successifs qui créent des rapports conceptuels ou symboliques a été utilisée par de nombreux cinéastes. Pour dénoncer les excès du modernisme, Chaplin, dans *Les Temps modernes*, juxtapose l'image d'ouvriers se rendant à l'usine et celle de moutons menés à l'abattoir.

EISENSTEIN : UN PRINCE DU RYTHME

La courbe du mouvement

Dans l'extrait suivant, Sergueï Eisenstein (1898-1948) décrit, quatorze ans après sa réalisation, « la courbe du mouvement » qui a présidé à la mise au point de la fameuse descente de l'escalier dans *Le Cuirassé Potemkine* (1925).

« [...] Laissant de côté l'exaltation des masses et des êtres représentés, étudions le développement du pathétique sur un caractère particulier, qui concerne la structure et la composition : *la courbe du mouvement*.

C'est d'abord un chaos (gros plan) de corps se ruant en avant. Puis un plan général de corps se ruant toujours en chaos. Puis ce *chaos* se transforme en martèlement *rythmique* des bottes des soldats descendant l'escalier.

Le mouvement s'accélère. Le rythme se précipite. L'apogée, le mouvement *descendant* se transforme soudain en mouvement *ascendant :* la *ruée des masses* (vers le bas) débouche sur la *lente* marche *solennelle* de la mère *seule* portant son fils (vers le haut).

La Masse. La ruée d'une coulée de lave. *Vers le bas*.

Et puis soudain une figure *seule*. Lenteur solennelle. *Vers le haut*.

Cela ne dure qu'une seconde. Et de nouveau *saute inverse vers le bas*.

Et puis soudain une figure *seule*. Lenteur solennelle. *Vers le haut*.

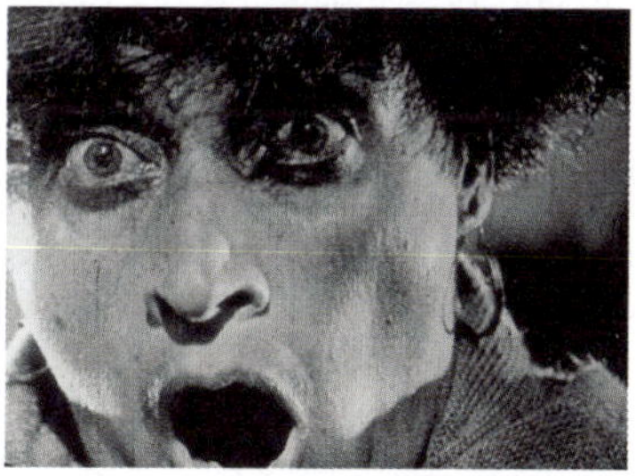

Gros plan.

Plan général.

Cela ne dure qu'une seconde. Et de nouveau *saute inverse vers le bas*.

Le rythme se précipite. Le mouvement s'accélère.

Brusquement, la *fuite de la foule* cède la place à la voiture d'enfant qui descend. Ce n'est plus seulement une accélération du *mouvement*. On saute à une *nouvelle méthode d'exposition*. Du figuratif on passe au physique, ce qui modifie la représentation de la descente vers le bas. Ainsi des *gros plans* passe-t-on aux *plans généraux*. Du mouvement *chaotique* (la foule) aux mouvements *rythmiques* (les soldats). D'une forme de mouvement (hommes qui courent, tombent) au stade suivant de ce thème du mouvement (la voiture d'enfant roulant).

Du mouvement *vers le bas* au mouvement *vers le haut*. Des salves *nombreuses* tirées par de *nombreux* fusils à un coup *unique* tiré par un canon *unique*.

Au bout du compte, ce n'est plus seulement l'épisode isolé (la voiture d'enfant), mais l'ensemble de la méthode d'exposition qui change totalement. Du type *narratif* on passe au mode *allégorique* de composition avec les lions rugissants.

Les passages par bonds successifs [...] reproduisent rigoureusement les degrés de l'escalier sur lequel l'action est emportée par rebondissements successifs vers le bas. »

Extrait de Histoire générale du cinéma. L'art du muet, Georges Sadoul, Paris, Denoël, 1975.

L'espace

L'espace filmique est l'espace imaginaire à trois dimensions dans lequel prennent place les événements. Il est constitué du champ (sa partie visible, comprise à l'intérieur du cadre) et du hors-champ (sa partie cachée qui englobe le champ), deux espaces complémentaires, réversibles et communicants.

L'espace filmique

Au cinéma, l'espace se définit en tout premier lieu par le cadre, c'est-à-dire les bords de l'image. Le cadre constitue le seul élément permanent de l'image filmique, ce qu'il contient étant susceptible, à chaque instant, de se mouvoir et de subir des transformations.

Le cadre délimite une image à deux dimensions qui pourtant produit une forte impression de réalité et donc de profondeur. Celle-ci conduit le spectateur à percevoir et à reconstituer mentalement un espace à trois dimensions, analogue à celui du monde réel qui l'entoure. Cet espace imaginaire tridimensionnel s'appelle le champ.

L'impression de réalité a tendance à faire oublier le cadre, ou au moins à en atténuer la rigidité, suggérant qu'au-delà de ce cadre, l'espace du champ se prolonge. L'espace filmique se définit donc comme la somme de deux espaces imaginaires complémentaires : un espace visible, le champ, et l'espace invisible qui l'embrasse, le hors-champ. Il suffit d'un mouvement de caméra ou d'un changement de plan pour que l'espace hors champ vienne occuper le champ, et inversement, que l'espace du champ se trouve relégué hors champ.

On distingue deux types de hors-champ : un espace qui a été vu antérieurement, autrement dit, qui, à un moment ou à un autre, a occupé le champ et a pu être mémorisé par le spectateur, ou au contraire un espace qui n'a jamais été vu, qui apparaîtra ou non par la suite, laissé entièrement à la discrétion et à l'imagination du spectateur.

La communication entre le champ et le hors-champ

Le hors-champ n'existe qu'en fonction du champ auquel il est par essence lié et rattaché. Il se déduit, se construit à partir des éléments du champ. Tout personnage ou objet quel qu'il soit, lorsqu'il n'est que partiellement présent à l'intérieur du cadre, suppose nécessairement l'existence d'un hors-champ (un personnage en plan américain, en plan rapproché, en gros plan, etc.).

Lorsqu'une voiture entre dans le champ, elle arrive nécessairement d'un hors-champ, au moment où elle en sort, elle rejoint le hors-champ opposé. Il en va de même de toute entrée ou sortie de personnages, d'objets, etc. Les entrées et sorties se font le plus souvent par les bords latéraux de l'image, mais elles peuvent également se produire par le haut ou le bas du cadre, ou encore par l'avant ou l'arrière du champ.

Enfin, le hors-champ se trouve fréquemment interpellé par le regard, le geste, les paroles d'un personnage (ou les aboiements d'un chien, par exemple) situé dans le champ. De même, un bruit qui surgit du hors-champ suscite la réaction d'un personnage dans le champ, qui va, par exemple, regarder hors champ, sortir du champ…

LE HORS-CHAMP

Le hors-champ et la présence d'un danger : *La Féline*

1. Une jeune femme marche dans une rue sombre, la nuit.

2. Elle ralentit son pas, s'arrête et regarde hors champ car elle a entendu des bruits de pas.

3. Raccord sur le regard : plan de rue déserte et sombre (le hors-champ du premier plan est dévoilé, mais le danger se cache ailleurs, dans un autre hors-champ).

4. La jeune femme en plan plus rapproché regarde à nouveau hors champ.

Les films fantastiques, gothiques, d'horreur… ont fréquemment recours au hors-champ pour suggérer la présence d'un danger. Ce danger, absent de l'image, acquiert une très forte présence et génère la peur de façon souvent plus efficace que s'il était montré comme le laisse deviner ces quelques photogrammes de *La Féline* de Jacques Tourneur (1942).

Champ, hors-champ et mouvements de caméra

Dans certaines scènes de *Breaking the Waves* (Lars von Trier, 1996), la caméra, portée à l'épaule à la manière documentaire, décrit des mouvements rapides et vertigineux, embrassant pour ainsi dire fiévreusement la totalité de l'espace. À tout moment, le champ est susceptible de fuir hors champ pour céder la place à une portion d'espace située elle-même hors champ une seconde avant. Cela entraîne une instabilité, voire une confusion des notions de champ et de hors-champ et une annulation de la frontière qui les sépare traditionnellement.

Le temps

Le temps, composante fondamentale du récit, structure le film. Les principaux paramètres qui fondent la temporalité sont la date, la durée et l'ordre. Ces deux derniers permettent de mesurer la distance entre les événements qui composent l'histoire et la façon dont le film les organise.

La situation dans le temps

Le temps, au même titre que le lieu, est l'une des coordonnées du récit. L'histoire peut relater un fait plus ou moins précisément situé dans le passé (film historique), dans le futur (film de science-fiction) ou à l'époque contemporaine. Des éléments comme les costumes, les coiffures, les décors, les moyens de transport, et bien sûr, les événements permettent de dater l'histoire et de mesurer le décalage entre l'époque de l'histoire racontée et celle de la production du film.

La durée

- Généralement, les films synthétisent en 1 h 30 ou 2 h des histoires qui se déroulent sur un temps beaucoup plus long. Cependant, quelques rares films ont une durée égale à celle de l'histoire qu'ils racontent (*La Corde*, A. Hitchcock, 1948).
- À l'intérieur du film, on peut repérer isolément, à l'échelle de l'extrait, plusieurs formes d'organisation temporelle :

– l'événement est raconté en temps réel, dans sa continuité : la durée de l'extrait égale celle de l'événement ;
– le film condense le temps, résume les faits : la durée de l'extrait est inférieure à celle de l'événement. Le film use alors d'ellipses temporelles. Ces ellipses passent inaperçues ou, au contraire, produisent volontairement un effet de rupture. Dans ce cas, le film signifie l'écoulement du temps par des mentions écrites (« Trois ans plus tard… »), par la transformation d'éléments visuels (vieillissement des personnages, cycle des saisons, etc.), grâce également à des images stéréotypées telles que le calendrier qui s'effeuille, l'horloge dont les aiguilles s'emballent, etc. ;
– le film dilate le temps : la durée de l'extrait est supérieure à celle de l'événement (moment de suspension visant à créer une tension dramatique ; usage du ralenti) ;
– le film défile tandis que l'histoire est suspendue : c'est la description.

L'ordre

- Le film peut restituer les événements de l'histoire dans l'ordre chronologique ou bien user d'anachronies.
- Au cinéma, la figure d'anachronie privilégiée est le *flash-back* ou retour en arrière, qui consiste à montrer après coup un événement antérieur. Son symétrique, le *flash-forward*, présente, par anticipation, un événement futur. Beaucoup moins fréquent que le *flash-back*, il apparaît principalement dans les films de science-fiction.
- D'autres procédés permettent de faire surgir le passé ou le futur dans le présent : lorsque, par exemple, un élément nouveau oblige à réinterpréter un fait passé (film à énigme) ; ou, au contraire, lorsqu'un élément annonce un événement à venir.

LE *FLASH-BACK*

Ses fonctions

Le *flash-back* sert en général à restituer les souvenirs qu'un personnage se remémore ou raconte. Dans le premier cas, il est le seul mode d'accès aux pensées muettes du personnage. Dans le second, il est l'alternative à un récit oral. Il offre souvent une explication ou clarifie un mystère. Il a une fonction informative.

Les mesures

Sa durée, sa portée (écart temporel entre le moment de l'histoire où intervient le flash-back et le début des événements qu'il relate) et son amplitude (durée des événements compris dans le *flash-back*), sont très variables d'un film à l'autre.

Rebecca (A. Hitchcock, 1940) compte deux *flash-backs*. Le premier, qui ouvre le film, est d'une portée limitée (« *La nuit dernière...* »), d'une assez faible amplitude (celle d'un rêve) et ne dure que deux minutes. Le second, qui court jusqu'à la fin du film (il dure presque deux heures) est d'une portée et d'une amplitude sinon mesurables, du moins beaucoup plus importantes. Sa durée, la disparition de la voix *off* et l'absence de retour au présent font vite oublier qu'il s'agit d'un *flash-back*.

La transition

Le *flash-back* est souvent introduit, ce qui permet un passage en douceur du présent au passé. Cette transition peut s'effectuer sur la bande image (fondu enchaîné) ou sur la bande son : la voix racontante *in* devient *off* et persiste un instant avant de laisser la parole aux événements qui apparaissent à l'image (la voix *off* ne disparaît pas nécessairement).

Le Jour se lève (M. Carné, 1939) compte trois *flash-backs* séparés par des retours au présent.

Chacun d'eux est introduit par un fondu enchaîné, soit sur le visage de François, soit sur un objet qui stimule la mémoire du personnage et l'entraîne dans le passé.

Cependant, il n'est pas rare que le *flash-back* ne soit perçu comme tel qu'après coup. Le cinéma moderne fait un usage courant de cette pratique.

La valeur

Le *flash-back* est naturellement doté d'une valeur de vérité. Il « ne ment pas ». Les images et l'impression de réalité qu'elles produisent semblent plus vraies que les paroles.

Au début de *Chantons sous la pluie* (S. Donen et G. Kelly, 1952), Don raconte ses débuts de comédien. Apparaissent alors les images du passé qui viennent démentir ses paroles et rétablir la vérité.

Cependant, l'histoire du cinéma compte quelques exemples de *flash-backs* mensongers ou dont le contenu reste sujet à caution.

Dans *Rashomon* (Akira Kurosawa, 1950), quatre récits contradictoires relatent un même événement. Aucun des quatre n'est donné pour vrai ni au contraire clairement démenti. Le film repose précisément (entre autres) sur la fragilité des témoignages et, de là, sur celle de la notion de vérité.

Alfred Hitchcock, quant à lui, met délibérément en scène un *flash-back* mensonger en ouverture du *Grand Alibi* (1950). Jonathan Cooper prétend être recherché par la police pour un crime qu'il n'a pas commis. Son récit, traité en *flash-back*, acquiert automatiquement une valeur de vérité. Il faudra attendre le récit du personnage féminin complice du crime pour démentir le premier *flash-back* et établir la culpabilité de Jonathan.

Sons et images

Le son (paroles, bruits, musique) au cinéma s'analyse dans son rapport à l'image : il est *in*, *off* ou hors champ. Soit il appartient à l'histoire, soit il la surplombe ou la commente. Lorsque sa source est visible, on peut définir un point d'écoute qui coïncide parfois avec celui d'un personnage.

Les constituants de la bande son

- La bande son est constituée de paroles, de bruits et de musique, qui interviennent ensemble ou non. À ces trois natures de son, il convient d'ajouter le silence, susceptible de produire un effet non négligeable.
- On peut établir une hiérarchie entre ces trois natures de son, selon le sens produit : les paroles sont généralement indispensables à la compréhension de l'histoire, les bruits bénéficient d'une certaine épaisseur sémantique, la musique, enfin, a une capacité moindre à signifier. Les frontières sont cependant très perméables : les bruits peuvent avoir, par leur rythme, un statut musical ; une chanson possède le double statut de paroles et de musique, etc.

Sons *in*, *off*, hors champ

- Le son trouve son origine soit dans l'espace du champ (il s'agit d'un son *in*), soit dans le hors champ contigu à l'espace du champ (il s'agit d'un son hors champ), soit dans un hors champ non contigu (il s'agit d'un son *off*). Le son hors champ produit un effet de liaison entre le champ et le hors champ.
- Généralement, les sons *in* et hors champ font partie de l'histoire. Les sons *off*, quant à eux, peuvent appartenir à l'histoire (voix *off* d'un personnage de l'histoire) ou non (voix ou musique extérieure).
- Les frontières entre sons *in*, hors champ et *off* ne sont pas hermétiques. Dans les scènes à ambiance sonore, par exemple, sons *in* et hors champ sont diffus, mêlés et difficiles à distinguer. Par ailleurs, il arrive qu'un son (une musique, par exemple), d'abord ressenti comme *off* et n'appartenant pas à l'histoire, se trouve soudain intégré à l'histoire et même à l'image (on voit, par exemple, apparaître le musicien en train de jouer la musique que l'on croyait *off* et qui, en réalité, n'était que hors champ).

Le point d'écoute

- Il n'y a pas toujours correspondance entre la distance séparant la caméra de la source sonore filmée et l'intensité du son émis. Il existe par conséquent un point d'écoute, indépendant du point de vue de la caméra, moins facilement localisable. Le point d'écoute peut être éloigné, plus proche que le point de vue de la caméra, ou se confondre avec lui.
- Le point d'écoute pose non seulement la question de la localisation par rapport à la caméra, mais aussi celle de savoir qui écoute. Il arrive en effet que le point d'écoute se confonde avec celui d'un personnage (exemple canonique : nous voyons un personnage en conversation téléphonique et nous entendons ce qu'il entend, c'est-à-dire les paroles de son interlocuteur).

RAPPORT SON-IMAGE DANS UN GÉNÉRIQUE

La primauté du son sur l'image

Généralement, au cinéma, c'est l'image qui ancre l'histoire et, de ce fait, détient la primauté sur le son. Dans le générique de *Blow Out* (Brian De Palma, 1981), les images déclinent l'identité des stars et le titre du film. Leur sens reste donc extérieur à l'histoire. Et c'est au contraire le son qui produit directement le sens et introduit l'histoire.

L'image est pourtant assujettie à la bande son, d'abord selon un code rythmique (le rythme des apparitions et disparitions des noms est calqué sur celui des oscillations de l'aiguille, lui-même calqué sur celui de la bande son), ensuite selon un code sémantique (on entend un accident et on assiste à la collision des lettres puis des mots du titre).

Il faut noter que *Blow Out* raconte l'histoire d'un preneur de son qui découvre, lors d'un enregistrement nocturne en extérieur, la preuve d'un meurtre. Il s'agit d'un lointain remake de *Blow Up* (M. Antonioni, 1967), dans lequel un photographe découvrait sur l'agrandissement d'une photo la preuve visuelle d'un meurtre. Le son est donc non seulement l'élément central du film de De Palma, mais également l'élément qui le distingue de son film-source. À ce titre, le fait que, dans le générique, il introduise l'histoire avant l'image prend tout son sens.

Description du générique de *Blow Out*

PREMIÈRE PARTIE

Image : oscillation de l'aiguille d'un vumètre ; noms des producteur, réalisateur, acteurs principaux apparaissant au rythme du mouvement de l'aiguille.

Son : bruit du vent, battements de cœur, puis klaxon, crissement de pneus sur la chaussée et enfin cri d'une femme.

DEUXIÈME PARTIE

Image : lettres du titre défilant très rapidement en gros plan.

Son : bruit d'un accident de voiture.

TROISIÈME PARTIE

Image : les deux mots *Blow* et *Out* apparaissant de chaque côté de l'écran et entrant en collision.

Son : suite de l'accident.

Le personnage de film

Le personnage de film est avant tout une image, qu'il partage avec l'acteur qui l'incarne. C'est l'élément dynamique du récit, qu'il en soit le centre ou qu'il occupe une place plus périphérique. Il se définit par ce qu'il est, ce qu'il fait, mais aussi par rapport aux autres personnages.

La spécificité du personnage de film

- Le personnage de film apparaît sous la forme d'une image. Sans être réel, il ressemble aux personnes de la vie. Cependant, cette image est fragmentaire, le personnage est « découpé » par le travail du cadrage (lorsqu'il est filmé, par exemple, en plan rapproché).
- L'identité du personnage se double de celle du comédien qui l'incarne. Le personnage emprunte au comédien son apparence physique, sa voix, et il n'est pas toujours facile de faire la part de ce qui appartient en propre à l'un ou à l'autre. Le comédien n'est jamais un interprète neutre.
- Les films de genre ont donné naissance à des types de personnage tels que le cow-boy, le gangster, le détective, la femme fatale, l'extraterrestre… Plus encore, certaines séries ont créé des personnages quasi mythiques et interprétés par différents acteurs : Tarzan, James Bond, etc.

Décrire le personnage de film

- Le personnage se définit d'abord par ce qu'il *est*, par ses caractéristiques : traits physiques, costumes, coiffures, accessoires, traits psychologiques, sans oublier les informations, souvent nombreuses, apportées par les dialogues (certains films vont jusqu'à ne jamais dévoiler l'apparence d'un personnage, même important).
- Contrairement au personnage de roman, le personnage de film, au moment où il fait son entrée dans l'image, est déjà instantanément construit, il apparaît entier, porteur d'un certain nombre de traits que la suite du film viendra confirmer, renforcer ou, au contraire, contredire.
- Le personnage se définit par ce qu'il *fait*, par ses actions et leur impact dans le déroulement de l'intrigue.
- Enfin, les personnages se définissent et se construisent mutuellement. Leur confrontation permet d'observer en quoi ils se ressemblent, se complètent ou s'opposent.

La hiérarchie des personnages

- La plupart des films mettent en scène un personnage central (dans *Citizen Kane*, O. Welles, 1941, Kane lui-même), autour duquel gravitent un nombre assez réduit de personnages principaux (dans *Citizen Kane* toujours, le reporter, les deux femmes de Kane, Thatcher, Leland, Bernstein) et des personnages secondaires.
- Parmi les films, plus rares, qui n'admettent pas de hiérarchie, certains ne comptent qu'un seul personnage (Richard Nixon, seul dans son bureau, dans *Secret Honor*, de R. Altman, 1985), d'autres développent à égalité l'histoire de tous les personnages, créant un récit éclaté (*L'Âge des possibles*, P. Ferran, 1996), d'autres enfin racontent l'histoire d'un groupe de personnages solidaires ; le personnage est alors le groupe lui-même (*Les Mistons*, F. Truffaut, 1958).

PERSONNAGES ET RÉALISATEURS EN MIROIR

Doinel-Léaud et Truffaut

François Truffaut réalise en 1959 *Les Quatre Cents Coups*, un film en partie autobiographique centré sur un épisode de son enfance et qui donne naissance au personnage d'Antoine Doinel, interprété par Jean-Pierre Léaud. Les années 60 et 70 verront le jeune héros de la Nouvelle Vague devenir adulte et se confronter aux femmes, à travers quatre autres films, à caractère moins directement autobiographique : *Antoine et Colette* (1962), *Baisers volés* (1968), *Domicile conjugal* (1970) et *L'Amour en fuite* (1979). Se forme alors une figure syncrétique à mi-chemin entre le personnage, l'acteur et le réalisateur.

Itard, Ferrand, Morane et les autres

Parallèlement à Antoine Doinel, d'autres personnages, incarnés pour certains par le cinéaste lui-même, sont porteurs d'attributs reflétant les convictions ou préoccupations de Truffaut : Itard (le docteur dans *L'Enfant sauvage*, 1969) ou Richet (le professeur dans *L'Argent de poche*, 1976) sont deux pédagogues sensibles aux enfants abandonnés ou maltraités ; Ferrand est un réalisateur confronté aux difficultés d'un tournage dans *La Nuit américaine* (1973) ; Morane est l'homme qui aimait les femmes dans le film éponyme (1977). Tous ces personnages contribuent, à leur manière, à façonner l'image de Truffaut.

Fellini et ses doubles

Si l'on a pu voir en Marcello Mastroiani le double cinématographique de Federico Fellini, c'est en raison des affinités qui lient intimement les personnages dont l'acteur s'est vu confier l'interprétation par le cinéaste qui les a créés. Ainsi, le jeune provincial de *La Dolce Vita* (1960), fraîchement arrivé à Rome pour y exercer le métier de journaliste, en proie à de profondes interrogations existentielles, nous rappelle-t-il le jeune reporter que fut Fellini en 1940. On devine, de même, sans difficulté les traits du cinéaste-scénariste derrière ceux du Guido Anselmi de *Huit et demi* (1963), personnage de réalisateur dépressif : en cure de repos dans une station thermale, celui-ci trouve refuge dans un univers fantasmatique où tous ceux qui viennent le parasiter – maîtresse, producteur, épouse légitime, etc. – finiront par faire la matière même de son prochain film. Enfin, dans *La Cité des femmes* (1979), Fellini met en scène, à travers le personnage de Snàporaz, ses fantasmes, rêves, angoisses dans un univers de femmes, aussi fascinant que terrifiant.

J.-P. Léaud et F. Truffaut, Les Quatre Cents Coups, *1959.*

La subjectivité

Un film ou un extrait de film possède un caractère subjectif lorsque le spectateur est invité à partager le « point de vue » d'un personnage. Ce point de vue peut être de type narratif (récit d'un personnage) ou (audio)visuel. Il peut être clairement affiché ou rester plus ou moins implicite.

Le spectateur perçoit le récit d'un personnage

Le flash-back possède un caractère subjectif chaque fois qu'il présente le récit d'un personnage ou qu'il relate ses souvenirs. Le spectateur découvre alors l'histoire à travers la version, à la première personne, de ce personnage promu narrateur sur la totalité ou seulement une partie du film. Il assiste donc en différé aux événements. Il est en retard sur le personnage qui les a déjà vécus.

Le spectateur accompagne le personnage en direct

De nombreux films produisent une impression de subjectivité par la simple omniprésence d'un personnage à l'écran. Le spectateur accompagne le personnage à travers les événements, dans ses déplacements, il partage ses réactions, découvre toute chose en même temps que lui. Le personnage est une sorte de filtre à travers lequel le spectateur perçoit le monde que le film propose. Ce procédé pour exprimer la subjectivité est à la fois le moins marqué et le plus fréquent. Il facilite le processus d'identification du spectateur au personnage. Le film peut suivre ainsi plus d'un personnage, successivement ou en alternance.

Le spectateur est à la place du personnage

- *Le spectateur voit ce que voit le personnage en même temps que lui :* il adopte son point de vue dans un sens strictement visuel. La caméra se trouve à la place du personnage. On parle alors de caméra subjective ou de plan subjectif. Certains plans sont qualifiés de semi-subjectifs. Dans ce cas, ce que l'on voit ne se confond pas exactement avec ce que voit le personnage mais s'en rapproche, la caméra est située juste à côté du personnage, de sorte qu'il apparaît en amorce.
- *Le spectateur entend ce qu'entend le personnage :* symétriquement au point de vue visuel, on peut envisager un point de vue auditif (plus difficile à localiser), autrement dit un point d'écoute.
- *Le spectateur entend les pensées du personnage :* il voit le personnage muet, en train de penser, et entend sa voix intérieure qui traduit son état, ses émotions, ses préoccupations. Le personnage pense en quelque sorte tout haut, laissant le spectateur s'introduire en lui.
- Tous ces modes d'expression de la subjectivité ne s'excluent pas. Il arrive au contraire très fréquemment qu'ils se conjuguent et multiplient leurs effets. Dans le cas du flash-back, par exemple, le personnage se scinde en deux : il y a, d'une part, le personnage-narrateur qui apporte sa version des faits du passé (premier niveau de subjectivité), et, d'autre part, ce même personnage qui, à l'intérieur du flash-back, vit les événements au présent, et que la caméra peut traquer ou dont elle peut adopter le point de vue (second niveau de subjectivité).

CAMÉRAS SUBJECTIVES

Les deux premiers plans de *Halloween*

Plan 1 : il s'agit d'un plan-séquence subjectif, d'environ 4 minutes de *Halloween* (*La Nuit des masques*, John Carpenter, 1978).

Nuit de Halloween : plan d'ensemble de la façade éclairée d'une jolie maison, au bout d'une allée. Travelling avant jusqu'à ses abords, et l'on voit, par les fenêtres, une jeune fille embrasser un garçon et monter avec lui à l'étage. La caméra contourne la maison, pénètre dans la cuisine. On voit une main s'emparer d'un grand couteau de cuisine. La caméra va vers l'escalier, le garçon prend congé, la caméra monte l'escalier.

Palier : à terre un masque, dont se saisit la main ; on ne voit plus désormais que par les deux ouvertures du masque, et l'on entend une respiration, comme à l'intérieur du masque.

La caméra pénètre dans une chambre, approche la jeune fille nue installée à sa coiffeuse, qui se tourne vers l'objectif, s'exclame : « Michael ! » On voit la jeune fille frappée de coups de couteau, ensanglantée.

En un mouvement rapide, la caméra se détourne, redescend l'escalier, gagne la porte d'entrée au moment où une auto vient se garer devant la maison. Un couple en descend, regarde vers l'objectif (toujours masqué) : « Michael ? » Une main s'approche de l'objectif.

Plan 2 : on découvre le visage d'un enfant de 7-8 ans : il brandit encore le couteau. La caméra recule en travelling arrière jusqu'à la position initiale du premier plan.

Dans la suite du film, qui se situe quinze ans après ces événements, mouvements d'appareil et bruits de respiration seront interprétés, parfois à tort, comme des indices de la présence du tueur.

Plan d'ensemble de la façade éclairée de la maison.

On distingue par la fenêtre qu'une jeune fille est embrassée par un garçon.

On ne voit plus désormais qu'au travers des deux ouvertures du masque.

Un enfant de 7-8 ans brandit un couteau.

Jeux d'acteurs

Les styles de jeu ne dépendent pas seulement de la formation et de la personnalité des comédiens. Ils sont aussi fonction des genres, des époques, des impératifs techniques et des exigences du metteur en scène. L'acteur est le premier objet du regard des spectateurs.

Quelques considérations techniques

Au cinéma, l'acteur n'a pas à passer la rampe. Il peut chuchoter ses répliques, esquisser des expressions faciales, des gestes : la caméra les captera. L'usage du gros plan permet un jeu intime, intériorisé, nuancé. Mais les contraintes du découpage technique imposent, au tournage, un travail discontinu, émietté, souvent non chronologique. L'unité du jeu, qui est aussi celle du personnage, doit cependant être préservée (voir le rôle de la scripte, et, bien sûr, de la direction d'acteurs).

Le comédien est tributaire du maquillage, du costume, des décors, des éclairages. Le cinéma expressionniste fait évoluer des acteurs fortement grimés dans des décors irréalistes et sous des éclairages très contrastés (*Faust*, de Murnau, 1926). Mais le cinéma muet, dès les années 1910-15, a pu développer un style de jeu sobre et naturel, sans surcharge expressive (voir *Germinal*, de Capellani, 1913). À Hollywood, dans les années 30-40, les éclairages modèlent le visage nimbé des stars selon les règles du glamour.

De la scène à l'écran

Les spectacles scéniques ont fourni des modèles de jeu : le mime et le comique, par exemple (grimaces et contorsions corporelles), ou le style noble et soutenu (maintien physique, diction impeccable, expressions faciales codifiées). Mais le cinéma a souvent infléchi ces styles, en autorisant une plus grande liberté des corps et de la parole. Le burlesque (Chaplin, Keaton, Tati) déchaîne les corps dans l'espace. En Russie, la FEKS (fabrique de l'acteur excentrique) forme, à partir de 1921, à l'acrobatie, au mime, au « ciné-geste », à la *commedia dell'arte* (*La Nouvelle Babylone* de Kozintsev et Trauberg, 1929). Aux États-Unis, Lee Strasberg fonde la méthode de l'Actors Studio sur la mémoire affective, la recherche en soi des émotions à exprimer et leur extériorisation progressive (James Dean ou Robert De Niro).

Le travail et l'improvisation

Les films offrent souvent l'impression du naturel. Les répliques semblent venir d'elles-mêmes : elles ont pourtant été écrites, apprises, répétées, parfois autour d'une table, puis sur le plateau. L'improvisation existe au cinéma, mais elle demeure relative, du fait des contraintes techniques et budgétaires. Elle s'appuie sur un canevas, une préparation préalable. Pierre Fresnay avait besoin d'un texte fini, qu'il apprenait à la perfection. Jean Gabin, Fernandel ne pouvaient s'en tenir au texte : ils improvisaient, mais dans certaines limites.

Robert Bresson considère les acteurs comme des modèles dépourvus d'initiative, Jacques Rivette leur offre d'écrire leurs rôles, d'improviser des scènes.

Le dialogue cinématographique peut être écrit ou réécrit lors du tournage, ce qui exige, des comédiens, de bonnes capacités d'adaptation.

COMPOSITIONS D'ACTEURS

***Jerry Lewis** dans* Docteur Jerry et Mister Love *(J. Lewis, 1963) : l'art de la composition et de la grimace.*

***Greta Garbo** dans* La Reine Christine *(R. Mamoulian, 1933) : le glamour.*

***Jack Lemmon** dans* Certains l'aiment chaud *(B. Wilder, 1959) : le travestissement fait partie de l'histoire.*

***Jean Gabin** et **Louis Jouvet** dans* Les Bas-Fonds *(J. Renoir, 1936).*
Renoir associe un acteur de théâtre (Jouvet) au jeu très concerté (pour jouer le baron déchu) et un comédien (Gabin) venu du « caf'-conc » et du music-hall (pour interpréter Pepel, voleur et vagabond).

***Penelope Cruz** dans* Volver, *de P. Almodovar, 2006.*

Théâtre et cinéma

À l'origine, le théâtre a servi de modèle au cinéma. Au début du parlant, les adaptations et les dialogues écrits par des dramaturges se multiplient, mais le cinéma moderne a su intégrer plus harmonieusement les apports du théâtre.

Du théâtre filmé à l'adaptation

Filmer le théâtre, ce peut être enregistrer des prestations d'acteurs (Sarah Bernhardt, dès 1900), une représentation, des répétitions ou opérer un simple découpage de la pièce en vue de sa réalisation cinématographique, ce qui n'exclut pas le talent (*La Flûte enchantée*, de Ingmar Bergman, 1974). L'adaptation suppose des aménagements du texte, de la dramaturgie, voire des transpositions radicales (*Le Château de l'araignée*, le *Macbeth* de Shakespeare transposé dans le Japon du XVIe siècle, d'Akira Kurosawa, 1957 ; *Cyrano de Bergerac*, de Jean-Paul Rappeneau et Jean-Claude Carrière, 1990).

Des courants et des hommes

- Des hommes de théâtre, dramaturges, metteurs en scène, acteurs ont profondément marqué l'esthétique de certains films. Que l'on songe à Sacha Guitry et Marcel Pagnol, ainsi qu'à Louis Jouvet, en France. Que l'on songe également à des réalisateurs ayant effectué une double carrière, tels Ingmar Bergman, Luchino Visconti ou Rainer W. Fassbinder.
- Mais des courants artistiques ont aussi nourri l'évolution du cinéma. Ainsi du théâtre libre, dans la France des années 20, avec André Antoine (*La Terre*, 1921) ou de l'expressionnisme (Murnau a travaillé avec Max Reinhardt) en Allemagne. Bertolt Brecht a été adapté et a travaillé sur des scénarios (*Les Bourreaux meurent aussi*, de Fritz Lang, 1943) ; ses idées sur la distanciation critique ont influencé certains cinéastes modernes (Godard, Fassbinder).
- Enfin, les activités de l'Actors Studio ont, depuis les années 50, un impact important sur le cinéma américain : Elia Kazan (cofondateur), Arthur Penn, Marlon Brando, Paul Newman, Robert De Niro, Harvey Keitel en sont issus.

La théâtralité au cinéma

- L'influence du théâtre, plus ou moins directe et diffuse, s'observe dans la composition dramatique de certains films. La division des scènes en temps réel, en actes bien distincts, le rôle prépondérant de la parole, l'importance de l'intrigue en sont des marques (films d'Ernst Lubitsch ou d'Éric Rohmer).
- Mais l'écriture scénique est aussi prise pour modèle. La caméra est alors frontale, placée face à la scène où évoluent les comédiens qui jouent pour les spectateurs. Le décor est un fond, il peut être stylisé, recomposé par les éclairages. Le jeu des acteurs se réfère lui-même à des styles dramatiques venus du théâtre. Comparer, par exemple, les jeux d'Emil Jannings dans *L'Ange bleu* (Joseph von Sternberg, 1930) et de N. Tcherkassov dans *Alexandre Nevski* (Eisenstein, 1938).
- Enfin, le théâtre est un motif, un sujet pour de nombreux films, de *Nana* (Jean Renoir, 1926) à *Opening Night* (John Cassavetes, 1978). Il offre un tremplin pour des réflexions sur le jeu et la représentation.

THÉÂTRALITÉS

Metropolis de Fritz Lang, 1926-27

Monumentalité du décor, disposition géométrique des figurants, répartition des ombres et des lumières. Fritz Lang se serait inspiré des mises en scène théâtrales de Max Reinhardt.

Smoking/No Smoking d'Alain Resnais, 1993

Adapté de l'œuvre théâtrale d'Alan Ayckbourn, *Intimate Exchanges, Smoking/No Smoking* se caractérise par les décors stylisés, les maquillages et la performance des deux comédiens (Sabine Azema et Pierre Arditi), qui interprètent les neufs rôles d'une histoire « arborescente ».

Le Carrosse d'or de Jean Renoir, 1952

Ce film avec ses décors stylisés, l'utilisation de la caméra frontale, la présence d'une scène de théâtre dans le film est un hommage à la *commedia dell'arte*.

L'adaptation

Dès 1911, *Les Misérables, Carmen, Faust, L'Assommoir*, et bien d'autres œuvres, étaient adaptés pour le cinéma. Il n'est pas rare que, certaines années, le nombre des adaptations dépasse celui des scénarios originaux : le cinéma dévore les fictions.

Une opération technique

L'adaptation est la transformation d'un objet littéraire (roman, nouvelle) fait de mots en un objet filmique fait d'images et de sons. C'est la transposition d'un ensemble de phrases, narrations et descriptions écrites en un ensemble de séquences plus ou moins dialoguées. Ce qui était donné à lire doit être donné à voir et à entendre. Ainsi, les lieux et les actions sont montrés, les personnages sont visualisés (incarnés par des acteurs), leurs propos, leurs pensées, leurs sentiments et leurs sensations sont exprimés par le dialogue, le jeu dramatique, la musique, le rythme du montage et la composition de l'image.

Les adaptateurs sont donc confrontés à des choix : quelle actrice choisir pour interpréter Gervaise ou Cosette ? Comment transposer un récit à la première personne ? à l'aide d'une voix *off* ? Quels épisodes ou personnages faudra-t-il supprimer pour respecter la durée normale d'un film ? Faudra-t-il, inversement, en ajouter, pour étoffer le contexte ou pour clarifier le récit ?

Esthétique et économie de l'adaptation

Un récit linéaire est plus simple à gérer qu'un récit polyphonique complexe. Un palais, une forêt, une bataille coûtent beaucoup moins cher sur le papier que sur l'écran. Une histoire contemporaine économise sur les costumes, sur les nécessités de la reconstitution historique. Mais ces déterminations économiques se doublent de décisions d'ordre esthétique, guidées par les intentions des auteurs. En 1944, Robert Bresson, avec l'aide de Jean Cocteau pour les dialogues, transpose un épisode de *Jacques le fataliste* de Diderot au cinéma. Dans *Les Dames du bois de Boulogne* on simplifie le dispositif narratif, on supprime des personnages et des épisodes, on concentre l'histoire sur quatre personnages et quelques décors, dans un Paris contemporain mais abstrait : économie, mais aussi intensité dramatique accrue.

La question de l'appropriation

Trois grands types d'adaptation peuvent être distingués, en fin de compte :
– la mise en images scrupuleuse et, si possible, fidèle du roman ; le cinéma est alors au service de l'œuvre littéraire ;
– l'utilisation de l'œuvre à des fins commerciales ou de prestige, pour attirer les spectateurs dans les salles et redorer le blason du cinéma : Hugo et Zola font toujours des entrées ;
– l'appropriation par un auteur d'une œuvre qui le touche mais qu'il n'hésitera pas à modifier pour l'intégrer à son univers propre : ainsi de Jean Renoir avec *La Bête humaine*, d'Orson Welles avec *Othello*, de Luchino Visconti avec *Senso* ou d'Akira Kurosawa avec *Ran*. C'est bien alors la littérature qui est adaptée au (grand) cinéma.

ADAPTATIONS ET *REMAKES*

Adaptations en chaîne : Fritz Lang et Jean Renoir

Par deux fois, Fritz Lang a réalisé le *remake* d'un film de Jean Renoir qui était lui-même l'adaptation d'une œuvre littéraire.
Les films de Lang se réfèrent aux films de Renoir, non aux romans d'origine. Mais chaque adaptation renvoie à des genres spécifiques des pays producteurs (le film réaliste-naturaliste français, le film noir américain) et à des univers d'auteurs.

La Bête humaine, *film de J. Renoir (1938), se déroule en 1938.*

LES ROUGON-MACQUART
HISTOIRE NATURELLE ET SOCIALE D'UNE FAMILLE SOUS LE SECOND EMPIRE

BÊTE HUMAINE

PAR

ÉMILE ZOLA

PARIS
G. CHARPENTIER ET Cie, ÉDITEURS
11, RUE DE GRENELLE, 11
1890

Bête humaine, *roman de Zola (1890), se déroule sous le Second Empire.*

Désirs humains, *film de F. Lang (1954), se passe aux États-Unis après la guerre de Corée.*

Adaptations multiples : l'exemple de Hire

V. Romance et M. Simon dans Panique.

M. Blanc et S. Bonnaire dans Monsieur Hire.

Les Fiançailles de monsieur Hire est un roman publié par Georges Simenon en 1933. En 1946, Julien Duvivier et Charles Spaak en offrent une adaptation sous le titre *Panique*, avec Michel Simon et Viviane Romance. En 1989, Patrice Leconte revient au roman et réalise *Monsieur Hire*, avec Michel Blanc et Sandrine Bonnaire.
L'œuvre de Duvivier, malgré de grandes libertés prises avec l'histoire, est proche de Simenon par le climat social décrit (délation, antisémitisme, mesquineries et lâchetés collectives).
Le film de Leconte se concentre sur Hire, sa personnalité complexe, sa relation ambiguë et perverse avec Alice. Chez Duvivier, Hire est victime de la société, chez Leconte, il l'est de ses propres passions.

Le suspense

Cet anglicisme désigne un procédé dramatique consistant à instaurer et prolonger l'attente anxieuse des spectateurs face à une situation particulièrement tendue. Le suspense a ses maîtres : F. Lang, A. Hitchcock, B. De Palma... Il est un des fondements de l'émotion cinématographique.

Suspens, suspense, surprise

L'art de capter l'attention du spectateur recourt volontiers à ces techniques bien distinctes mais complémentaires. Le suspens entretient le désir d'en savoir plus, l'envie que l'histoire se poursuive : que va-t-il arriver, que vont devenir les héros, et après ?

Le suspense intensifie l'effet d'attente et le prolonge. Il place généralement le spectateur face à une alternative angoissante : le personnage sera-t-il vu ou non, pris ou pas pris, tué ou sauvé ?

La surprise apporte une information inattendue, fait surgir un événement ou un personnage infléchissant brusquement le cours du récit : la guerre (ou une bombe) éclate, quelqu'un disparaît (*L'Avventura*, de Michelangelo Antonioni, 1960), un prisonnier dans sa cellule change d'aspect physique (*Lost Highway*, de David Lynch, 1997).

Les composantes du suspense

Une séquence à suspense efficace implique généralement :
– que le spectateur sache ce qui menace le personnage (un tueur, le dépassement d'un délai) ou ce qui lui importe vraiment (voler des bijoux, retrouver quelqu'un) ; ce savoir, le personnage ne le partage pas nécessairement ;
– que l'enjeu soit important, voire essentiel (vie, liberté, argent, amour) ;
– que l'alternative vie/mort, réussite/échec se concentre dans une situation donnée et se prolonge dans la durée, par des effets de dilatation temporelle.

Les techniques du suspense

Pour attiser l'angoisse du spectateur, les maîtres du suspense recourent le plus souvent à des procédés :
– de concentration dans l'espace et dans le temps : une route et un champ déserts, un homme attaqué par un avion (*La Mort aux trousses*, d'Alfred Hitchcock, 1959) ; un escalier dans le hall de la gare de Chicago, Elliott Ness doit y intercepter le comptable d'Al Capone avant qu'on ne l'exécute (*Les Incorruptibles*, de Brian De Palma, 1986) ;
– d'amplification de la tension et de l'émotion, par le rythme du montage, la musique, l'usage du gros plan de détail ou de visage (un doigt sur une gâchette, un œil qui guette), la répartition des lumières et des ombres ;
– d'alternance des points de vue, nous plaçant du côté de la victime potentielle puis de l'agresseur ou jouant de l'identification successive à la victime, au bourreau et au sauveur (*Le Silence des agneaux*, J. Demme, 1991).

Il s'agit, dans tous les cas, d'intensifier notre impuissance de spectateur à intervenir dans le cours des événements, pour notre plus grand plaisir...

LE CHEF-D'ŒUVRE DU MAÎTRE DU SUSPENSE : *MAN HUNT*

Perfection d'un suspense en 28 plans

L'ouverture de *Man Hunt* (*Chasse à l'homme*, Fritz Lang, 1941) est celle d'un maître des techniques suspensives, Fritz Lang, auquel Alfred Hitchcock et quelques autres doivent beaucoup. En 3 minutes 27 secondes, F. Lang découpe une séquence en 28 plans pour installer le suspens.

« *Quelque part en Allemagne peu avant la guerre* », une forêt, des traces de pas, un chasseur de type anglais, silence (*3 plans*) : SUSPENS.

Le chasseur se dissimule ; on voit un soldat allemand. Le chasseur gagne un promontoire (*3 plans*) : SURPRISE et SUSPENS intensifié.

Le chasseur semble content de ce qu'il découvre avec ses jumelles et ajuste une lunette d'approche à son fusil (*4 plans*) : SUSPENS, ÉNIGME (que voit-il ?).

Par la lunette nous découvrons Hitler (*1 plan*) : SURPRISE.

Le chasseur vise, appuie sur la gachette, le coup ne part pas, le chasseur salue sa cible de la main avec un sourire victorieux (*4 plans*) : SUSPENSE court, SURPRISE, ÉNIGME (que signifie ce comportement ?).

Le chasseur se ravise, place une balle dans le chargeur, vise à nouveau, le soldat allemand surveille, une feuille qui tombe gêne le tir (*6 plans*) : SUSPENSE.

Le soldat bondit sur le chasseur, le coup part, ils luttent, *fondu au noir* : RÉSOLUTION du suspense, nouveau SUSPENS.

Le nouveau suspens relance l'intérêt du spectateur (que va-t-il arriver maintenant ?), l'énigme reste entière (que signifie tout cela ?). Nous savons que Hitler n'est pas mort avant la guerre : cela n'empêche nullement le suspense de fonctionner, parce qu'il est un effet de la structure.

Le jeu des points de vue : *Hitler à travers la lunette.*

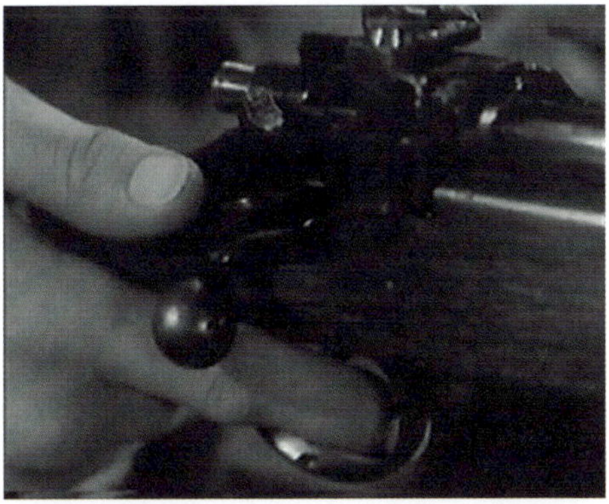

L'art de l'insert : *gros plan du doigt sur la gachette.*

L'art de l'espace : *plan général avec le soldat allemand à gauche et le chasseur.*

Cinéma et société

Tout film parle, directement ou indirectement, de la société dans laquelle il s'inscrit en tant que produit culturel. Les représentations des catégories sociales, des minorités, des faits historiques, des peurs et des périls économiques, écologiques, politiques varient en fonction du contexte social.

Propagande et engagements directs

- Dans certains contextes politiques, le cinéma est un instrument de propagande, un outil militant. Lénine, en Union soviétique, Goebbels, dans l'Allemagne nazie, avaient fixé au cinéma des missions d'État de propagande idéologique. Les actualités et les documentaires sont les genres privilégiés du cinéma orienté (*Le Triomphe de la volonté*, de Leni Riefenstahl, en 1934 : un reportage sur le congrès de Nuremberg). Mais le récit peut aussi se mettre au service d'idéaux, entremêlant le réalisme, la fiction et le discours militant. Il en est ainsi de *La Vie est à nous* et du *Crime de M. Lange*, de Jean Renoir, en 1935, en faveur du Front populaire, ou de nombre de films américains des années 40, soutenant l'effort de guerre.
- La sélection des images, leur traitement (on peut trafiquer un document, imiter le style des images d'archives), leur montage sont au service d'un discours partisan. Le rôle du commentaire est, à cet égard, souvent capital (*Lettre de Sibérie*, de Chris Marker, 1958, où les mêmes images changent de sens suivant les paroles prononcées par la voix *off*).

Cinéma et Histoire

La représentation des grands événements historiques, au-delà de la reconstitution spectaculaire, sert l'identification d'une société. En 1938, S.M. Eisenstein filme la geste d'un héros russe du XIIIe siècle, *Alexandre Nevski*, contre les chevaliers teutoniques : il s'agit d'éveiller les consciences soviétiques aux menaces pesant sur leur nation. Des cinéastes comme Sacha Guitry et Roberto Rossellini ont donné des images fort différentes de Louis XIV (*Si Versailles m'était conté*, 1953, *La Prise du pouvoir par Louis XIV*, 1966) : deux auteurs, deux contextes…

Fictions et représentations sociopolitiques

- En 1969-71, *Le Chagrin et la Pitié* de Marcel Ophüls (vaste enquête sur l'Occupation à Clermont-Ferrand) bouleverse l'image que le cinéma donnait de la Résistance et de la Collaboration. Des films de fiction suivront, tel *Lacombe Lucien* (Louis Malle, 1974). C'est ainsi que les personnages de films jouent de nouveaux rôles, sont chargés de nouvelles significations.
- Dans la science-fiction américaine des années 50, durant la guerre froide, les « envahisseurs » évoquent l'ennemi communiste. Avec *Rencontres du troisième type* (Steven Spielberg, 1977), ce sont les extraterrestres qui protègent les humains contre leurs folies (période écologique).
- Les nouvelles épidémies (sida), la montée des périls économiques et politiques planétaires (chômage, délinquance, terrorisme) voient l'apparition d'« aliens » agressifs. Femmes, homosexuels, Noirs, adolescents : toutes ces images évoluent, accompagnant, pour les souligner ou les conjurer, les mutations sociales.

LES DEUX FINS DE *LA BELLE ÉQUIPE*

La Belle Équipe, de Julien Duvivier (scénario de Charles Spaak), a été tourné durant l'été 1936, alors que le Front populaire, passé l'euphorie de la victoire électorale, connaît ses premières difficultés : conflits sociaux, guerre civile en Espagne, menées de Hitler.

L'histoire

Cinq amis, ouvriers au chômage, gagnent à la loterie. L'un d'eux (Jean Gabin) les persuade d'unir leurs gains pour monter une guinguette. Au début, tout va bien. Puis les obstacles s'accumulent : un orage détruit le toit, l'ex-épouse de Charles réclame sa part d'argent, puis séduit Jean ; Tintin se tue accidentellement ; Jacques part pour le Canada ; Mario, réfugié politique espagnol, est expulsé. La belle équipe est dispersée.

Les valeurs populaires

Le film illustre les valeurs, quasi mythologiques, du Front populaire : la solidarité ouvrière, prônée par Jean, et se traduisant par une association financière, différant cependant d'une véritable coopérative (*Le Crime de M. Lange*, de Jean Renoir) ; l'importance du travail et de la lutte collective contre l'adversité (la nuit passée sur le toit pour combattre les effets de l'orage) ; la colère contre les nantis, les propriétaires, toujours prêts à exploiter les travailleurs ; le goût des plaisirs en commun, à la bonne franquette : chansons, danse et canotage sur les bords de Marne, lieu privilégié des congés payés parisiens.

Les deux fins

Dans sa première version, le film se termine tragiquement. La belle équipe ne résiste pas aux coups du destin. Jean finit par tuer Charles et par dire adieu à « une belle idée ». « C'était trop beau pour réussir ». Ce dénouement illustre certes le pessimisme profond des auteurs, mais il exprime aussi celui d'une époque : l'éclaircie du Front populaire n'a pas dissipé les lourds nuages environnants.

Néanmoins, cette fin n'est pas appréciée. Le public boude. À la demande des producteurs, Duvivier modifie le montage des scènes finales : l'amitié de Jean et de Charles résiste aux charmes délétères de Gina, ils poursuivront la réalisation du rêve collectif. Le film est un succès.

Ces deux versions manifestent deux fonctions possibles du cinéma : reflet plus ou moins lucide des réalités et des mentalités, correctif imaginaire des pesanteurs sociales ou historiques. Durant la Dépression, aux États-Unis, on a tourné de très belles comédies musicales…

Les actualités

Les actualités sont nées avec le cinéma, puisque les opérateurs-reporters de Louis Lumière ont très tôt collecté des images d'événements majeurs à travers le monde. Mais l'on n'hésitait pas non plus à reconstituer en studio ou en plein air des faits spectaculaires ou dramatiques que les caméras n'avaient pu saisir sur le vif (affaire Dreyfus, guerre des Boers, par exemple). Les imperfections propres au tournage en direct étaient parfois reproduites pour donner plus d'authenticité au « document ». En 1908, Pathé-Journal distribue le premier hebdomadaire d'actualités cinématographiques, suivi par Gaumont-Actualités, Éclair-Journal et plus tard par les Actualités françaises, Fox Movietone, etc. Le Service cinématographique des armées, créé au cours de la guerre de 14-18, produira de précieuses archives filmiques, qui passent toutefois au crible de la censure. Concurrencées par la télévision, elles disparaissent définitivement vers 1980.

Index

E

F

G

H

I

J

K

L

Crédits photographiques

p. 7 : Collection Cinémathèque Française – musée du Cinéma ; **p. 9** : Pathé ; **p. 11** g : DR Collection BIFI ; d : Collection Viollet ; **p. 13** : Cinémathèque Française/Archives Nathan ; **p. 15** : DR Collection BIFI ; **p. 17** h : Collection Viollet ; b : DR Collection BIFI ; **p. 19** d : DR Collection BIFI ; g : © Roy Export Company Establishment/Archives Nathan ; **p. 21** de g à d : Collection KIPA, Collection Christophe L., Collection Christophe L., Collection KIPA ; **p. 23** hg : Photo R. Voinquel/KIPA © Ministère de la Culture, France ; hd : Collection Christophe L. ; mg : Collection BIFI/MPC/Photo R. Corbeau © Ministère de la Culture, France ; md : DR Collection BIFI ; bd : Collection Christophe L. ; bg : DR Collection BIFI ; **p. 25** hg : Photothèque du Centre de Documentation juive contemporaine ; bg : Continental Films/Collection BIFI ; d : Collection Christophe L. ; **p. 27** h : Lipnitzki-Viollet ; m. : Collection Christophe L. ; b : DR Collection BIFI ; **p. 29** g : DR Collection BIFI ; d Collection Christophe L. ; **p. 31** g : DR Collection BIFI ; d : Collection Positif ; **p. 33** : DR/ Archives Nathan ; **p. 35** : Collection Christophel © EMI films / Universal Pictures ; **p. 37** h : DR Collection BIFI ; b : Collection Christophe L. ; **p. 39** g : Collection Christophe L. ; d : Collection Christophel © BBC Films ; **p. 41** : Collection Christophe L. ; **p. 43** : Sunset/KIPA ; **p. 45** : Collection Christophe L. ; **p. 47** h : D. Rabourdin/Collection Cahiers du Cinéma ; b : Collection Christophe L. ; **p. 49** h : Collection Christophel © DR; b : Collection Christophel © Zeynofilm / Bredok Filmproduction / Memento Films Production ; **p. 51** g : Collection Christophel © Agav Hafakot / MP Productions ; hd : Collection Christophel © The film ; bd : Collection Christophel © Heimatfilm / MACT Productions ; **p. 53** h : Collection Christophel © Canal + / CiBy 2000 ; b de g à d : Collection Christophel © El Deseo / Laurenfilm ; Collection Christophel © Antena 3 Television ; Collection Christophel © Canal + / CiBy 2000 ; Collection Christophel © El Deseo / Renn Productions / France 2 Cinema ; **p. 55** h : Collection Christophel © FX Sound / Naya films ; b : Collection Christophel © Paramount pictures; **p. 57** : Collection Christophel © Les actualités cinéma ; **p. 59** g : © Roy Export Company Establishment/Archives Nathan; d : Collection KIPA ; **p. 61** g : Cats/KIPA ; d : DR/Collection BIFI ; **p. 63** g, d : Collection Christophe L. ; **p. 65** : Collection Positif ; **p. 69** : DR/Collection BIFI ; **p. 71** d, g : Collection Christophe L. ; **p. 73** h : extrait du livre Kubrick par Michel Ciment, Paris, Calmann-Lévy, 1980; b : Collection Christophe L. ; **p. 75** h : « La Chaplinade » de Fernand Léger, musée municipal de Saint-Dié, Legs Claire Goll ; bg : Sergueï Youtkevitch « Charlot », 1926, DR Collection Cinémathèque Française ; bd : Sergueï Youtkevitch « Sergueï Eisenstein », 1926, DR Collection Cinémathèque Française ; **p. 77** g : Collection Christophe L. ; d : Collection Christophel © Warner Bros ; **p. 79** : Collection Christophel © Studio Ghibli ; **p. 81** : D. Raboudin/Collection Cahiers du Cinéma ; **p. 87** g : Collection KIPA/Interpress ; d : Collection Christophel © DR ; **p. 89** g : Moune Jamet/SYGMA ; d : BIS/ph. coll. Archives Larbor ; **p. 91** : Collection Christophel © DR ; **p. 93** gb : Lauros- Giraudon ; bd : Collection KIPA ; h : Collection Christophe L. ; **p. 95** g : Collection KIPA ; d : Collection Christophel © Warner Bros ; **p. 101** : J. Prébois/KIPA ; **p. 103** : Collection Christophel © Full House ; **p. 105** : Collection Christophe L ; **p. 107** : Collection Christophe L. ; **p. 111** : DR ; **p. 113** g : Collection Christophel © Festival de Cannes 2015 ; d : Collection Christophel © TF1 Films Production/Europa Corp/2014 Universal Pictures ; **p. 115** : Les Archives du Film/CNC ; **p. 117** : © Orange ; **p. 119** g : Collection KIPA ; d : DR ; **p. 121** h : © Les Cahiers du cinéma ; b : © Positif ; **p. 123** : R. Mercier/ Femis ; **p. 127** : Fotomicar – Fotolia ; **p. 129** : Collection Vincent Pinel/Cahiers du Cinéma ; **p. 131** : D. James/ SYGMA ; **p. 133** h : P. Pimentel/KIPA ; b : Cats/KIPA ; **p. 135** h : Décor d'Alexandre Trauner pour Le Jour se lève, © ADAGP, Paris, 1997 ; bg et bd : R. Voinquel, © Ministère de la Culture, France, Collection BIFI ; **p. 139** : Collection Christophel © Warner Bros ; **p. 141** gh : Collection Positif, gb : Collection Christophel © Warner Bros ; dh, dm, db : Cats/KIPA ; **p. 143** hg : Saul Bass/Positif ; bg : Deux photogrammes du générique de L'Homme au bras d'or d'Otto Preminger, 1955, A.T. Productions, Antares & Travelling, collectionHollywood Memories ; hd : Deux photogrammes du générique de Psychose d'Alfred Hitchkock, 1960, CIC Video Universal ; bd : Trois photogrammes du générique de Casino de Martin Scorsese, 1995, Universal City Studios inc. et TF1 international, Éditeur Distributeur : TF1 Entreprise ; **p. 145** : Photogrammes tirés du film Alien, de Ridley Scott, 1979, Universal ; **p. 147** g : Fotolia - MNStudio ; d : Fotolia - eyetronic ; **p. 149** : DR/Collection BIFI ; **p. 151** : Photogrammes extraits de La Féline de Jacques Tourneur, 1942 ; **p. 155** : Images tirées du générique du film Blow Out, de Brian de Palma, 1981, Universal ; **p. 157** : Collection Christophel © Les films du carrosse; **p. 159** : Collection Christophel © Compass international Pictures / Warner Columbia Film ; **p. 161** hg : Cats/ KIPA ; bg : Archives Nathan ; hd : Collection Christophe L. ; md : Archives Nathan ; bd : Collection Christophel © El Deseo; **p. 163** hg : DR/Archives Nathan ; hd, dm : J. Delaporte/SYGMA ; bd : Ronald/DR/KIPA ; **p. 165** hg : Collection Christophe L. ; m. : Collection Henri Mitterand ; hd : Collection Christophe L. ; bg : R. Voinquel/ Cats/KIPA, © Ministère de la Culture, France ; bd : Leroy/SYGMA/KIPA ; **p. 167** : Images tirées du film Man Hunt de Fritz Lang, 1941.

Impression & brochage : SEPEC - France
N° d'éditeur : 10242186
N° d'impression : 06601171195
Dépôt légal : Décembre 2017

FSC
www.fsc.org
MIXTE
Papier issu
de sources
responsables
FSC® C022030

L'intégralité de votre livre accessible en ligne

avec une simple connexion Internet !

OFFERT LIVRE EN LIGNE

+ Des outils utiles et intuitifs :

- sommaire interactif
- surlignage en couleurs
- notes personnelles et marque-page.

Pour ACTIVER votre livre en ligne

- Rendez-vous sur www.nathan.fr/livre-en-ligne .
- Créez un compte **Nathan** en suivant les indications en ligne
  OU connectez-vous simplement avec vos identifiant et mot de passe **Facebook** si vous disposez déjà d'un compte **Facebook**.
- Cliquez sur « Activer un livre », saisissez votre clé d'activation personnelle puis le mot du livre qui vous sera demandé.

Votre clé d'activation personnelle :

7DPJ2H-98F-B24G

Pour toute CONNEXION ULTÉRIEURE

Connectez-vous sur www.nathan.fr/livre-en-ligne avec vos identifiants **Nathan** OU **Facebook**.

IMPORTANT

Votre clé d'activation est unique et personnelle : une fois utilisée, elle ne sera plus valide. Elle offre un accès de 24 mois à compter de la date d'activation. Elle est réservée à un seul utilisateur et ne peut être partagée.

Configuration minimale requise : Internet Explorer 8, Mozilla Firefox 3.4, Chrome, Safari, Opera toutes versions.

Retrouvez les conditions générales d'utilisation sur www.nathan.fr/livre-en-ligne.

Nathan

Repères Pratiques Le cinéma 978-2-09-164925-2